"发现创新 感受振兴"系列

"现代农业创新与乡村振兴战略"教学案例选编(第二辑)

2022

罗明忠 等◎著

暨南大学出版社
JINAN UNIVERSITY PRESS

中国·广州

图书在版编目(CIP)数据

"现代农业创新与乡村振兴战略"教学案例选编. 第二辑/罗明忠等著. —广州:暨南大学出版社,2023.6
("发现创新 感受振兴"系列)
ISBN 978 - 7 - 5668 - 3646 - 5

I. ①现… II. ①罗… III. ①农业现代化—中国—教案(教育)—高等学校 ②农村—社会主义建设—中国—教案(教育)—高等学校 IV. ①F320.1 ②F320.3

中国国家版本馆 CIP 数据核字(2023)第 071077 号

"现代农业创新与乡村振兴战略"教学案例选编(第二辑)

"XIANDAI NONGYE CHUANGXIN YU XIANGCUN ZHENXING ZHANLÜE"
JIAOXUE ANLI XUANBIAN(DI-ER JI)

著 者:罗明忠 等

出 版 人:张晋升
责任编辑:郑晓玲
责任校对:苏 洁 黄晓佳
责任印制:周一丹 郑玉婷

出版发行:暨南大学出版社(511443)
电 话:总编室(8620)37332601
营销部(8620)37332680 37332681 37332682 37332683
传 真:(8620)37332660(办公室) 37332684(营销部)
网 址:http://www.jnupress.com
排 版:广州尚文数码科技有限公司
印 刷:佛山市浩文彩色印刷有限公司
开 本:787mm×1092mm 1/16
印 张:15.75
字 数:298 千
版 次:2023 年 6 月第 1 版
印 次:2023 年 6 月第 1 次
定 价:69.80 元

前 言

自党的十九大报告提出实施乡村振兴战略以来，中国乡村面貌焕然一新，农业高质量发展成就斐然，高素质农民量增质提。相关统计数据显示，中国谷物总产量稳居世界首位，十四亿多人的粮食安全、能源安全得到有效保障。农民收入持续增长，2022年，中国农村居民人均可支配收入达到20 133元，名义增长6.3%；农村居民人均消费支出16 632元，名义增长4.5%，扣除价格因素，实际增长2.5%；农业生产组织继续优化，2021年，家庭农场、农民专业合作社分别达到390万家和220万个；全国已有各类农业生产社会化服务组织95.5万个，农业社会化服务覆盖面积达到16.7亿亩次，带动小农户超过7 800万户；农业科技快速发展，2021年全国农业科技进步贡献率超过61%，农作物耕种收综合机械化率超过72%，农作物良种覆盖率超过96%，已拥有52万份种质资源，是全球第二种质资源大国，农作物自主选育品种面积占比超过95%，良种对中国粮食增产贡献率达45%以上，尤其是数字技术，驱动中国农业发展进入新阶段。中国迈进建设农业强国、和美乡村的新时代，涌现出了众多优秀的乡村振兴创新案例，值得总结和推广。

根据教育部高等学校教学指导委员会制定的教学大纲，结合广东地方特色和华南农业大学学科实际情况，从2018年开始，由我牵头组建的教学团队为学校农业硕士专业学位研究生开设"现代农业创新与乡村振兴战略"必修课程。2020年10月，"现代农业创新与乡村振兴战略"获得广东省研究生示范课程立项。此课程采取混合式教学的方式授课，创新了成绩评定方式和考核办法，同时提供了案例资源库、视频资源库、文献资源库等丰富的资料供学生查阅学习，相关教学内容在"智慧树"平台上线，不定期补充更新，并向全社会免费开放。该课程自上线以来，已有全国15所高校1万多名研究生选修，并多次被"智慧树"评为"精品课"，相应的教学成果获得华南农业大学教学成果奖一等奖。

"把论文写在大地上"，是我们团队始终不渝的学术理念。理论联系实际，引导学生了解真实世界，从现实中把握规律，在实践中寻求真谛，是我们一贯坚持的教学导向。我们以"发现创新　感受振兴"为主题，鼓励师生开展实地调研和案例分析，并撰写调研报告。2021年12月，团队师生撰写的《"现代农业创新与乡村振兴战略"教学案例选编》（"发现创新　感受振兴"系列）由暨南大学出版社出版。该书于2022年获得广东省学位与研究生教育学会优秀教育成果奖，给了我们团队极大的鼓励。

2021—2022年，我们团队又组织了10个专题调研组到省内外开展调研。调研组由师生共同组成，大家克服新冠疫情影响，深入乡村和生产一线，通过文献梳理、个案访谈、集体座谈和问卷调查等多种手段和方式，收集了大量一手资料，经过集体讨论，撰写案例分析报告，又几经打磨后，由我进行统稿。这些报告有的是对区域性热点话题展开分析，有的是针对具体的乡村或企业开展调研；有的是单一乡村或产业的专题调研，有的是行业发展的专题调研。其共同特点是反映了我们团队的关切，是团队师生用心调研后的所思所想。为此，我们决定把这10份案例分析报告结集成书，名为《"现代农业创新与乡村振兴战略"教学案例选编（第二辑）》（"发现创新　感受振兴"系列），继续交由暨南大学出版社出版。在此，我要对出版社领导和编辑的高度信任与辛勤付出表示衷心的感谢！

这10个案例研究分别得到了国家社科基金项目（20BGL296）、2022年度广东省哲学社会科学规划办省第十三次党代会精神专题研究项目（GD22TW06－10）、广东省乡村振兴局、广东省教育厅及华南农业大学研究生教育质量工程、广东省哲学社会科学重点实验室——乡村振兴重点实验室、广东省教育厅普通高校特色新型智库华南农业大学广东乡村振兴与贫困治理研究中心等项目和单位的支持，在此深表谢意！

理论之树常青，实践之花常艳。在深入实施乡村全面振兴战略和扎实推动共同富裕的新阶段，创新实践层出不穷，乡村面貌日新月异，我们团队将继续以好奇之心，践行"发现创新　感受振兴"，争取做得更好。

罗明忠

2023年4月

目　录
CONTENTS

新型农村集体经济助力共同富裕
——宏观证据与案例分析[①]

　　中国正处于扎实推动共同富裕的历史阶段。共同富裕是社会主义的本质要求，是全体人民共同富裕，是人民群众物质生活和精神生活都富裕，而不是少数人的富裕，也不是整齐划一的平均主义。推动共同富裕最艰巨、最繁重的任务在农村，关键是增加农民收入（叶兴庆，2022）。然而，农民的经营性收入和工资性收入即劳动收入受个人能力约束，财产性收入则取决于个人财富的积累。而且，个人能力差异与市场竞争会带来收入不平等，个人财富积累差异则进一步加大收入不平等（李红阳、邵敏，2017；李实，2021；易行健等，2021；邱泽奇、乔天宇，2021）。不过，由于中国农村实行集体所有制，中国农民除了拥有个人资产外，还以集体成员身份拥有集体资产。如果农村集体资产良性运作、集体经济优势得到有效发挥，则可以缓解因个人能力和财富积累差异导致的收入不平等（Dollar et al.，2015；黎蔺娴等，2021）。

　　农村集体经济是促进农业、农村、农民发展的重要力量。作为社会主义公有制经济的重要组成部分，集体经济在市场经济条件下以何种形式得到有效实现，是推进乡村全面振兴和共同富裕绕不开的重要议题（郭晓鸣、张耀文，2022）。农业农村部发布的数据显示，截至2021年，全国已建立乡、村、组三级新型农村集体经济组织近90万个，清查核实集体账面资产7.7万亿元。相关资料显示，截至2020年底，广东全省共有村、组两级农村集体经济组织24.48万个，其中经济联合社2.22万个、经济合作社22.26万个。全省村、组两级集体资产1.1万亿元（含深圳），相比2019年增加1 028亿元，同比增长10.28%。就权属主体看，村级集体资产8 037.92亿元、占比72.88%，组级集体资产2 990.59亿

① 撰稿人：罗明忠、林玉婵、魏滨辉、刘雨朦、安韶辰、陈萍、岳凤姣、刘子玉、雨婷（Pamanthit Sorchanvitlay）。本案例调研得到2022年度广东省哲学社会科学规划办省第十三次党代会精神专题研究项目（GD22TW06 - 10）及广东省乡村振兴局委托课题的支持。

元、占比 27.12%；就资产性质看，经营性资产 7 091.8 亿元、占比 64.30%，非经营性资产 3 936.71 亿元、占比 35.70%；就资产类别看，广东省农村集体资产主要以货币资金（4 154.66 亿元，占比 37.67%）和固定资产（3 398.01 亿元，占比 30.81%）为主。2020 年，广东农村集体经济总收入 1 574.08 亿元，年度收益 900.13 亿元，分别比 2019 年增长 9.73%、9.56%；当年用于农户分配 460.16 亿元。有效盘活农村集体资产，培育持续性收入流，发展壮大农村集体经济，确保不发生规模性返贫，这既是巩固脱贫攻坚成果的重要策略，也是推动农村共同富裕的重要途径（张应良等，2019；唐丽霞，2020；陈锡文，2022）。习近平总书记也多次强调，发展集体经济是实现共同富裕的重要保证，要构建农村集体经济在市场经济条件下的有效实现形式，使农民享有更多财产性收入，实现共同富裕。2022 年的中央一号文再次强调，要"巩固提升农村集体产权制度改革成果，探索建立农村集体资产监督管理服务体系，探索新型农村集体经济发展的路径"。

发展壮大新型农村集体经济，是在大国小农基本农情下应对提升农业生产效率、强化公共产品供给、完善乡村治理、提高农民收入等一系列挑战性问题的重要策略，更是解放生产力、发展生产力、实现乡村振兴和共同富裕这一社会主义本质的内在要求（肖红波、陈萌萌，2021）。但是，与发展需求和政策支持力度大幅增长呈现强烈反差的是，农村集体经济发展基础仍然普遍薄弱，严重制约着村级集体经济的进一步发展和转型升级，导致其发展速度普遍滞后于农村经济发展速度，部分村庄甚至出现"空壳化"现象（贺卫华，2020；赵德起、沈秋彤，2021）。究其表象，除了受到地理区位、资源禀赋、土地政策以及宏观经济形势等因素的影响外（许泉等，2016），更为重要的是，在组织内部层面上，村集体经济发展面临着治理机制不健全、农民与村集体利益关联不够所带来的内部凝聚力不足、参与竞争性产业项目的能力不够等问题（仇叶，2018；郭晓鸣等，2019）。

总之，在共同富裕目标下，农村集体经济的发展和壮大普遍面临保障农民财产权益和壮大集体经济两大现实难题（张浩等，2021）。究其原因在于：虽然公共资产的市场化能够带来所有成员的共同享益，但是私人成本与社会收益、个人收益与社会成本的不对称容易导致机会主义行为，尤其是内部人控制问题（李稻葵，1995；张义博，2021）。农村集体产权运作、集体经济发展以及共同富裕的实现路径，关键在于委托代理条件下的激励—约束机制，以及剩余控制权与剩余索取权的有效分配。产权制度为人们提供了经济活动的激励结构，并进一步决定了经济参与主体的行为及其经济绩效（North，1981；Lin，1992；Acemoglu et al.，2001、2005）。因此，农村集体产权制度改革被认为是盘活集体资产的重要手段。在总结既往试点经验基础上，2016 年底，中共中央、国务院发布了《关于稳步推进农村集体产权制度改革的意见》，决定由点及面开展农村集体经营性资产产权制度改革，因地制宜探索农村集体经济有效实现形式。农业农村部先后组织开展了五批改革试点，并于 2021 年在全国全面推开，形成了各具特色的改革模式与经验。例如，浙江省杭州市上城区的"股社分离"模式、广东省佛山市南海区的"股权交易"模式、江苏省苏州市吴中区的"政经分开"模式等。

可见，探索农村集体经济的多种有效实现形式来发展壮大新型农村集体经济，是当前农村集体经济摆脱困境的关键，更是实现中国特色农业现代化道路的重大命题。只有解决农村集体经济的有效实现形式问题，才能根本解决我国农村经济的出路问题（朱有志、陈文胜，2010）。

一、文献评述

（一）共同富裕的内涵、特征、测度及其实现路径

消除贫困，实现共同富裕，是中国共产党的不变初心和使命（洪银兴，2018；姬旭辉，2020；魏后凯，2020）。"富裕"是社会生产力发展水平的主要表现，反映社会总财富效益；"共同"是社会生产关系的集中体现，反映全体社会成员对发展成果的占有形式（蒋永穆等，2021；万海远等，2021；程恩富等，2021；李海舰等，2021）。共同富裕具有长期性、复杂性、艰巨性、发展性、共享性和可持续性等特点（刘培林等，2021；陈丽君等，2021）。

测度共同富裕既要刻画"富裕"水平，又要反映"共同"程度，既要刻画发展，又要反映收入差距缩小，究其实质，是发展中的帕累托优化（何秀荣，2021）。但在具体指标体系的构建和选取上，学术界并未统一（厉以宁，2021）。有学者采用"人均国民收入"和"人均可支配收入的基尼系数"衡量共同富裕（邹克等，2021）。有学者从"收入富裕"和"经济平等"两大层面选取衡量经济富裕指标（张挺等，2018；吴方卫等，2019）。从长期看，共同富裕不仅要体现在经济和物质层面，还应表现于精神、生态等方面（申云等，2020；杨宜勇等，2021；胡鞍钢等，2021）。但是，指标相加的测度法默认了不同指标间的完全替代关系，有悖于共同富裕的多维特征；过多的衡量指标还难以满足变量间的单调性、一致性等公理化准则，可能违背共同富裕的现实逻辑（万海远等，

2021）。因此，采用最被认可、最具可比性的基尼系数，并适当吸纳精神、生态等方面的相关指标来测度共同富裕，是一种较为合理的选择。

如何推动共同富裕？大部分学者认为要充分激发全体人民的积极性与创造性（郁建兴等，2021；唐任伍等，2022）；必须发挥有效市场、有为政府与有爱社会的积极作用，正确处理好公平与效率的关系，构建初次分配、再分配、三次分配协调配套的基础性制度安排（陈宗胜，2020；李实，2020；黄祖辉等，2021；张占斌等，2021）；畅通流动通道，扩大中等收入群体（万广华等，2021；刘尚希，2021；李春玲，2021；张来明等，2021）；提高基本公共服务均等化水平（龙玉其，2020；彭迪云等，2021；徐丰等，2021）；促进城乡融合（孔祥智等，2022）。应按照"核心—基本—外围"的逻辑，构建"点—轴—面"三位一体的科学治理体系，扎实推动共同富裕（孙爽，2021）。

（二）农村集体经济发展促进共同富裕

已有文献普遍认为，发展集体经济是实现农村农民共同富裕的重要保证。发展和壮大农村集体经济是实现农村生产力"第二个飞跃"的重要动能、保障和改善农村民生的重要物质基础、促进农民持续增收的重要渠道，是让农民分享改革开放成果、实现共同富裕目标的必由之路（王娜等，2018；舒展等，2019；胡凌啸等，2021；肖红波等，2021；厉以宁等，2022）。因为农村集体经济在提高集体成员收入水平、平衡集体成员收入分配、提供集体成员公益性服务等方面的优势，对于缩小农村内部和城乡之间生活差距具有重要意义（王思斌，2021；谢莉娟等，2021）。而且，国内外的事实证明，只有在坚持农村土地集体所有制的前提下，农民才能最终走向共同富裕（程恩富、张杨，2020；周立等，2021）。究其原因在于，集体经济的发展使得集体成员能够最大效率地利用资源要素，带来收入增加（吴海江，2014；楼宇杰等，2020），充分带动农户从事生产经营活动，增加农民经营性收入（谭智心，2012；杜秦川，2021；郑瑞强、郭如良，2021）。推进农村集体产权改革，明晰产权界定和激励机制，则可以增加农民财产性收入，壮大农村集体经济实力，为促进共同富裕提供可行方案（简新华，2020；江帆，2021；高鸣等，2021；崔超，2021）。

（三）新型农村集体经济内涵特征

依据农村集体经济的历史，可将其分为传统农村集体经济和新型农村集体经济两种类型。学术界对传统农村集体经济的认识比较一致，指的是计划经济时期的集体经济。但现有政策文件对新型农村集体经济的内涵界定较少，已有研究则从不同方面进行了比较详细的说明。从产权体系的角度来看，新型农村集体经济与以往人们理解的集体经济相比已发生根本变化，它是在中国特色社会主义制度中形成的有中国特色的集体经济实践（张弛，2020），是遵循归属清晰、权责明确等现代产权制度要求的一种经济形态（韩俊，2016；崔超，2019），具体表现为产权结构清晰化、生产经营市场化、分配制度股份化和退出权利自由化（余丽娟，2021）。从要素配置和利益联结的角度看，新型农村集体经济是以村社成员自愿结合为基础，不仅是劳动联合，还包括资本联合，另外，收入分配实行按劳分配和按生产要素分配相结合的经济形态（李天姿、王宏波，2019；涂圣伟，2021；周立等，2021）。在组织形式上，新型农村集体经济以股份经济合作社为主（苑鹏、刘同山，2016；张红宇等，2020）。随着农村集体产权制度改革的完成，新型农村集体经济发展模式选择更加多元，既有经营型、联营型、租赁型、服务型和党建型，还包括"村＋公司＋家庭农场"的村企统合模式（王晓飞等，2021；高鸣等，2021）。可见，已有研究都关注到了新型农村集体经济的新变化和新特征，但对新型农村集体经济的内涵界定更多关注于产权制度和形式层面，不够系统全面，且未关注其现实的经济实力和可持续发展能力。

（四）新型农村集体经济发展困境

组织程度低是导致新型农村集体经济陷入发展困境的主要原因之一。在以家庭承包经营为基础、统分结合的双层经营体制中，由于过度强调个体"分"的一面，集体"统"的作用和功能因乡村社会缺乏组织基础而被弱化（郑有贵，2017）。同时，农民社会生活原子化与小农社会化的张力迫使农民越发理性化与功利化，使他们丧失合作的意愿与能力（梁昊，2016）。在此情况下，农村集体经济发展尤其需要建立一个社区性、综合性的乡村合作组织将农民组织起来（杨团，2018）。此外，中国农村集体经济的发展历程也表明，要推动农村集体经济健康发展，须以较高的组织化程度为根本前提。

除了组织能力弱化导致集体经济发展困难重重之外，农村相关发展要素的缺失也是导致农村集体经济变得较为脆弱的重要原因。诸多研究者从农村土地产权不明晰（戴青兰，2018）、经济发展水平差和经营性收入低（张忠根、李华敏，2007）、自然资源先天不足（梁昊，2016）、农村劳动力转移与专业人才缺失（王文斌，2018）以及代理人村干部的机会主义行为问题（Langley et al.，2013；王钰文等，2022）等层面探讨了农村集体经济发展面临的困境。此外，村庄文化状况（郑风田、杨慧莲，2019），乡村精英群体特质（吴家虎，2018），乡村内部关系网络（郭珍、刘法威，2018），以城市为主、以乡村为宾的不合理城乡关系(仝志辉、陈淑龙,2018)等因素也会制约新型农村集体经济的发展。同时,如何有效界定农村集体经济成员资格(许明月、孙凌云,2022),并有力保障成员利益,是促进农村集体经济健康发展的重要方面(谭秋成,2018)。上述研究主要是从各种资源要素的视角切入解释,尽管具有一定的说服力,但这种列举式的探讨显得过于庞杂和细碎,涉及成果多数零散分布于相关主题研究中,瞄准精度不足,而且各个问题之间都是相互独立的,缺少对问题背后原因进行逻辑分析,对集体经济可持续、稳定和长效发展机制的深入研究也较为缺乏。

(五)新型农村集体经济实现形式

农村集体经济是以集体产权为基础,而集体产权又是由所有权、承包权、经营权和收益权相叠加形成的产权共同体(徐勇、赵德健,2015),可见,农村集体经济的实现形式取决于产权结构与利益结构的组合(邓大才,2014)。只有明确农民在集体经济管理中的决策权和财产权,提高农民的组织化程度,明晰集体经济的产权,才能多层次发展农村集体经济(冯道杰、汪婷,2010)。基于产权为集体所有的核心特征,我国农村集体经济的实现形式并不局限于一种,而是随时代和实践的发展不断产生多种实现形式。

从纵向发展历程看,"集体"内涵的分化变动引申出了集体所有制实现方式的动态调整(高帆,2019)。学者们根据农村集体经济实现形式的发展,进一步将其划分为统一劳动经营和政社合一的集体经济、家庭经营基础上统分结合的集体经济、以家庭承包权为基础的合作经营的集体经济三个阶段(徐勇、赵德健,2015;刘冠军、惠建国,2021)。从横向发展历程看,学者们在研究农村集体经济实现形式时,阐明了具有代表性的有效实现形式,包括合作制经济、股份合作制经济、混合所有制经济、合作社等(黄延信,2015;谢地、李雪松,2019;张义博,2020)。从改革开放初期我国苏南地区出现的集资入股社队企业,到20世纪90年代广东南海开始的农村土地股份合作制,再到四川崇州的农业共营制,都是集体经济的重要实现形式。此外,在农村优质劳动力外流情况下,吸引农村能人投身发展农村集体经济是集体经济有效实现形式的重要条件(黄振华,2015)。值得注意的是,当前我国农村集体经济有效实现形式仍然比较滞后,无法有效满足农村改革发展的需要(高强、孔祥智,2020)。

(六)简要评述

已有研究较系统地分析了新型农村集体经济发展的特征、困境和形式等,在研究重点上,论证农村集体经济及其实现形式发展必要性的相对较多,而有关如何促进集体经济尤其是新型农村集体经济实现形式多样化发展的则稍显不足。此外，对于如何结合农业农村新的发展变化，在新发展阶段全面推进乡村振兴和扎实推动共同富裕的背景下，探索和发展促进农村集体经济可持续、稳定和长效发展机制，学者们尚在研究之中，目前仍未形成较为全面的研究成果。由此，本研究将在共同富裕目标下，基于宏观统计数据，用事实证明新型农村产权改革以及新型农村集体经济发展为农村共同富裕发挥了重要作用；分析新型农村集体经济发展面临的难题；基于多个典型案例，为新型农村集体经济发展助力共同富裕提供证据；对推进新型农村集体经济发展提出相关建议。

二、新型农村集体经济助力农村共同富裕

（一）扭转"空壳村"趋势，壮大集体可支配财力

　　坚持农村土地集体所有制性质，构建新型农村集体经济在市场经济条件下的有效实现形式，有利于农民享有更多财产性收入，是实现共同富裕的重要保证。只有在坚持农村土地集体所有制的前提下，农民才能最终走向共同富裕（程恩富、张杨，2020；周立等，2021）。究其原因，在于农村集体产权制度改革围绕清产核资、成员界定、股权量化等手段，构建产权明晰、成员边界清晰、股份权能完整的新型农村集体经济，不仅具备符合市场经济要求的企业制度运行机制，并且形成合理的治理机制与利益分享机制，使得集体成员能够最大效率地盘活与利用资源要素，扭转新型农村集体经济"空壳村"趋势（楼宇杰等，2020），壮大集体可支配财力。

　　如表1所示，2011—2014年，无经营性收入的传统农村集体经济的村数不断增加，截至2014年，全国"空壳村"数量高达32.3万个，占总村数比例为55.3%。2014年后，全国"空壳村"数量和占比呈现缓慢下降趋势，尤其自2016年农村集体产权制度改革以来，全国"空壳村"数量由2016年的28.7万个下降至2020年的12.1万个，占比由51.5%下降至22.5%，比例下降了29.0%；同时，新型农村集体经济经营性收入为5万元以上的村数保持快速增长态势，由2016年的14.1万个增加到2020年的29.4万个，增长了108.5%。这反映我国新型农村集体经济发展成效显著，能盘活并利用集体闲置资产，扩大有效投资。

表1 2011—2020年新型农村集体经济的经营性收入在不同区间的村数

单位:万个

年份	总村数	经营性收入					
		0万元	0~5万元	5万~10万元	10万~50万元	50万~100万元	100万元以上
2011年	58.9	31.0 (52.7%)	15.9 (27.0%)	5.0 (8.4%)	4.5 (7.7%)	1.1 (1.8%)	1.4 (2.4%)
2012年	58.9	31.1 (52.8%)	15.1 (25.6%)	5.2 (8.8%)	4.8 (8.1%)	1.2 (2.0%)	1.5 (2.5%)
2013年	58.7	32.0 (54.5%)	13.7 (23.3%)	5.2 (8.9%)	4.9 (8.3%)	1.3 (2.2%)	1.6 (2.7%)
2014年	58.4	32.3 (55.3%)	12.7 (21.7%)	5.3 (9.0%)	5.2 (8.9%)	1.3 (2.3%)	1.7 (2.9%)
2015年	58.0	31.1 (53.6%)	13.1 (22.6%)	5.6 (9.7%)	5.2 (9.0%)	1.3 (2.2%)	1.7 (2.9%)
2016年	55.9	28.7 (51.5%)	13.1 (23.4%)	5.7 (10.2%)	5.2 (9.3%)	1.4 (2.4%)	1.8 (3.1%)
2017年	56.3	26.2 (46.5%)	13.7 (24.3%)	6.6 (11.7%)	6.2 (11.0%)	1.6 (2.8%)	2.1 (3.7%)
2018年	54.5	19.5 (35.8%)	15.2 (27.9%)	8.3 (15.2%)	7.6 (13.9%)	1.8 (3.3%)	2.2 (4.0%)
2019年	55.4	16.0 (28.8%)	16.0 (28.9%)	10.0 (18.0%)	9.4 (16.9%)	1.9 (3.4%)	2.3 (4.1%)
2020年	54.0	12.1 (22.5%)	12.5 (23.1%)	11.5 (21.3%)	13.2 (24.5%)	2.3 (4.2%)	2.4 (4.5%)

注:①数据来源于2011—2017年《中国农业统计资料》、2018—2020年《中国农村经营管理统计年报》;②括号内为不同经营性收入村数占总村数的比例。

(二)拓宽增收渠道,提升农民收入水平

一是推动非农就业,提高农民工资性收入。首先,新型农村集体经济的产业发展为农民提供了更多就近工作岗位或机会,使其获得一次收入分配,拓宽农民

收入来源渠道；其次，新型农村集体经济让相当部分农民从土地中解放出来，推动农业剩余劳动力向城镇或者非农产业转移，增加外出务工机会，使农民收入显著增加（杨博文、牟欣欣，2020；胡凌啸、周力，2021）。

二是提升经营能力，增加农民经营性收入。一方面，新型农村集体经济提升农业生产能力。农村集体产权制度改革推动土地等资源要素向更有能力的经营主体流转，并通过生产专业化、规模化、绿色化等多种方式，有效提升农业综合生产效率。另一方面，新型农村集体经济推动产业融合。在发展农业的基础上，新型农村集体经济围绕当地的特色资源要素，通过延伸产业链、创新体制、渗透技术等方式，大力发展技术加工、旅游观光、社会化服务等新业态，实现资源要素、资本与技术的跨界集约化配置，有效构建农业与工业、服务业交叉融合的现代化农业产业体系，实现农民经营性收入增长（郭晓鸣、张耀文，2022）。

三是盘活闲置集体资产，增加农民财产性收入。集体资产是农民作为集体成员的主要财产，农村集体产权制度改革将集体资产的使用权与经营权确权到户、折股量化到人，并通过资源整合和要素聚集等规模效应，促进农村"沉睡"集体资产的有效盘活与利用，实现由资源向资产、资金向股金、农民向股民转变。因而，发展壮大新型农村集体经济，不仅有利于维护农民的土地承包权、宅基地使用权等合法权益，还能有效地提高集体收益分配等财产性收入（丁忠兵、苑鹏，2022；王庆、王震，2022）。

如表2所示，2011—2020年，新型农村集体经济的收入与收益不断增长。截至2020年，全国新型农村集体经济总收入高达6 330.2亿元，较2011年增加2 965.3亿元，增长88.1%；同时，总收益为2 137.8亿元，较2011年增加1 103.1亿元，增长106.6%。更值得关注的是，2016年集体产权制度改革后，新型农村集体经济的收入与收益均呈现高增长态势。无论是经营性收入，还是总收入，抑或是总收益，2017—2020年的增长率均大于5%，侧面表明农民从新型农村集体经济获得了更多的二次收入分配，实现了财产性收入增长。同时，《2020年中国农村政策与改革统计年报》数据表明，自2016年农村集体产权制度改革后，全国新型农村集体经济的累计分红总额高达4 084.9亿元，其中成员分红金额为3 353.5亿元，占比高达82.1%；2020年新型农村集体经济的分红金额高达703.8亿元。可见，新型农村集体经济实实在在地提高了农民的财产性收入。

表2 2011—2020年新型农村集体经济的收入与收益情况

年份	总收入/亿元	比上年增长	经营性收入/亿元	比上年增长	总收益/亿元	比上年增长
2011 年	3 364.9	10.4%	1 310.7	3.4%	1 034.7	11.0%
2012 年	3 576.0	6.3%	1 366.5	4.3%	1 109.2	7.2%
2013 年	3 871.9	8.3%	1 411.8	3.3%	1 204.6	8.6%
2014 年	4 005.8	3.5%	1 405.4	− 0.5%	1 319.4	9.5%
2015 年	4 099.5	2.3%	1 425.6	1.5%	1 416.7	7.4%
2016 年	4 256.8	3.8%	1 417.0	− 0.6%	1 457.9	2.9%
2017 年	4 627.6	8.7%	1 494.7	5.5%	1 586.9	8.8%
2018 年	4 912.0	6.1%	1 587.8	6.2%	1 691.5	6.6%
2019 年	5 683.4	15.7%	1 770.6	11.5%	2 020.5	19.4%
2020 年	6 330.2	11.2%	1 935.8	9.3%	2 137.8	5.8%

注：数据来源于 2011—2014 年《中国农业统计资料》、2015—2020 年《中国农村经营管理统计年报》。

（三）增强公共服务能力，提升农民福利水平

新型农村集体经济发展，不仅能发挥在初次分配环节与二次分配环节的经济效应，有效促进农民增收，缩小因个人能力、财富积累导致的收入差距，带领农民走向共同富裕；还可以发挥在二次分配环节的社会福利效应，完善农村公共服务建设，构筑农村齐步迈向共同富裕的公平底线。根本原因是，新型农村集体经济具有经济性与社会性二重属性，为村庄与集体组织成员提供公共服务是其发展目的，同时也是其本质属性（赵一夫等，2022）。在大量老人与儿童留守农村、城乡公共服务差距巨大的现实背景下，新型农村集体经济发挥二次分配的福利效应，既推动农村水利、电力、厕所、道路等基础设施建设，又加大医疗、教育、养老等公共服务投入，还增加用于集体福利、文教等福利费用，大力发展公益性事业，不仅有效改善人居环境、提升农村内部农民的生活质量，而且缩小村落之间、城乡之间的公共服务差距，推动公共服务均等化发展，促进农村共同富裕。

表 3 数据表明，2015—2020 年，新型农村集体经济在社会福利投入的增长均较为明显。以 2019 年为例，新型农村集体经济在村级公益性基础设施建设和公共服务的投入金额高达 1 641.2 亿元，较 2015 年（1 158.9 亿元）增长 41.6%；其中，村级公益性基础设施建设投入金额 1 424.4 亿元，公共服务费用金额 216.8 亿元，分别较 2015 年增长 38.1% 与 70.0%。相较于 2019 年，2020 年新型

农村集体经济虽在公益性基础设施建设的投入下降33.7%，但在公共服务的投入增加18%；同时，2020年新型农村集体经济提取377.1亿元应付福利费，较2015年增长38.0%。可见，新型农村集体经济在满足农民日益增长的公共服务需求、补齐农村社会福利短板中发挥了重要作用。

表3 2015—2020年新型农村集体经济的社会福利情况

年份	公益性基础设施建设投入/亿元	比上年增长	公共服务费用/亿元	比上年增长	提取应付福利费/亿元	比上年增长
2015年	1 031.4	9.7%	127.5	−1.1%	273.3	2.5%
2016年	1 214.7	17.8%	147.3	15.5%	293.7	7.4%
2017年	1 221.6	0.6%	169.2	14.8%	325.2	10.8%
2018年	1 243.7	1.8%	186.7	10.4%	318.9	−1.9%
2019年	1 424.4	14.5%	216.8	16.1%	347.3	8.9%
2020年	944.0	−33.7%	255.8	18.0%	377.1	8.6%

注：数据来源于2015—2020年《中国农村经营管理统计年报》。

（四）夯实产业载体，促进乡村全面振兴

新型农村集体经济是构成产业振兴、人才振兴、文化振兴、生态振兴与组织振兴的全面振兴的经济基础之一。发展新型农村集体经济，是在符合市场经济要求前提下，通过充分盘活乡村资源要素、招贤纳士等措施，大力发展绿色乡村产业，加大对农村公共文化建设的投入，提高集体组织"统"的能力，为乡村振兴提供全面保障，进而推动农民共同富裕的有效途径（崔超、杜志雄，2022）。

一是盘活闲置资源，充分发挥资源聚集效应，促进产业振兴。一方面，新型农村集体经济清算、整合区域资源，盘活闲置或潜在的土地、文化、生态、旅游资源，充分利用农民空余房屋、宅基地等，通过资源开发、物业租赁等多样化方式，实现由资源向资产转变，为进一步大力发展农业、工业、服务业提供经济支持，推动农创文旅、农耕体验等多产业融合发展，从而实现产业兴旺（郭晓鸣、张耀文，2022；张新文、杜永康，2022）；另一方面，新型农村集体经济发挥资源优化配置产生的聚集效应，推动产业规模化发展，实现资源配置与使用效益最大化，有效促进产业振兴（周娟，2020）。

二是吸引并培育乡村能人，促进人才振兴。当前，中国正处于农业农村发展的新阶段，推进新型农村集体经济发展，需要大量会经营、善管理的高素质人才。因此，一方面，新型农村集体经济加强对内部专业技能人才的培养，全面提

升农民素养,实现人力资源优势向人才优势转变,为全面振兴储备乡村能人;另一方面,新型农村集体经济推动三大产业快速发展,吸引大学生、在外能人、企业家等高素质人才返乡就业创业,为乡村振兴和共同富裕提供人才资源(杨洋,2020)。

三是加强农村公共文化建设,促进乡村文化振兴。实现共同富裕,不仅要"富口袋",也要"富脑袋"。一方面,新型农村集体经济加大对文化礼堂、文化广场、文化馆等公共文化建设的投入,丰富农民精神文化生活;另一方面,新型农村集体经济善于结合当地文化特色,以文物古迹为载体,依托乡土文化,探寻集体经济与文旅相结合的发展方式,既加强农民对乡村文化资源的保护,也增加集体组织成员的文化认同与文化归属感,促进农村文化繁荣发展(陈继,2021)。同时,新型农村集体经济有助于营造集体成员间互惠互助的良好氛围,增强集体成员与组织的利益联结,强化农民的集体意识。

四是依托特色自然资源发展,推动乡村生态振兴。一方面,"绿水青山就是金山银山",新型农村集体经济将以往不被作为生产要素的农村生态资源视为"生态资本",立足绿色经济观念,开发生态农业、生态旅游等项目,推动乡村生态可持续发展(刘金龙等,2018)。例如,资源开发型的新型农村集体经济依托山水林田湖草等自然资源,发展开发增收项目;村庄经营型的新型农村集体经济依托优美人居环境,发展特色景区、农家乐、民宿等乡村特色生态产业。新型农村集体经济在促进乡村绿色发展的同时,激励农民加强乡村生态保护,进而有效推动生态振兴。另一方面,新型农村集体经济的机械化、规模化发展能有效实现化肥减量,减少农业农村环境污染来源;新型农村集体经济还为农村环境整治提供资金保障,推进村庄环境建设。

五是提高组织"统"的能力,推动组织振兴。村级基层组织体系是乡村治理有效的关键,也是农村发展的重要力量。然而,传统集体经济由于产权不明晰、资产不明确、缺乏激励机制等原因,导致"统分结合双层经营体制"强调"分"的层面,过分注重以家庭为主的分散经营,在一定程度上弱化了集体组织"统"的职能,忽视以集体为主的统一经营,不利于集体组织的发展(王海南,2021)。而新型农村集体经济在产权明晰的基础上,利用集体资源要素,通过合作、联合等统一经营方式,达到降低成本与交易风险、实现规模化增收效果,进而提升集体成员参与的积极性,有效激发集体组织活力,增强"统"的能力(宁夏财政厅课题组等,2022)。

三、新型农村集体经济发展面临的主要难题

农业农村部发布的数据显示，截至 2021 年，全国已建立乡、村、组三级新型农村集体经济组织近 90 万个，清查核实集体账面资产 7.7 万亿元，其中经营性资产 3.5 万亿元，呈现出组织数量多、资产总量大的特点，取得一定成效，但也面临许多问题与挑战。

（一）地区发展不平衡，呈现"强者恒强"的发展趋势

虽然我国新型农村集体经济得到快速发展，但是受到地理环境、区位禀赋、交通基础设施和劳动力资源禀赋等多个因素的影响，表现出地区发展不平衡的特征。

一是在集体资产总额上，东部地区集体资产规模较大。东部地区集体资产总额高达 5.0 万亿元，占全国集体资产总额的 65.5%；中、西部地区的集体资产总额仅为 1.4 万亿元、1.3 万亿元，分别占全国集体资产总额的 17.6%、16.9%。其中，广东、北京、上海、江苏、浙江、山东 6 个省级行政区的平均集体资产高达 5 000 亿元，集体资产总额为 4.3 万亿元，占全国集体资产总额的 55.8%，呈现两极化趋势。

二是在集体资产性质上，东部与中、西部地区的经营性资产与公益性资产占比存在差异。不同于经营性资产可以产生直接收益，公益性资产不仅不能产生直接收益，还需投入更多维护费用，因而，经营性资产是决定集体经济发展实力强弱的一个重要指标。相较于中、西部地区，东部地区经营性集体资产占集体资产总额的比例为 56.4%，具备较强的发展实力；而中、西部地区则是公益性资产占比更高，比例分别高达 73.5% 与 76.1%，经营性资产占比仅为 26.5% 与 23.9%，新型农村集体经济的发展能力存在较大地区差异。

三是在集体收入上，东部地区集体收入是西部地区的 3.5 倍。截至 2020 年，东、中、西部地区村均集体收入分别为 183.5 万元、83.7 万元和 52.3 万元，集体收入差距过大，呈现"强者恒强"的发展趋势。

（二）经营能力与投资能力有限，对补助收入依赖性强

一是新型农村集体经济经营性收入占比不高，投资收益比例过低。当前，新型农村集体经济收入主要来源于经营性收入、发包及上交收入，收入渠道较为单一，且收益较低。如表 4 所示，2015—2020 年，全国新型农村集体经济的经营性收入由 1 425.8 亿元增至 1 935.8 亿元，增加了 510 亿元，但其占总收入的比例

不断下降，仍处于较低水平；投资收益总额虽在逐年增加，2020年的投资收益增幅最大，但其占总收入的比例仅4.1%，表明新型农村集体经济的经营能力与投资能力十分受限。究其原因主要有：①新型农村集体经济以非经营性资产为主，可利用资源相对有限。新型农村集体经济基础普遍薄弱，缺乏可用于获取经营收入、投资收益或发包租赁的资源，综合竞争能力明显不足，难以实现招商引资（李韬等，2021）。②经营性收入渠道较为单一。2018年中国劳动力动态调查（CLDS）的村庄调查问卷分析表明，生产经营性收入在新型农村集体经济经营性收入中占比高达90%以上，生态资源未能有效转化为现实的经济价值，难以实现增收（肖华堂等，2022）。③产业融合发展水平较低。当前，大部分新型农村集体经济仍局限于农业规模化种植养殖，未形成农业产业化，更未能促进第一、二、三产业的融合发展，难以实现产业转型升级。

二是新型农村集体经济对补助收入依赖程度高，缺乏可持续性。2015—2020年，全国新型农村集体经济的补助收入由866.7亿元上涨至1 731.3亿元，补助收入占比由21.1%不断提高至27.4%。2020年的补助收入是发包及上交收入、投资收益的1.83倍、6.7倍，仅较经营性收入低204.5亿元。可见，新型农村集体经济对补助收入的依赖程度逐渐增加。然而，补助收入不具备可持续性特征，因此，提升新型农村集体经济的经营能力与投资能力，降低对补助收入的依赖程度，并合理运用补助收入实现可持续性创收，是当前面临的重要难题。

表4　2015—2020年新型农村集体经济收入的具体情况

单位：亿元

年份	经营性收入	投资收益	补助收入	发包及上交收入	其他收入
2015年	1 425.8 (34.8%)	120.3 (3.0%)	866.7 (21.1%)	747.7 (18.2%)	939.1 (22.9%)
2016年	1 417.0 (33.3%)	132.0 (3.1%)	983.1 (23.1%)	753.0 (17.7%)	971.7 (22.8%)
2017年	1 494.7 (32.3%)	140.7 (3.0%)	1 129.8 (24.4%)	800.4 (17.3%)	1 062.1 (23.0%)
2018年	1 587.8 (32.3%)	151.3 (3.1%)	1 246.9 (25.4%)	807.8 (16.4%)	1 118.1 (22.8%)
2019年	1 770.6 (31.2%)	200.8 (3.5%)	1 488.8 (26.2%)	969.0 (15.3%)	1 354.2 (23.8%)
2020年	1 935.8 (30.6%)	258.0 (4.1%)	1 731.3 (27.4%)	945.5 (15.0%)	1 449.6 (22.9%)

注：①数据来源于2015—2020年《中国农村经营管理统计年报》；②括号内为各类收入占总收入的比例。

（三）能人效用未有效激活，存在乡村人才不足难题

一是村干部管理人才不足。村集体经济的发展水平与基层治理主体的能力强弱紧密相连（张洪振等，2022）。社会治理重心的下移、城乡关系的发展和集体经济的发展，对村干部管理人员提出了新的要求。特别是面对政策、资金的下达，需要村干部具有较强的资源整合能力和学习能力，以适应新环境。然而，当前较多农村地区村干部的能力与村集体经济发展的要求仍存在差距，主要表现在村干部业务能力和致富能力缺失，同时，部分村干部仍存在机会主义问题（王钰文、王茂福，2022），使得村基层组织没有真正发挥为村集体经济发展服务的功能，成为制约村集体经济的一大痛点。

二是高素质农民不足。在以分散经营为主的"小农经济"下，农民往往只具备生产技术能力，未拥有市场经营能力。而随着新型农村集体经济呈现规模化、专业化发展，农村不仅需要懂农业，更需要善管理、懂市场的高素质人才提供人力支持，从而增加对农业经理人的需求。农业经理人是指具备一定专业素质与职业能力，并以经营管理作为长期职业，掌握企业经营权的人才。其善于整合土地、金融、科技等资源要素，推进农村农业向品牌化、高质量发展。当前，高素质农民存在三大问题：①供给不足。人力资源社会保障部 2019 年发布的《新职业——农业经理人就业景气现状分析报告》（下称《报告》）强调，当前农业经理人从业人员预估近 286 万人（按每个经营主体配置 1 人测算），预计未来五年我国对农业经理人的需求总量将达到 150 万左右，数量缺口较大，难以满足新型农村集体经济的人才需求。②质量参差不齐。《报告》显示，仅 14% 的受访农业经理人的学历水平为本科及以上，超半数（52%）受访者的学历水平为高中及以下。③激励不足。《报告》指出，受访农业经理人年收入水平较低，27.7%的受访者年收入为 4 万元以下，28.2% 的受访者年收入为 5 万 ~6 万元，年收入为 10 万元以上的受访者仅占 18.8%。缺乏有效的激励机制，难以吸引并留住人才，在很大程度上制约了新型农村集体经济经营效益的提升。

四、新型农村集体经济发展之路：清远市多案例剖析①

（一）清远市石岐村：以"村委—合作社—村民"模式发展特色产业

1. 石岐村概况

石岐村坐落于清远市清城区石角镇南部。作为传统农业村，尽管其地理位置优越，毗邻美林湖、碧桂园、万科、广清产业园，物产资源丰富，位于号称"鱼米之乡""三鸟之乡"的石角镇境内，但由于内生动力不强、集体经济空壳化，外加缺乏统一管理和规范引导，石岐村人均收入偏低，人居环境较差，呈现出"民房破旧、鸡鸭满地走、垃圾污水遍地淌"的衰败景象。石岐村根据本村实际，通过党组织和集体经济组织的联动，以党旗作引领、以集体经济为依托，按照"产业兴旺、生态宜居、乡风文明、治理有效、生活富裕"的总要求，立足实际、统筹谋划、创新举措，带领下辖12个村民小组取得了一系列不俗成绩。该村整合土地、资金、人才等多方资源，着力促进产业兴旺。一方面，结合本地特色发展规模种植养殖业，另一方面，借助地域和生态优势开发乡村旅游业，共同促进第一、二、三产业融合发展，集体经济和人均收入得到较大提升。摒弃生态短视行为，发展绿色产业，助力生态宜居。通过整合专项资金用于垃圾分类、污水处理、厕所革命，三管齐下，石岐村村容村貌焕然一新，下辖12个村民小组全部完成美丽乡村建设。坚持基层党组织带头、集体经济组织助力、村民参与，三方联动提升社会治理成效，在全面实现小事不出组、大事不出村的同时，利用各类文化载体，丰富百姓文化生活，引领乡风文明和精神文明建设，2017年被评为全国文明村镇。现如今，石岐村的村民小组年收入达500万元、村集体年收入达32万元、人均年收入近4万元；耕地面积达2 820亩、鱼塘面积达1 111亩。作为远近闻名的示范村，"生态优美、物产丰富、民风淳朴"已成为石岐村乃至清远村落的耀眼名片。

2. 石岐村做法

一是依托地域优势、整合土地资源，发展特色产业。最初，石岐村面临土地分散和原始积累少两大难题。以石岐村下辖的白沙村民小组为例，其土地分散、人均耕地少，难以发挥效益。而当地土地又以难以耕作的低洼地为主，导致村民

---

① 本部分资料由清远市相关部门提供及本课题组调研整理所得。

种地积极性不高，弃荒抛荒情况普遍存在，每年的村集体收入仅为 13 万元左右。为此，村委深入每家每户做思想工作，按照依法、自愿、有偿原则，鼓励农民以转包、出租、转让和股份合作等形式流转土地承包经营权，促进土地向种植能手、专业大户集中，着力引进和培育壮大农业龙头企业，发挥企业的辐射带动作用，实现规模化经营、专业化生产和特色化发展。白沙村集体收入增长近 4 倍，达到 61 万元，人均收入增至 8 000 元。

面对资金难题，为弥补石岐村薄弱的经济基础，村书记、党员主动出外"招贤引资"，整合多方资源。一方面，积极申请农村集体经济组织贷款，另一方面，发动乡贤返乡创业投资，当地由乡贤投资建设的岐西纺织品公司，年产值达 500 万元，每年可为石岐村创收 50 万 ~ 60 万元。同时，恰逢石角镇开展"一村一品、一镇一业"特色产业发展规划，石岐村积极行动，大力发展本村特色种植养殖业，推动产业向规模化、标准化发展，形成了占地 1 090 亩的波记蔬菜基地、690 亩的葡丰生态园以及 400 亩的金花茶场等大型特色农业基地。其中，以省级农民专业合作社——波记蔬菜种植专业合作社为突出代表，通过立足当地特色蔬菜产业，利用统一规划、集中生产、对外销售、人才培养等手段，实现规模化和集约化生产，2019 年基地生产蔬菜 3 200 吨，年产值约 682 万元。近年来，石岐村通过"村委—合作社—村民"的链条模式，将分散的个体组织起来，盘活集体资源，相继发展出众多以当地特色为主的农业生产合作社，既解决了村中大量劳动力的就业问题，又增加了村集体经济收入。

为增强村集体经济的"造血"功能，近年来，石岐村还积极探索、实践多元化发展途径，壮大村集体经济的空间领域、选择范围。石岐村依托当地绿水青山发展乡村旅游业，做大"集体经济蛋糕"，借助毗邻五大楼盘、摩天轮旅游商业区的地理优势，规划建设环村绿道连接各类种植基地，沿途建设特色民宿，带动沿线村落经济发展。同时，打造党建、武术主题等各类文化馆及乡村振兴展示馆，配套展示村中优质农产品、特色文化及旅游项目，促进各类项目形成合力，致力将石岐村打造成为清城区田园综合体示范项目。现如今，石岐村的集体经济，从仅仅依靠土地租赁及传统的种植养殖业，逐步向家庭农场、旅游观光农业等方向拓展，向第一、二、三产业融合迈进。

二是把握群众视角，因地制宜，建设生态宜居村落。在新型农村集体经济发展的同时，石岐村按照乡村全面振兴和共同富裕的要求，坚持群众视角，因地制宜，精准施策，真正做到从农村实际出发、尊重农民意愿。一方面，对传统建筑景观和乡土文化载体等开展挖掘和保护工作，将历史记忆、地域特色、民族特点融入乡村建设，注重原始乡土味道和乡村风貌的保留。另一方面，发挥党员带头示范作用，例如，在农房管控风貌提升工作中，村、组两级党员干部主动自清自拆，并挨家挨户说服群众，发动村民主动配合这一工作。此外，还利用示范村带动全村域整体发展，白沙村民小组作为率先致富的村民小组，在收入不断提高的同时，村民要求改善生活环境的呼声日渐强烈。为此，村两委班子成员多次深入农户做好思想工作，最终取得村民同意无偿拆除废弃杂屋。白沙村还整合种粮直补等涉农资金、村集体收入及社会捐赠等各类资金用于美丽乡村建设。随着白沙村美丽乡村的建成，石岐村在全村域大力推广"白沙经验"，利用以点带面、连片打造的方式带动下辖所有村落开展美丽乡村建设。

三是坚持党员带头，用心用情，共建和谐幸福乡村。石岐村党组织坚持以党建引领基层建设，做到联系群众在一线、发现问题在一线、服务民众在一线，实现以党建促进乡村振兴发展，以党建扎实推动共同富裕。在涉及资金使用、工程建设等重大决策事项上，作为主体的各村民小组党组织和合作社，主动让群众提出各自见解，做到"说事、议事、评事、办事"全过程参与。同时，为进一步增强基层党组织凝聚力，为农村集体经济事业提供组织保障，石岐村党总支部对村级党建阵地进行全面的规范化建设，开展头雁工程、学历提升及党校教育培训活动等，加强班子建设，培养坚强的党员队伍；利用青苗培育和百村千组等人才工程，为组织培育坚实的后备力量；落实"三会一课"和"支部主题党日"活动，坚持学习教育常态化、制度化。此外，还打造了石岐村党建文化馆和乡村振兴展示馆，增设农产品展陈、乡村旅游展示等功能，民生、民主两手抓，助推乡村振兴走向深入发展。

另外，共同富裕是让人民群众物质生活和精神生活均富裕。石岐村党组织始终坚持"党员带头、联系群众，用心服务、用情感化"，坚持以践行社会主义核心价值观为主线，用丰富多彩的文化生活带动乡风文明和精神文明建设，在传承优秀传统文化的基础上破除陈规陋习，做好移风易俗工作，让淳朴民风、文明乡风沁入百姓家。

3. 石岐村变化

一是产业兴旺、日子红火，集体及人均收入显著提高。2021 年底，石岐村经过整合后的耕地共有 2 820 多亩，包含以各类当地特色为主的种植养殖基地和以集水果种植、观光和休闲为一体的葡丰生态园为代表的农业产业园。石岐村有种植养殖合作社 20 个：种植合作社 10 个，主要种植蔬菜、葡萄、金花茶等丰富的特色农产品；养殖合作社 10 个、家庭农场 8 家，其中桂花鱼、麻鸡、乌鬃鹅的产值分别达到 1 000 多万元、1 500 多万元、6 000 多万元。这些特色产业的蓬勃发展，不仅帮助村内绝大部分劳动力（近 4 000 名）解决了就业问题，还成为经济发展的主力军，促进石岐村集体经济和人均收入的持续增长。

表5 石岐村的村集体、村民小组和村民收入统计

单位：万元

类型	2017 年	2018 年	2019 年	2020 年	2021 年
村集体年收入	26.8	27.3	28	30	32
村民小组年收入	289	350	402	430	500
村民人均收入	1.55	1.8	2	2.6	3.6

二是生态、人居环境两手抓，实现全村域创建美丽乡村。2015—2020 年，石岐村整合各项资金共计投入 3 400 多万元，确保运动场、环村绿道、休闲公园、星级公厕、亮化工程等项目相继完成，基础设施得到不断完善，村容村貌焕然一新，百姓生活幸福感和满足感得到巨大提升。

表6 2015—2020 年石岐村美丽乡村建设成就

年份	成就
2015 年	建成 12 个村民小组生活垃圾集中处理点；完成全村道路硬底化
2016 年	全村推进美丽乡村建设并全部通过验收，建成 1 个特色村（小组）、9 个整洁村（小组）
2017 年	石岐村获评"第五届全国文明村镇"；石岐村党总支部及白沙村民小组党支部村级党组织规范化建设成为市、区示范点并作为典型推广
2018 年	白沙村被评为"2018 年十大美丽旅游乡村"并升级为生态村；特色村（小组）增至 4 个，示范村（小组）增至 2 个
2019 年	完成 12 个村民小组公厕的修缮工作；计划投入 1 400 万元规划建设田园综合体
2020 年	完成 6 个村民小组的文化室建设；完成 4 个村民小组的 6 个污水处理池建设

三是"三好"风气（乡风文明、民风淳朴、家风良好）盛行。在乡风建设方面，石岐村始终坚持"村事村议"制度，让村民参与到乡村治理过程中，成为乡村振兴工作的助力，致力于提升村民的获得感、幸福感、安全感。大事不出组、小事不出村的石岐村，九年间未出现一宗越级上访事件。在民风建设方面，

石岐村始终坚持与当地特色文化相结合。例如，白沙村的文化纪念馆，以当地历史悠久的舞狮文化为载体，被打造为国术醒狮团的教学点，吸引了国内外众多爱好者前来拜访学习，不仅实现了额外创收，还能弘扬武学精神、打造文化招牌。此外，石岐村还通过建设文娱广场、兴办文化节、组织爱心志愿服务队、设立大学生奖励机制等，为精神文明建设搭台铺路。尤其是面积达 3 000 平方米的墙体彩绘工程，主题丰富，涵盖社会主义核心价值观、文明家风、扫黑除恶、移风易俗等，让石岐村美丽乡村建设的颜值更高、内涵更深。

4. 难题与破解

作为示范村，石岐村在乡村建设中已取得一系列不俗成绩。过往，石岐村靠着节约、整合土地资源，助推产业融合升级，实现了人均和集体收入的大幅增加。但是，石岐村集体经济发展也面临至少两大难题：

一是可用建设用地不足。土地资源尤其是建设用地资源不足，是当前石岐村集体经济发展面临的最大约束。宅基地资源的整合利用是破题关键，旧城改造、农民上楼是解决途径。村两委通过整合下辖村民小组的宅基地资源，发挥村集体经济组织的引领带头作用，采取招商引资的方式兴建厂房和物流等配套设施，依托石岐村现有产业和环境，进一步打造田园式商业中心。该商业中心将成为农产品销售、乡村旅游项目及特色农家乐展示中心，促进村集体经济进一步发展壮大。同时，利用市重点项目建设返还的 300 亩左右建设用地建设居民区，落实旧城改造农民上楼政策。

二是农产品销售受阻。受疫情影响，石岐村的各大农业专业合作社出现了农产品滞销的困境。例如，2020 年初正值疫情肆虐初期，石岐村有约 2 万斤春菜销路受阻，积压情况严重，当地农户收益与上一年同期相比下降约六成。同时，大量外来务工人员无法返社，劳动力缺口逐渐扩大。疫情环境下实体经济面临发展难题，坚持线上线下双管齐下、电商兴农是关键。重点是借助"互联网＋"开辟特色新路子，通过"电商＋"带动农产品产业发展，推动产供销一体化。为此，村委积极推进互联网技能培训，支持并引导农业专业合作社利用电商开展农产品销售业务；建立和完善农村电商及配送综合服务网络。此外，村委还着力培育本村互联网特色产品品牌，扩大农产品和特色产品网上销售规模。

（二）清远市新桥村："党建＋"助力新型农村集体经济发展

1. 新桥村概况

新桥村坐落于清远市清城区东城街道，距清远市区 8 千米，总占地面积约 10

平方千米，共有 21 个村民小组、1 132 个家庭户、4 586 人，有水田 3 981 亩、旱地 2 940 亩、林地 3 500 亩左右。设富强和振兴两个党支部，富强支部党员 43 名，振兴支部党员 39 名。新桥村现有示范村（小组）3 个、生态村（小组）2 个、特色村（小组）2 个，其余为整洁村（小组）。2020 年，新桥村集体经济年收入提高到 50.4 万元。

新桥村属于劳务输出村，三分之二的人口选择到村周边各地务工，村里留下的人口多为老人和小孩，劳动力流失严重，日益呈现村庄空心化、人口老龄化状况，土地租赁分红、外出务工是主要的收入来源。随着党的惠农政策越来越好，2012 年，村党组织开始谋划村庄发展，新桥村自此开始焕发出勃勃生机。自十九大提出实施乡村振兴战略以来，农村集体经济在乡村振兴中发挥了越来越重要的作用，发展农村集体经济对于提高农民收入，提升乡村治理水平，实现农业农村现代化，具有重要意义。主要表现有：①新桥村将水电站发包出去，为壮大村集体经济提供基础。②新桥村区位优势明显，为村集体经济发展提供便利。新桥村位于牛鱼嘴原始生态风景区、黄腾峡风景区、金鸡岩名胜古迹风景区这三个知名成熟景区的三角中心位置，与广东省职业教育城一河相连，背靠天然氧吧大帽山，依山傍水、环境优美，为发展乡村旅游、增加村集体经营性收入增加了优势条件。③新桥村依托政策条件，为村集体经济的发展提供了良好机遇。在乡村振兴大背景下，省、市、区政府先后出台一系列相关政策措施，如创建"全省农村基层党建示范先行区"、进行"三村一居"项目建设、创建"广东省全域旅游示范区"等。新桥村以此为契机，积极响应，充分挖掘乡村资源禀赋，改善村庄人居环境，开展土地整合，发展优势产业。

2. 新桥村做法

新桥村坚持"党建＋"的基本原则，依靠政府扶持和组织引领协同发展，主要通过资源盘活、村庄经营和规模发展三条路径，助力新型农村集体经济发展。

一是资源盘活。新桥村通过开展农村集体产权制度改革，完成村集体资产清查、成员身份确认、资产量化等工作，强化农村集体的统筹能力，有效盘活农村资源，发展壮大农村新型集体经济，对增加农民财产性收入，使更多农村居民勤劳致富，实现共同富裕，具有重大意义。新桥村在党支部的领导下，对村集体的水电站、土地及村民闲置的房屋等资源进行有效盘活，实现资源向资产转变：①将祖辈留下的水电站发包出去，村集体每年收入 30 万元。②经村集体协调，将大部分土地进行整合流转，承包给大户或者企业，按照签订的合同每亩地收取固定的租金，以获得村集体收入。③坚持以党建为引领，以大水坑村为示范，盘活村民闲置房屋资源，发展乡村民宿项目，实现了村集体经济的稳定增长。新桥村下辖的大水坑村曾经只有 15 间泥砖危房，为改变村里的贫困现状，2012 年，在村党组织发动下，该村用 10 年不分红的方式积累资金，并争取上级党委政府扶持每户 2.8 万元的危房改造补助，进行整村拆旧。大水坑村以可持续眼光进行设计新建，每栋房子设计两个出入口，既满足自住需求，又可出租，为发展民宿奠定基础。2020 年之前，大水坑村已经成为备受旅游爱好者追捧的"网红民宿村"。

二是村庄经营。发展农村新产业、新业态，推进第一、二、三产业融合发展，逐渐成为培育农业农村发展新动能的亮点与经营村庄的新方向。在乡村振兴背景下，新桥村全力推进农村人居环境整治，建设美丽乡村，开展土地整合，大力发展休闲农业和乡村旅游，推动美丽乡村转化为美丽经济，增加农民的经营性收入。在新桥村党支部带领下，村民积极参与改造自有闲置房屋，发展特色民宿及农村特色饮食小店，更好、更快地带动村民增收致富，村民纷纷返乡就业创业。其中，大水坑村村组经济收入从 10 年前的 1 万元提升到 2020 年的 70 万元。同时，村集体利用政策扶持，进一步拓宽集体经济发展空间。主要表现有：①新桥村党支部充分利用美丽乡村建设成果，向政府相关部门申报设立新桥村旅游综合服务中心，获得省级扶持资金 300 万元、街道办事处配套约 50 万元支持，并利用区委宣传部下拨的 10 万元扶持资金和群众自筹募捐的 6 万元资金，打造爱国主义教育基地，有偿为民宿提供配套服务，拓宽集体经济发展的空间。②新桥村和清远国际酒店建立战略合作，试点推行"酒店＋村集体＋乡村民宿"发展模式，形成了村民自主经营、村集体整合协调、酒店指导的"7＋2＋1"利益分配机制，即民宿收入村民占 70%、村集体占 20%、酒店占 10%。在大水坑村民宿的示范作用下，新桥村民宿已建成 38 间，每间民宿平均年收入 13 万元，经营较好的民宿年收入可达 30 万元，有效促进了村集体和村民持续增收，为乡村全面振兴和共同富裕提供有力支撑。③为改变各间民宿单打独斗的局面，从长久的经营管理出发，由新桥村党支部牵头，村里民宿老板联合成立了乡农乡村民宿专业合作社，共同打造民宿行业品牌，提升民宿经营管理能力和服务水平。④为了进一步提高乡村民宿的知名度，新桥村举办乡村美食节，使游客在住民宿享受酒店级服务的同时，可以品尝清远当地的特色美味，并积极探索"旅游＋住宿＋餐饮＋采摘"产业链，丰富乡村业态，将资源优势转化为经济优势和发展优势，力求打造高品质的乡村特色旅游模式，实现合作共赢，共同发展。

三是规模发展。产业振兴是乡村振兴的重点，村集体通过组织农民和对乡村资源进行整合，能有力推动乡村产业的发展。新桥村在促进产业发展中增加村集体经济的收入，主要表现有：①新桥村党支部带领下辖土岭村群众前往外地考察，动员乡贤投资 2 000 万元搭建 170 亩高标准温棚，建成阳光玫瑰葡萄园，解决了 20 余名劳动力的就业问题，使土岭村民小组集体增收 30 万元。②吸引产业进驻新桥村，带动村集体经济发展，如大雾山农业科技有限公司打造的大雾山生态农业公园，流转了新桥村下辖计山村村民小组土地 668 亩，直接增加了该村民小组集体收入 90 多万元。

3. 难题与破解

（1）存在的难题。

一是预留资金不足，村集体寻求经济发展机会受限。新桥村通过土地流转获得的租金和其他固定资产的经营性收入完全下发给村民，村集体预留的发展资金不足，可获得的前期资金投入少，限制了村集体经济的自我发展能力。一方面，村民从个体利益出发，更愿意将分配所得全部收入掌握在自己手中，不愿意留一部分资金在村集体以备发展，有一种发展全靠政府补贴的错误想法，在利益分配上个体利益与集体利益不统一。另一方面，村财务管理制度不健全，无法令村民放心留下一部分资金供村集体统一投资使用，致使村集体在寻求投资机会、发展村集体产业、优化村庄基础设施以谋求长期发展时，缺乏启动资金，存在长期利益和阶段性利益的不统一。

二是引进企业经营行为短期化，无法和村庄保持长期深度合作。新桥村以出租形式将土地流转给企业，企业一次性支付租金，两者之间只是短期的租赁关系，并无深度合作。企业若经营效益优良则继续租，经营效益差则马上撤，无法长期扎根，导致村中企业更迭较快，无法可持续发展并形成龙头企业。

三是制约因素较多，发展动力不足。主要表现在：①房屋、土地等农村集体资产大都分包出去，没有更多资产可供利用；而且，为了确保耕地面积不减少，对集体经营性建设用地管控越来越严格，集体经济组织可利用的资源较少，规模较小，在村集体资源相对有限的情况下，如果不能对各种资源进行整合，就难以充分发挥其作用。②乡农乡村民宿专业合作社的作用还有待进一步发掘。村党支部看到了成立民宿合作社的潜在利益，自上而下地推动民宿合作社的成立，但民宿经营者并没有真实感受到合作社带来的好处，参与合作社的积极性不高，本质上还是以家庭为单位进行经营。③村集体收入普遍提高，但可持续发展能力不强。新桥村集体经济收入中各级财政补助、集体资产出租等收入占较大比例，经营性收入所占比例虽然在逐步提升，但是由于新冠疫情等现实原因波动较大，后续动力不足。例如，受疫情影响，旅游业受到较大冲击，新桥村民宿客流量不稳定，直接影响村集体经济的收入。

（2）破解的方式。

新桥村积极破解新型农村集体经济发展面临的难题，拟从以下方面进一步推动该村新型农村集体经济的发展，扎实推动共同富裕：

一是努力完善村集体经济管理体系。重点是化解村民对预留部分资金安全的顾虑，破解村集体经济发展的资金约束，增强村集体经济发展的能力。主要表现有：①进一步厘清村级产权结构，以实现集体资产保值增值与农民增收，达到经济利益最大化。②健全农村财务管理条例，及时公布财务收支信息，做到公开透明。③明确集体经济收益分配方式、分配时间和分配比例等，为集体经济发展预留部分资金，让村庄资金流动起来，实现可持续发展。

二是加强多方合作，寻求长期发展。鼓励集体经济组织采取独立或与龙头企业、专业合作社合作入股、合作经营等多种方式，实行市场化运作，拓展资本来源渠道。依托优越的地理位置和优美的自然环境，村集体通过入股的方式与企业开展深度合作，达到资源共享、优势互补，形成密切联结的共同体，不断壮大集体经济。

三是激活人才要素。主要表现有：①加大对村民进行专业化培训的力度，提升村民的集体参与度。新桥村与广东省职业教育城相距甚近，两地之间交通尤为便利，积极开展合作，尝试"订单式"人才培养模式，培养本地人才，将村内有一定文化基础、学习欲望强烈的村民，送往广东省职业教育城的院校接受专业技能培训，使培养出来的管理、技术、财会等方面的人才回村参与村集体经济各个环节，充实集体经济建设的主体队伍，为新桥村内生性发展注入活力。②建立健全外出就业村民返乡创业的多元激励机制。外出就业的村民通常是在经济较为发达、各方面发展较为先进的地区务工，其通过在外务工见多识广，吸收了一些先进的发展理念和技术，通过返乡创业，将这些理念和技术进行实践和推广，进一步激活人才要素，为村集体经济发展注入新动力。

（三）清远市江埗村：资源整合发展特色产业，助力农村集体经济发展

1. 江埗村概况

江埗村位于清远市清城区东城街道，辖区总面积13.33平方千米，耕地约5 000亩，林地25 000亩。下辖村民小组21个，户籍994户，总人口约5 137人。全村党员59名，江埗村委会从2013年3月改制后共成立3个党支部（江埗村第一党支部、江埗村第二党支部、江埗村第三党支部）、1个经济联社和20个

村民理事会。村内建有江埗希望小学、老年人活动中心、文化活动中心、村卫生站等。美丽乡村已建成特色村（小组）1 个、整洁村（小组）15 个、人居环境村（小组）2 个。

江埗村是个旅游大村，主要产业以农业为主，并依靠农业带动旅游业的发展。其旅游资源丰富，辖区内有占地 3 000 多亩的牛鱼嘴风景区、160 亩的兴隆寺、100 余亩的市禾雀花基地、132 亩的"十九香"水稻无人农场、200 多亩集农业、观光、采摘于一体的醇葡乡村、150 余亩的桑果园、250 余亩的大丰龙眼场及百果采摘园，村内村民自办农庄 15 个、民宿 5 个。丰富的生态优势和旅游资源，为江埗集体经济的发展增加了内生动力。

2. 江埗村做法

一是盘活土地资源，增强自我造血功能，推动集体产业转型升级。江埗村土地资源丰富，土地租赁收入和外出务工是村民的主要收入来源。由于青壮年大多在外务工，因此常住人口仅 2 800 余人，仍有不少土地闲置。为盘活土地资源，增强自我造血功能，促进村集体经济发展，自 2021 年始，村委会整合并提供土地，出租给供销社，租金收入归农民所有，供销社采用"无人农场"模式进行耕种。在已流转 150 余亩土地的基础上，继续以"租金 + 分红"的模式流转1 800 亩土地（江埗 1 000 亩、新桥 800 亩），村委会另外收取土地管理费用。

二是坚持以农兴村，持续推进乡村旅游业升级。牛鱼嘴原始生态风景区是清远地区旅游闲情山水的主要代表景区之一，获得"中国十大生态景区""广东省青少年科普教育基地""广东省生态旅游示范基地"等荣誉。以"绿色 + 健康 +乐趣"为经营理念，整个风景区分为两大部分：第一部分是"岭南第一溪"景点，展现自然风光之美；第二部分是"牛鱼湖"，主题为休闲娱乐度假。除此之外，还有历史悠久的兴隆古寺。该古寺坐落于大帽山的群山环抱之中，历经坎坷，数次重建，为历史悠久的岭南古刹。修复后的兴隆古寺香火不断，捐资者谨立芳名榜，流传千古。牛鱼嘴风景区的生态文化和兴隆古寺现有的佛教特色文化相结合，成为省内外闻名的佛教文化风景区。此外，采摘园也是江埗的乡村旅游特色之一，生态景区与采摘业的兴盛带动了农庄、民宿的发展，吸引人才返乡创业。

3. 难题与破解

（1）存在的难题。

第一，土地分散，增加流转成本。集体经济的原则是以成员的意愿为主，国家将土地所有权、承包权和经营权"三权"分置，土地的承包经营权归属于农民，确保了农民在土地流转过程中的利益。但是当地村民愿意出租的土地分散，增加了耕种成本，降低了大规模耕种的效率，为村企联合带来了困难。

第二，建设用地不明，影响农村集体经济发展。无论是继续引进采摘园，还是继续发展原生态经济，相关的建设用地都需要集体资产确权完成。同时，农村规划未明确，无法向上报建，否则将面临违建被处罚等问题。经济发展与政策不明确的矛盾，给农村集体经济发展带来了阻碍。

第三，治理效率低，依赖上级政府转移支付。在农民分化的背景下，个人的集体意识减弱，忙于自身生计，无暇关心村庄的集体活动和整体的发展，农村的公共性面临挑战。村庄基层组织干部难以有效动员村民参与公共事务，村庄治理效率低、难度大，村庄面临公共性消解的困境。江圳村委会成员仅6人，一人身兼多职，在新冠疫情反复的情况下，更是分身乏术。江圳村委会的收入主要依赖于物业租赁和上级政府的转移支付，距离"独立自主，自力更生"还有很长的路要走。

（2）破解的方式。

面对集体经济发展面临的难题，江圳村拟从以下方面进行破解：

一是多方筹资建设配套大米加工厂。为给大量稻谷提供晾晒场所并降低成本，江圳村建有一个占地约15亩、可辐射8 000亩的集水稻烘干、碾米、包装于一体的大米加工厂。该加工厂由供销社提供设备支持，乡村振兴局提供资金扶持厂房建设，同时引入企业参与合作经营。村委会将加工厂以出租的形式打包给供销社经营，借由企业开拓农产品的销售渠道，还能为村民提供工作岗位，实现村集体增收。

二是统筹集中建设用地，推进项目发展。将各个村民小组分散的建设用地指标集中起来，积极争取上级相关部门的支持，集中规划建设，为乡村旅游和休闲农业发展提供配套支持，在促进本地乡村旅游产业升级的同时，为集体经济发展壮大增添可能。

五、集体经济转型升级之路：深圳市宝安区福永街道经验[①]

（一）基本情况

深圳市宝安区福永街道辖区内共有38家股份合作公司，其中一级（行政村级）股份合作公司6家、二级（自然村级）股份合作公司32家，工商备案在册

---

① 本案例相关素材由福永街道相关部门提供及本课题组调研整理所得。

股东人数合计 7 065 人。

截至 2022 年 5 月 30 日，全街道股份合作公司总资产为 164.67 亿元，总负债为 56.63 亿元，净资产为 108.04 亿元，平均资产为 4.33 亿元，股东人均资产为 233.07 万元。其中，一级公司总资产为 158.89 亿元，二级公司总资产为 5.79 亿元。总资产在 10 亿元以上的公司共 4 家（分别为怀德、凤凰、白石厦、兴围），总资产在 1 亿~10 亿元的公司共 2 家（分别为福围、福星），均为一级股份合作公司。二级公司资产规模均在 1 亿元以下，呈现数量多、规模小的特点。总资产规模最大的公司是深圳市怀德股份合作公司，总资产达 91.81 亿元。38 家股份合作公司 2022 年 1—5 月总收入为 7.17 亿元，其中，物业出租收入 6.57 亿元，占总收入的比重超过 91.63%；净利润为 7.04 亿元。

截至 2022 年 5 月 30 日，福永街道股份合作公司拥有的工业厂房、配套宿舍等物业总面积共 656.9 万平方米，其中，公共建筑 7.54 万平方米，居住建筑 50.09 万平方米，工业建筑 355.51 万平方米，商业建筑 116.35 万平方米，用地 96.48 万平方米，其他建筑 30.93 万平方米。工业园区共 31 个，全公司管理的土地面积共 1 218.56 万平方米，其中，耕（林、绿）地共 383.71 万平方米，商业用地共 110.13 万平方米，工业用地共 354.35 万平方米，住宅用地共 151.18 万平方米，公共事业用地共 145.75 万平方米，其他用地共 73.44 万平方米。怀德社区集体经济自改革开放 40 多年来翻了 2 100 多倍，引入了益田假日等高档商业业态和法雷奥、顺丰、德劲、易力声等 100 多家企业；开发管理的怀德公元、怀德峰景已成为深圳西部的标志性住宅小区。

（二）做法与经验

1. 坚持党建引领，推动集体经济发展

始终坚持党委对股份合作公司的领导是福永街道走好集体经济道路、跑好高质量发展征程的动力引擎。辖区 38 家股份合作公司均单独成立党支部，不断提高公司党组织书记、董事长"一肩挑"比例。38 家公司董事长中，中共党员 14 人，入党积极分子 2 人，入党申请人 2 人，现有 7 名董事长党员兼任公司党组织书记（均为一级股份合作公司）。狠抓党建嵌入股份合作公司治理结构，26 家股份合作公司将党建工作要求写入公司章程，提升党组织书记、董事长"一肩挑"比例。同时，全力推动党建标准化建设，发挥党支部战斗堡垒作用。加强党员教育管理，引导股份合作公司党员发挥先锋模范作用，支部党员积极参与股份合作公司经营活动；建立机关事业单位、社区党支部"一对一"挂点联系社区股份

合作公司工作机制，开展结对共动，推进股份合作公司项目开展、招商引资。同时，在党的领导下，26 家社区股份合作公司完成改革，集体股权分置、流转和退出机制更加科学；打造基层"三资"交易监管平台，搭建集体建设用地入市体系，重点监管社区"三重一大"事项，制定股份合作公司领导班子绩效考评制度，充分发挥监事会、集体资产管理委员会、财政专项审计作用，集体资产监督管理有抓手。成立全市首个股份合作公司发展促进会，建立社区股份合作公司发展联盟，搭建社区股份合作公司交流平台，推动企业资源共享、团结合作。

其中，福围社区的福围股份合作公司坚持以党建促股份合作公司改革。由于福围社区辖区可利用土地稀少，经济发展十分受限，为打破土地发展桎梏，福围股份合作公司党支部勇挑重担，借助全面深化股份合作公司改革的历史机遇，主动向区里申请改革试点。遵循"渐进式改革、包容式发展、协商式推进"的路径，以修订股份合作公司章程为突破口，公司党支部书记带头，通过分组入户走访股民，面对面收集股民对股权改革的意见、建议，并牵头召集股份合作公司董事会成员、股改专家、律师团队联合组成股权改革专班小组，召开股改议案宣讲会 15 场，面向股东答疑解惑。经过多方努力，福围股份合作公司以 92.69% 的股东得票率通过股权配售议案，成为福永街道首个完成股改的股份合作公司。改革后，福围股份合作公司集体股、合作股人均分红均大幅提升，其中合作股人均分红提升了 48%，试点经验得到区委充分肯定，成为宝安区改革试点先行示范单位。

2. 紧抓土地要素，破解产业发展难题

坚持"以集体土地资源保值增值为核心，逐步从农村集体经济组织向现代化企业演变，最终走上资产资源资本化的多元化发展道路"，通过留住土地、储备土地、用好土地，带来了生生不息的发展动力。

凤凰社区面临经济高速发展和可用土地短缺的矛盾，凤凰股份合作公司积极利用土地政策，将社区闲置土地整合上市挂牌出让，成为宝安区、深圳市乃至全国的"探路人"。2013 年，公司抓住政策契机，开展了全国农地入市第一拍项目——合一凤凰智慧港，将原农村集体工业用地以 1.16 亿元的价格公开出让给深圳市方格精密器件有限公司，走出一条集体经济新旧动能转换与产业升级的融合发展新路。凤凰社区的农地入市项目是继 1987 年深圳首创国有土地拍卖后的又一次历史性改革破冰之举，是对党的十八届三中全会《中共中央全面深化改革若干重大问题决定》关于"在符合规划和用途管制前提下，允许农村集体经营性建设用地出让、租赁、入股，实行与国有土地同等入市、同权同价"的最好阐

释，对于激活农村巨大的集体用地资产、推动深圳市乡村振兴发展具有重要意义。

怀德村则从 20 世纪 80 年代中期开始大力发展工业，村委以借贷、集资等多种方式筹款，还顶住压力将作为"第一桶金"的第一期机场征地的集资统筹款投入村里首个工业园的厂房建设，并通过钱生钱、利滚利，用 10 余年的时间相继兴建了 3 个工业区共 38 万平方米物业，引入了超过百家企业，其中不乏顺丰、法雷奥等国际名企。另外，当大多数村集体卖地分红、卖地建厂房时，怀德除引入上市公司鸿兴印刷外，没有卖过一块地，反而买了 17 块地共 20 万平方米，并陆续回收居民宅基地 50 多块、房屋 400 多栋。随着深圳飞速发展，土地由"黄泥变黄金"，怀德也成了"黄金拥有者"。据统计，怀德通过与其他土地所有者合作等方式取得土地 300 多亩，全部集中连片开发，用于厂房建设与商业发展。如今当各社区都为"土地瓶颈"而发愁时，怀德却还保留有 100 多万平方米的待开发用地。

3. 坚定规划先行，瞄准重点项目

20 世纪末期，大量务工人员涌入深圳，大批农民房"握手楼"拔地而起，怀德社区在这个时候制定了新村规，其中一条就是"旧村范围内不能自行拆建旧房"，宣传"拆建走不远，城市更新才有未来"的理念，全村范围内没有一栋自行拆建。同时，为了满足村民住房需求，公司建设了统建楼，有住房更新需求的村民可以旧房"一对一"置换统建楼，以此怀德旧村保持了 1.5 左右的低容积率。2004 年，怀德旧村改造成为宝安区启动城市更新改造工作的首批项目之一。

在留住发展资源的同时，怀德抓住资本运作和城市化发展规律，将自身发展融入宝安甚至深圳的城市发展。2010 年，怀德自主出资 90 万元，聘请交通、规划、设计等领域专家编制了《怀德整体规划（2010 年至 2025 年）》，这是深圳市第一个由股份合作公司完全自主编制的专项规划，得到市、区规划国土部门高度认可。该规划把股份合作公司的发展和社区建设有机统一起来，提出用 15 年的时间，通过集体筹资、连片改造、分段开发，整体规划利用 1 平方千米的土地，在空港新城东北部建设一座集航空物流业、商贸服务业、临空先进制造业和生活居住功能于一体的"怀德城"。2021 年 8 月 18 日，怀德旧村城市更新项目正式动工，该项目连接地铁 12 号线，地上地下总建筑面积约 190 万平方米。怀德现有可开发土地估值已从前几年的 20 亿元变为现在的上百亿元。

白石厦社区的白石厦股份合作公司，积极落实宝安区委、区政府关于推进产业转型升级的战略部署，按照"政府领导小组＋国企＋社区股份公司"运作模式，在龙王庙工业区引入了深圳先进电子材料国际创新研究院（简称"电子材

料院"）、深圳市宝安产投园区运营有限公司，与区属国企宝安产业集团共同打造宝安区"散乱污危"工业园区综合整治样板。龙王庙项目打造成功后，将充分发挥其先进电子封装材料技术研发与转移转化平台的优势，科学统筹龙王庙工业区及周边的产业空间，以电子材料院为依托，以引进电子封装材料产业上下游企业为导向，采取科研与产业化结合的双螺旋战略，进一步打造百亿元规模的先进电子材料产业园区，带动社区飞跃式发展。

4. 创新资本运营，激发集体经济内生发展动力

怀德股份合作公司创新社区集体经济资本运营，于 2016 年入股深圳农村商业银行（简称"农商行"），占股 5.15%，成为农商行第一大股东，年均分红 7 190 万元。随着农商行快速扩张并持续优化股权结构，到 2021 年底，怀德股份合作公司作为第二大股东合计持有股份 6.15%。创建社区—优质企业厂房类物业需求库，促成 9 家优质企业与社区股份合作公司通过单一来源方式新租厂房，新租面积近 17 万平方米，13 家企业续租大宗物业，面积超 11 万平方米。盘活集体物业厂房，明确"一社区一转型"任务，推进城市更新项目，清退园区"二房东"，腾挪产业面积 6 万平方米。出台鼓励和引导股份合作公司转型发展"一揽子"政策，对主动腾退"二房东"和"低价长租"物业、成功招引优质企业、积极推进自主开发项目等成效显著之举，给予专项资金补贴和领导班子绩效考核加分。

在土地开发中，怀德大力开发高端土地项目，其旗下的怀德公元、怀德峰景、怀德国际、怀德旧村改造四大土地自主开发项目均已成为福永片区的标杆。同时，怀德不忘坚守实体经济底线，在 107 国道两侧改造建设现代航空物流园，重点发展航空物流、智能仓储、供应链管理，打造临空经济示范园区；新建高新科技产业园，通过"产权换股权"模式，引入 5 家上市企业、100 家高新科技企业，重点发展先进制造业，打造 300 亿元产值规模的专业化园区。

近年来，怀德努力推动资产资源资本化，唤醒每年分红沉淀下的大量资本，参股优质科技企业，甚至打包分拆上市，实现从集团公司向控股投资公司的三度进阶。截至 2021 年底，与怀德达成全面深度合作的企业已达 20 余家。与知名品牌合作成为怀德做好市场化运营、实现快速跃升的又一重要途径。怀德股份合作公司与华润合作，将华润万象汇引入怀德旧村城市更新项目，预计将在 2025 年正式开业；与希尔顿合作，引入四星级的希尔顿花园酒店，落地怀德国际项目，2022 年 9 月底正式开业。

另外，怀德社区为解决专业人才缺乏的问题，突破怀德发展瓶颈，决定走现代化企业经营之路，聘请职业经理人，直接向董事会负责，实行集团化运作，让专业的人做专业的事，充分给予能干的人干事创业的空间，创造的价值由股东共享。2008 年，怀德在充分保障股民利益的前提下，避开股份合作公司股权体制影响，通过成立全资子公司，聘请职业经理人和专业团队参与运营，吸引高层次人才参与土地和物业相关业务，引入的人才根据绩效考核获得期权和非股份分红。截至 2021 年底，公司拥有职业经理人和专业工程师等各类人才 172 名，各子公司员工中原居民比例不超过 5%，难以调和的股权矛盾和外部人才进入问题得到了妥善解决。按照现代企业经营发展要求和市场需求，怀德已先后成立房地产、物业管理、商业管理、酒店管理等相关的 6 家全资子公司，构建起以怀德股份合作公司为总公司，各下属公司专门负责、专项经营、专业管理的准集团化架构，形成物业出租、地产开发、资产管理、商业管理、资本投资五大板块业务。

福永社区的福星股份合作公司，则积极发挥物业管理作用，推动辖区工业园区发展。主动引进深圳市智美汇志文化产业有限公司、深圳市招商福永产业园发展有限公司，将智美·汇志产业园区、福永意库打造成时尚网红打卡区，成为推动产业数字化升级的 5G 应用标杆。同时，主动参与社区治理，完善辖区环境建设。主要表现有：①推动旧村城市更新项目，解决旧村城市更新项目限高问题，完成旧屋村范围认定、土地信息核查及房屋土地确权等工作。②协助街道完成永和路拆迁谈判事宜，推动社区总体环境改善更新。

5. 参与基层治理，尽显集体经济的社会性

我国的农村集体经济是生产资料特别是土地归村民集体所有的经济形式，是公有制经济的存在形式。农村集体经济组织则是以土地的集体所有制为基础，以乡村区域为范围，以管理土地和集体资产为主要功能的经济组织。核心是在生产资料共同占有的基础上充分体现集体成员的平等、享益和福祉。农村集体经济组织具有鲜明的中国特色。依照有关法律规定，农村集体经济组织依法代表农民集体行使农村集体资产所有权，是农村集体资产经营管理的主体，负有管理集体资产、开发集体资源、发展集体经济、服务集体成员等职责。福永社区党委统筹全局，股份合作公司在物业管理、环境整治、治安消防、疫情防控、履行社会责任等方面的作用日益凸显。在基础设施建设中，利用集体股完善社区基础设施、提升社区市容环境质量；成立物业公司，组建保安队伍，负责社区小区的日常巡逻、值守，成为基层治安治理群防群治体系的重要一环。疫情防控期间组织 368 名党员群众成立支援抗疫队伍，配合社区党委参与后勤物资保障等疫情防控各项工作，为抗疫一线工作人员捐赠饮用水、口罩、酒精等物资价值约 162.85 万元，捐赠防疫款项 161 万元；实行"减一缓五"政策援企助企，16 家社区股份合作

公司累计为企业减租 3 817 万元，惠及租户 926 家。助力乡村振兴，对口帮扶、牵头结对河源龙川上坪镇，粤桂协作结对帮扶广西都安保安乡，结对帮扶深汕特别合作区赤石村等项目，帮扶资金累计 441.4 万元。

六、健全新型农村集体经济促进农民共同富裕的实现的机制

国之称富者，在乎丰民。共同富裕的实现过程不是一蹴而就的，不等同于同时富裕、同步富裕，更不是均等富裕，不仅要聚焦经济发展，追求做大"蛋糕"，更要通过合理的制度安排，实现分好"蛋糕"，确保发展成果由全体人民共享（罗明忠、邱海兰，2021）。在新时代，一方面，农村集体产权制度改革促进了农村股份制合作经济快速发展；另一方面，经过脱贫攻坚战及驻镇帮镇扶村的帮扶，在一些镇、村建立了一批新型农村集体经济组织，形成了一定数量的农村集体资产。历史和现实已经证明，如何在促进新型农村集体经济保值增值的基础上，确保在推动农民农村走向共同富裕的进程中发挥其应有的作用并得以实现，需要构建多种实现机制。

（一）盘活整合资源，增强集体造血功能

一是充分盘活新型农村集体经济的资源要素，克服弱小发展。当前，新型农村集体经济呈现资源总量大、种类多的特点，但较多资源未得到充分开发。一方面，继续鼓励对集体闲置的土地、厂房、祠堂等资产，通过承包经营、公开拍卖、股份合作等多种形式进行有效盘活；另一方面，重视生态资源的经济价值，引导农民发展生态种植、生态旅游等新产业、新业态，发展民宿经济，实现生态资源的可持续利用。

二是突破地域限制，整合优势资源，增强集体经济的造血功能。由于新型农村集体经济呈现区域发展不平衡局面，部分集体经济受地域类型或资源要素的瓶颈制约，难以实现快速发展。因此，提倡采取"飞地抱团"发展模式，将村与村之间的资源、人才、市场与技术等优势资源有效整合，通过"强强联合"或"以强带弱"方式，实现生产要素由强村向弱村流动，最终达到强村带动弱村、先富带动后富，实现共同富裕的目标（许泉等，2016）。

（二）多措并举，促进产业转型升级

首先，针对以农业经营为主的新型农村集体经济，既要推动生产模式向集约化、规模化、绿色化发展，优化农业生产结构，大力发展农业品牌，形成"一村

一品""一镇一特""一县一业"的良好发展格局，提高市场竞争力；同时，也要继续促进第一、二、三产业融合发展，鼓励延伸农业产业链条，推进由单一的农业产业向非农产业转变，加强冷链物流体系建设，扩大农产品加工、社会化服务等产业发展，提高新型农村集体经济的非农经营能力，促进新型农村集体经济增收。其次，针对以非农产业为主的新型农村集体经济，要依托当地特色资源要素，融合现代市场理念、金融支持、人才支持与科技支持，积极探索多种发展经营模式。例如，鼓励资源开发型集体经济依靠绿水青山等特色自然环境，开发增收项目；引导物业经营型集体经济改造升级标准厂房等基础设施，获得稳定、可持续的租赁收入；扶持生产服务型集体经济创办经营性服务实体，通过为农民提供生产资料、机械化服务、技术咨询等购销服务，建立长效增收机制，逐渐降低对补助收入的依赖程度。

（三）多元引育，壮大农村人才队伍

新型农村集体经济的壮大，离不开人才的支持，人力水平的提高可以推动集体经济实现规模报酬递增。首先，通过考察、选拔、培训等方式，挖掘新型农村集体经济带头人；同时，加强村干部的农业相关知识培训，最大限度地发挥人才效应。其次，充分利用国家"三支一扶"等相关政策，积极吸引有丰富非农就业经历的劳动力返乡，特别是既能为集体经济发展提供初期资本，又具备丰富市场经营经验的返乡企业家。再次，注重本地能人的作用，例如，加强对本地返乡创业大学生、退伍军人和具有务工经历群体的帮扶，解决其社保和子女教育等方面的问题，消除其后顾之忧，确保其能够长久为新型农村集体经济服务。最后，积极引导本地优势农业相关企业与集体组织建立联系，发挥农业企业的外部带动效应，促进村集体经济发展。

（四）健全体制机制，提升集体组织能力

新型农村集体经济实行民主管理，具有明晰的产权关系和利益分配机制，其组织能力的大小直接影响集体经济的发展。因此，一要引导村干部转变发展思路，学习企业管理方面的知识，树立市场意识，积极向集体经济发展较好的地区学习宝贵经验，为集体经济的发展保驾护航。二要积极调整集体组织的形态，发挥党建引领作用。在明确主要职责的基础上，紧抓集体经济发展，构建村与农民、村与企业等多方利益联合机制。同时，建立健全集体成员的监督机制，确保其权利得以实现，提高集体成员参与集体事务的积极性。三要完善激励考核机制，敢于打破常规，让具有更高能力的村干部在村集体经济中发挥作用。

参考文献

［1］ BAI Y P, DENG X Z, GIBSON J, et al. How does urbanization affect residential CO_2 emissions: an analysis on urban agglomerations of China ［J］. Journal of cleaner production, 2019, 209: 876 – 885.

［2］ DRORI I, MANOS R, et al. Language and market inclusivity for women entrepreneurship: the case of microfinance ［J］. Journal of business venturing, 2018, 33: 395 – 415.

［3］ DOLLAR D, KLEINEBERG T, et al. Growth, inequality and social welfare: gross country evidence ［J］. Economic policy, 2015, 30 (82): 335 – 375.

［4］ GOETZ S, RUPASINGHA A. The returns to education in rural areas ［J］. The review of regional studies, 2004, 34 (3): 245 – 259.

［5］ LASHITEW A, VAN TULDER R, et al. Inclusive business at the base of the pyramid: the role of embeddedness for enabling social innovations ［J］. Journal of business ethics, 2020, 162: 421 – 448.

［6］ LAWSON-LARTEGO L, MATHIASSEN L. Microfranchising to alleviate poverty: an innovation network perspective ［J］. Journal of business ethics, 2021, 171: 545 – 563.

［7］ LANGLEY A, SMALLMAN C, et al. Process studies of change in organization and management: unveiling temporality, activity and flow ［J］. Academy of management journal, 2013, 56 (1): 1 – 13.

［8］ MAIR J, MARTI I, et al. Building inclusive markets in rural bangladesh: how intermediaries work institutional voids ［J］. Academy of management journal, 2012, 55 (4): 819 – 850.

［9］ MARTIN B C, HONIG B. Inclusive management research: persons with disabilities and self-employment activity as an exemplar ［J］. Journal of business ethics, 2020, 166 (8): 553 – 575.

［10］ MORTAZAVI S, ESLAMI M H, et al. Mapping inclusive innovation: a bibliometric study and literature review ［J］. Journal of business research, 2021, 122: 736 – 750.

［11］ SI S, YU X, et al. Entrepreneurship and poverty reduction: a case study of Yiwu, China ［J］. Asia Pacific journal of management, 2015, 32 (1): 119 – 143.

［12］ SUTTER C, BRUTON G D, et al. Entrepreneurship as a solution to extreme poverty：a review and future research directions［J］．Journal of business venturing，2019，34（1）：197 – 214．

［13］ TIHIC M，HADZIC M，et al. Social support and its effects on self-efficacy among entrepreneurs with disabilities［J］．Journal of business venturing insights，2021（online）．

［14］ 曹斌．乡村振兴的日本实践：背景、措施与启示［J］．中国农村经济，2018（8）：117 – 129．

［15］ 陈宗胜．试论从普遍贫穷迈向共同富裕的中国道路与经验：改革开放以来分配激励体制改革与收入差别轨迹及分配格局变动［J］．南开经济研究，2020（6）：3 – 22．

［16］ 陈奕山．新中国成立以来乡村生产要素的整合和流动：演变过程及其启示［J］．马克思主义与现实，2020（1）：170 – 176．

［17］ 陈继．新型农村集体经济发展助推乡村治理效能提升：经验与启示［J］．毛泽东邓小平理论研究，2021（11）：10 – 16，108．

［18］ 程恩富，张杨．坚持社会主义农村土地集体所有的大方向：评析土地私有化的四个错误观点［J］．中国农村经济，2020（2）：134 – 144．

［19］ 崔超，杜志雄．发展新型集体经济　2020 年后农村减贫路径选择：基于陕西省丹凤县的实地调查［J］．农村经济，2022（4）：35 – 44．

［20］ 崔鲜花，朴英爱．韩国农村产业融合发展模式、动力及其对中国的镜鉴［J］．当代经济研究，2019（11）：85 – 93．

［21］ 丁忠兵，苑鹏．中国农村集体经济发展对促进共同富裕的贡献研究［J］．农村经济，2022（5）：1 – 10．

［22］ 范轶琳，吴东，黎日荣．包容性创新模式演化：基于淘宝村的纵向案例研究［J］．南开管理评论，2021，24（2）：195 – 205．

［23］ 高越，侯在坤．我国农村基础设施对农民收入的影响：基于中国家庭追踪调查数据［J］．农林经济管理学报，2019，18（6）：733 – 741．

［24］ 郭咏琳，周延风．从外部帮扶到内生驱动：少数民族 BoP 实现包容性创新的案例研究［J］．管理世界，2021，37（4）：159 – 180．

［25］ 郭晓鸣，张耀文．新型农村集体经济的发展逻辑、领域拓展及动能强化［J］．经济纵横，2022（4）：87 – 95．

［26］ 郭红东．浙江省农业龙头企业与农户的利益机制完善与创新研究［J］．浙江社会科学，2002（5）：179 – 183．

［27］ 郭芸芸，杨久栋，曹斌．新中国成立以来我国乡村产业结构演进历程、特

点、问题与对策 [J]. 农业经济问题, 2019 (10): 24 - 35.

[28] 胡高强, 孙菲. 新时代乡村产业富民的理论内涵、现实困境及应对路径 [J]. 山东社会科学, 2021 (9): 93 - 99.

[29] 胡凌啸, 顾庆康. 乡村产业"富民之困": 类型、成因与对策 [J]. 中国延安干部学院学报, 2022, 15 (2): 116 - 124.

[30] 胡凌啸, 周力. 农村集体经济的减贫效应及作用机制: 基于对客观和主观相对贫困的评估 [J]. 农村经济, 2021 (11): 1 - 9.

[31] 胡月, 田志宏. 如何实现乡村的振兴: 基于美国乡村发展政策演变的经验借鉴 [J]. 中国农村经济, 2019 (3): 128 - 144.

[32] 黄祖辉, 叶海键, 胡伟斌. 推进共同富裕: 重点、难题与破解 [J]. 中国人口科学, 2021 (6): 2 - 11.

[33] 江泽林. 农村一二三产业融合发展再探索 [J]. 农业经济问题, 2021 (6): 8 - 18.

[34] 孔祥智, 谢东东. 缩小差距、城乡融合与共同富裕 [J]. 南京农业大学学报 (社会科学版), 2022, 22 (1): 12 - 22.

[35] 刘碧, 王国敏. 新时代乡村振兴中的农民主体性研究 [J]. 探索, 2019 (5): 116 - 123.

[36] 刘璐琳. 完善富民乡村产业制度体系 [J]. 理论视野, 2020 (6): 59 - 63.

[37] 刘亚军. 互联网使能、金字塔底层创业促进内生包容性增长的双案例研究 [J]. 管理学报, 2018, 15 (12): 1761 - 1771.

[38] 刘培林, 钱滔, 黄先海, 等. 共同富裕的内涵、实现路径与测度方法 [J]. 管理世界, 2021, 37 (8): 117 - 129.

[39] 刘金龙, 许雯雯, 王尚友. 创新集体内涵: 东莞市农村集体经济的再出发 [J]. 农业经济问题, 2018 (2): 31 - 37.

[40] 楼宇杰, 张本效, 王真真. 村级集体经济经营性收入影响因素分析: 基于浙江省金华市的调查数据 [J]. 浙江农业学报, 2020, 32 (8): 1506 - 1512.

[41] 李实. 共同富裕的目标和实现路径选择 [J]. 经济研究, 2021, 56 (11): 4 - 13.

[42] 李红阳, 邵敏. 城市规模、技能差异与劳动者工资收入 [J]. 管理世界, 2017 (8): 36 - 51.

[43] 李海舰, 杜爽. 推进共同富裕若干问题探析 [J]. 改革, 2021 (12): 1 - 15.

[44] 李韬, 陈丽红, 杜晨玮. 农村集体经济壮大的障碍、成因与建议: 以陕西省为例 [J]. 农业经济问题, 2021 (2): 54 – 64.

[45] 黎蔺娴, 边恕. 经济增长、收入分配与贫困: 包容性增长的识别与分解 [J]. 经济研究, 2021, 56 (12): 54 – 70.

[46] 彭瑞梅, 邢小强. 数字技术赋权与包容性创业: 以淘宝村为例 [J]. 技术经济, 2019, 38 (5): 79 – 86.

[47] 彭超, 刘合光. "十四五"时期的农业农村现代化: 形势、问题与对策 [J]. 改革, 2020 (2): 20 – 29.

[48] 彭迪云, 王玉洁, 陶艳萍. 中国地区基本公共服务均等化的测度与对策建议 [J]. 南昌大学学报 (人文社会科学版), 2021 (4): 51 – 61.

[49] 邱泽奇, 乔天宇. 电商技术变革与农民共同发展 [J]. 中国社会科学, 2021 (10): 120 – 137.

[50] 苏毅清, 游玉婷, 王志刚. 农村一二三产业融合发展: 理论探讨、现状分析与对策建议 [J]. 中国软科学, 2016 (8): 17 – 28.

[51] 涂圣伟. 工商资本参与乡村振兴的利益联结机制建设研究 [J]. 经济纵横, 2019 (3): 23 – 30.

[52] 唐任伍, 孟娜, 叶天希. 共同富裕思想演进、现实价值与实现路径 [J]. 改革, 2022 (1): 16 – 27.

[53] 王国峰, 邓祥征. 乡村振兴与发展中的产业富民: 国际经验与中国实践 [J]. 农业现代化研究, 2020, 41 (6): 910 – 918.

[54] 王瑾, 金昌盛, 毛小报, 等. 共同富裕背景下浙江省山区农业产业富民理论内涵、模式分析及路径创新 [J]. 浙江农业科学, 2022, 63 (10): 2208 – 2211.

[55] 王乐君, 寇广增, 王斯烈. 构建新型农业经营主体与小农户利益联结机制 [J]. 中国农业大学学报 (社会科学版), 2019, 36 (2): 89 – 97.

[56] 王亚华, 高瑞, 孟庆国. 中国农村公共事务治理的危机与响应 [J]. 清华大学学报 (哲学社会科学版), 2016, 31 (2): 23 – 29, 195.

[57] 王钰文, 王茂福. 农村集体经济中的委托代理关系与机会主义行为研究: 基于 S 省 Q 村的实地调查 [J]. 农业经济问题, 2022 (1): 1 – 12.

[58] 王春超, 叶琴. 中国农民工多维贫困的演进: 基于收入与教育维度的考察 [J]. 经济研究, 2014 (12): 159 – 174.

[59] 王庆, 王震. 构建新型宅基地共享机制: 对农村共同富裕实现机制的探讨 [J]. 江西社会科学, 2022 (5): 80 – 89.

[60] 王海南. 农村集体经济改革的创新经验与启发：评《新时代农村经济体制的再改革》[J]. 中国农业资源与区划，2021（10）：25-28.

[61] 魏后凯，姜长云，孔祥智，等. 全面推进乡村振兴：权威专家深度解读十九届五中全会精神 [J]. 中国农村经济，2021（1）：2-14.

[62] 魏后凯. 从全面小康迈向共同富裕的战略选择 [J]. 经济社会体制比较，2020（6）：18-25.

[63] 万倩雯，卫田，刘杰. 弥合社会资本鸿沟　构建企业社会创业家与金字塔底层个体间的合作关系：基于LZ农村电商项目的单案例研究 [J]. 管理世界，2019，35（5）：179-196.

[64] 万海远，陈基平. 共同富裕的理论内涵与量化方法 [J]. 财贸经济，2021（12）：18-33.

[65] 万广华，张彤进. 机会不平等与中国居民主观幸福感 [J]. 世界经济，2021，44（5）：203-228.

[66] 吴晓波，姜雁斌. 包容性创新理论框架的构建 [J]. 系统管理学报，2012，21（6）：736-747.

[67] 吴天龙，王欧，习银生. 建立和完善农企利益联结机制 [J]. 中国发展观察，2020（23）：54-56.

[68] 吴重庆，张慧鹏. 以农民组织化重建乡村主体性：新时代乡村振兴的基础 [J]. 中国农业大学学报（社会科学版），2018，35（3）：74-81.

[69] 徐朝卫. 新时代乡村治理与乡村产业发展的逻辑关系研究 [J]. 理论学刊，2020（3）：85-92.

[70] 邢小强，汤新慧，王珏，等. 数字平台履责与共享价值创造：基于字节跳动扶贫的案例研究 [J]. 管理世界，2021，37（12）：152-176.

[71] 谢莉娟，万长松，武子歆. 流通业发展对城乡收入差距的影响：基于公有制经济调节效应的分析 [J]. 中国农村经济，2022（6）：111-127.

[72] 肖华堂，王军，廖祖君. 农民农村共同富裕：现实困境与推动路径 [J]. 财经科学，2022（3）：58-67.

[73] 许泉，万学远，张龙耀. 新型农村集体经济发展路径创新 [J]. 西北农林科技大学学报（社会科学版），2016（5）：101-106.

[74] 晏小敏，李启平. 农业产业集群与农村劳动力迁移、城镇化的关系研究 [J]. 求索，2016（2）：93-96.

[75] 苑鹏，曹斌，崔红志. 空壳农民专业合作社的形成原因、负面效应与应对策略 [J]. 中国合作经济，2019（5）：7-13.

[76] 杨洋. 农村集体经济振兴的蕴含价值、现实困境与实现路径 [J]. 农村经济, 2020 (9): 27 - 33.

[77] 叶兴庆. 以提高乡村振兴的包容性促进农民农村共同富裕 [J]. 中国农村经济, 2022 (2): 2 - 14.

[78] 雍昊, 刘伟, 邓睿. 跨越非正式与正式市场间的制度鸿沟: 创业支持系统对农民创业正规化的作用机制研究 [J]. 管理世界, 2021, 37 (4): 112 - 130.

[79] 杨宜勇, 王明姬. 共同富裕: 演进历程、阶段目标与评价体系 [J]. 江海学刊, 2021 (5): 84 - 89.

[80] 杨博文, 牟欣欣. 新时代农村集体经济发展和乡村振兴研究: 理论机制、现实困境与突破路径 [J]. 农业经济与管理, 2020 (6): 5 - 14.

[81] 易行健, 李家山, 张凌霜. 财富不平等问题研究新进展 [J]. 经济学动态, 2021 (12): 124 - 140.

[82] 张浩, 冯淑怡, 曲福田. "权释"农村集体产权制度改革: 理论逻辑和案例证据 [J]. 管理世界, 2021, 37 (2): 81 - 94, 106.

[83] 张立, 郭施宏. 政策压力、目标替代与集体经济内卷化 [J]. 公共管理学报, 2019, 16 (3): 39 - 49, 170.

[84] 张益丰, 孙运兴. "空壳"合作社的形成与合作社异化的机理及纠偏研究 [J]. 农业经济问题, 2020 (8): 103 - 114.

[85] 张红宇. 中国特色乡村产业发展的重点任务及实现路径 [J]. 求索, 2018 (2): 51 - 58.

[86] 张新文, 杜永康. 集体经济引领乡村共同富裕的实践样态、经验透视与创新路径: 基于江苏"共同富裕百村实践"的乡村建设经验 [J]. 经济学家, 2022 (6): 88 - 97.

[87] 张洪振, 任天驰, 杨汭华. 村两委"一肩挑"治理模式与村级集体经济: 助推器或绊脚石? [J]. 浙江社会科学, 2022 (3): 77 - 88, 159.

[88] 周飞舟, 王绍琛. 农民上楼与资本下乡: 城镇化的社会学研究 [J]. 中国社会科学, 2015 (1): 66 - 83, 203.

[89] 周娟. 农村集体经济组织在乡村产业振兴中的作用机制研究: 以"企业 + 农村集体经济组织 + 农户"模式为例 [J]. 农业经济问题, 2020 (11): 16 - 24.

[90] 周立, 奚云霄, 马荟. 资源匮乏型村庄如何发展新型集体经济: 基于公共治理说的陕西袁家村案例分析 [J]. 中国农村经济, 2021 (1):

91 – 111.

[91] 朱信凯，徐星美. 一二三产业融合发展的问题与对策研究 [J]. 华中农业大学学报（社会科学版），2017（4）：9 – 12，145.

[92] 郑刚，陈箫，斯晓夫. 通过互联网技术与包容性创业减贫：东风村案例 [J]. 科学学研究，2020，38（10）：1818 – 1827，1887.

[93] 郑瑞强，郭如良. 促进农民农村共同富裕：理论逻辑、障碍因子与实现途径 [J]. 农林经济管理学报，2021（6）：780 – 788.

[94] 赵一夫，易裕元，牛磊. 农村集体产权制度改革提升了村庄公共品自给能力吗：基于 8 省（自治区）171 村数据的实证分析 [J]. 湖南农业大学学报（社会科学版），2022，23（2）：52 – 62.

[95] 邹薇，方迎风. 关于中国贫困的动态多维度研究 [J]. 中国人口科学，2011（6）：49 – 59，111.

价值共创显担当
——从化华隆带领农户走向共同富裕[①]

　　乡村振兴，农业产业振兴是关键。随着我国农业产业振兴步伐的迈进，农业产业得到了长足发展，但农业的产业化仍然存在着一些问题。具体表现为：土地要素稀缺制约发展；产业转型遭遇瓶颈，第一、二、三产业没有实现深度融合；务农人才不足，新理念、新技术、新设备难以进入，导致产业现代化水平低，产业主体之间的协作关系弱，农业龙头企业带动农户驱动力不足，带动机制和利益联结机制不完善。

　　为激发和提升农业龙头企业的联农带农能力，将现代农业产业链有机地嵌入乡村，让广大农民深度参与产业发展，共享乡村振兴成果，国家大力建设一批现代农业产业园，让各利益主体能够在这一平台结合得更加紧密，真正实现从"一方带"转向"多方赢"。现代农业产业园可以在这个平台内构建一个农业产业生态系统。农业产业生态系统由当地龙头企业、农民专业合作社、家庭农场、农户等多元经营主体通过紧密的利益联结机制形成。

　　广东省广州市从化区依托广州市从化华隆果菜保鲜有限公司建立的省级现代农业产业园，在共建农业产业生态系统、联农带农上，形成了可供借鉴的经验。从化华隆不仅注重与农户、企业各主体之间建立紧密的利益联结机制，还在与各主体合作中突出发挥价值共创的机制效应。为此，本文以华隆为解剖对象，试图构建一个"共生—共创—共享"的分析框架，揭示华隆依托从化现代农业产业园，利用区内各主体的优势，共建一个农业产业共生系统进行共生、共创，在实现结果利益最大化后，让农户、农民专业合作社、企业共享更大的成果，以此实现联农兴农的企业社会责任的内在机制与运作逻辑。

---

① 撰稿人：齐文娥、林毅焜。

一、"共生—共创—共享"：一个分析框架

商业生态系统是各个企业或组织实现共生的一个平台。在商业生态系统内部，各个主体之间为对方提供有利其生存、发展、成长的要素，同时也获得对方的帮助。平台内部各主体之间通过紧密的利益联结机制，在互相成就对方的同时，实现更大利益的产出，达致价值共创，最终将产出的成果进行共享，进入新一轮更高层级的共生。为此，本文提出"共生—共创—共享"这一分析框架，分析农业龙头企业共建农业产业生态系统的理论基础。

（一）通过构建商业生态系统搭建共生平台

美国学者 Moore 在 1993 年首次提出"商业生态系统"的概念，并在 1996 年将商业生态系统定义为商业链条中企业和个人共同组成的利益共同体。随后，Moore（1998）又对这一定义进行了扩展，对利益共同体的角色进行了明确，提出这是主要由生产商、供应商、投资方、工会、客户等构成的动态系统。"商业生态系统"一词一经提出，立即引发众多研究学者的关注：一是基于生态视角，侧重价值链条上角色之间的相互影响变化；二是基于网络视角，侧重描述各个角色之间的网络关系。

本文是从生态视角出发，探讨商业生态系统内部价值链条上各主体之间共生、共创并最终实现共享的关系。本文将重点对基于生态视角的文献进行梳理。基于生态视角，Delhez 等（2004）认为生态系统中的企业之间是相互影响的，一个企业发生变化会引起其他企业的变化。Kim 等（2010）提出组成商业生态系统的各个企业之间协同合作可以创造出大于单个企业的价值。许其彬等（2018）认为单个企业的能力和资源是有限的，而提供多方合作的平台可以满足企业的多层次需求，改善管理模式。而一个能够实现共生、共创并最终能够让各参与主体共享发展成果的商业生态系统，需要满足什么样的特征呢？Moore（1996）基于系统扩展，提出必须从七要素提高生态系统的竞争水平，分别为：顾客、市场、产品、过程、组织、股东和社会环境。Peltoniemmi 等（2004）基于复杂理论，认为一个成熟的商业生态系统应该具有自组织性、涌现性、共同演化和自适应性四个特征。Iansiti 等（2004）提出了评价商业生态系统健康的三个标准：生产率、稳健和缝隙市场创造力。商业生态系统主要是为了方便企业与企业之间或者是企业和客户之间的利益交换，建立一个共生平台进行交流互动，以此来降低企业经营成本，实现系统中利益共同体的共赢。

扬西蒂、莱维恩在《共赢：商业生态系统对企业战略、创新和可持续性的影响》（2006）一书中，对商业生态系统中各成员进行了划分。商业生态系统成员结构包括核心商业、扩展企业及外层生态系统。核心商业最为关键，处于系统中心位置，包括生产企业、核心企业、供应商、顾客等；扩展企业是对核心商业系统的补充，处于中间地位，包括供应商的上级、顾客的下一级等；外层生态系统间接影响其他两层，主要包括政府等各种组织。

（二）系统内各主体通过利益联结进行价值共创与利益共享

自 Prahalad 和 Ramaswamy（2004）率先从战略及营销管理角度提出"价值共创"这一概念，其现已成为研究热点。价值共创是指基于一致的价值主张，形成多边主体相互连接、资源交互的合作关系，进而实现价值共创的过程。价值共创主要产生于多边主体共同参与的价值领域。国内外学者从不同角度提出了价值共创理论。目前，针对价值共创理论的代表性分支有基于消费者体验的价值共创理论以及基于服务主导逻辑的价值共创理论，其他代表性理论有 Heinonen（2010）提出的基于顾客主导逻辑的价值共创理论。随着技术专业化程度不断加深、技术复杂度与产品知识密集度提升，企业难以独立完成复杂产品价值创新，越来越依赖外部创新资源，商业生态系统组织应运而生，基于商业生态系统的价值共创研究也逐渐增多。商业生态系统作为一类复杂的有机系统，包含多主体、跨层次、多维度影响因素，现有研究多采取共生理论来探讨商业生态系统的价值共创。

Amit 等（2001）认为，商业生态系统中的平台发展过程主要依据双方价值共创。Vargo（2008）认为，同一生态系统内的各主体需对资源进行整合，利用平台内的资源与各参与主体形成紧密的利益链来实现价值共创这一过程。而简兆权等（2016）认为，平台内各主体是价值创造的主力，因此在此过程中应注重调动各主体参与积极性，通过各主体间的利益联结促进双方合作。汪旭辉等（2017）认为，平台的主要目的在于辅助双方完成交易和服务，实现价值创造和传递过程。王丽平等（2018）认为，价值创造过程由双方共同完成，供方创造并传递给顾客，实现完整的创造过程。

基于以上对于商业生态系统和价值共创理论的文献梳理，本文以价值共创理论作为理论支撑，构建了一个"共生—共创—共享"的分析框架（如图 1 所示）。农业龙头企业依托现代农业产业园区、现代农业示范区等平台，以龙头企业为核心，跟产业园内的农户、上下游产业链的公司、合作社等其他主体构建了一个农业产业生态系统。在系统内部，各主体之间都形成了不同程度的利益联结链条，在进行共生的同时进行共创，创造出更大的收益，在实现结果利益最大化后，让农户、合作社、其他企业主体共享更大的成果，以此实现农业产业的振兴，实现联农兴农的企业社会责任。

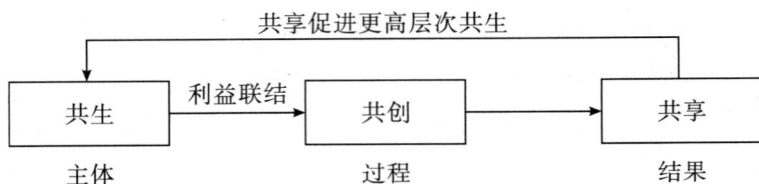

图1 "共生—共创—共享"分析框架

（三）农业产业生态系统中产业主体的共生关联

华隆果菜保鲜有限公司（以下简称"华隆"）所在的农业产业生态系统——从化荔枝现代农业产业园（以下简称"产业园"），一直致力于从化荔枝产业的转型升级，推动从化荔枝产业高质量发展，并于2019年被列入珠三角地区自筹资金建设省级现代农业产业园名单。华隆作为产业园的责任建设主体，联合产业园内合作社、农户、其他企业等各产业主体，一起推进荔枝产业高质量发展，助力从化乡村振兴。2021年，从化区荔枝种植规模约30万亩，产值达10.8亿元，通过荔枝定制不断丰富"荔枝 + N"组合产品，带动全区第一、二、三产业产值约23.8亿元。

在做优一产上，自建设产业园以来，华隆依托科研创新平台，不断开展科学品种选育、改良高接换种技术，制定荔枝管理和质量体系标准6个，推进产业园内的农户应用先进荔枝生产管理技术和优质品种，为农户插上科技赋能的翅膀，实现农户增产增收。与各村村委会和合作社就农业产业化经营达成深度合作，助力各村荔枝果园标准化建设、集约化经营，加快品种改良进程，降低经营成本。

在做强二产上，荔枝精深加工方面，产业园也不断"引援"，与佳荔、顺昌源等企业进行深度合作，进行优势互补。目前，从化荔枝加工产品种类有10多种，形成保鲜包装、天然果汁果酱加工、休闲干制食品加工、果酒果茶加工等产业，全区荔枝加工率超过30%，处于全省领先水平；荔枝产品价值提高20%，带动二产产值7亿元。

二、企业概况与数据收集

（一）华隆基本情况

华隆是国家高新技术企业、广东省重点农业龙头企业和广州市农业龙头企业，取得广州市农业科技示范基地、广东省名优农产品和广东省农业技术推广一等奖等荣誉认证。2022 年，公司拥有生产线 7 条，占地面积 20 亩，工人总数约为 90 人，每个基地有工人 5 ~ 6 人。种植规模较大，包括自有种植地 3 000 多亩，其中三分之二用于种植荔枝，三分之一用于种植柑橘，合作基地 10 000 多亩。华隆经营范围主要包括鲜果、干果、速冻果品和果汁等。加工产品日加工量达 20 万斤，在旺季时鲜果日加工量可达 12 万斤，其他产品可达 8 万斤。公司旗下拥有先一、领穗和九里布三个品牌，公司目前大力推广的井岗红糯荔枝获得了从化区首个"五星品牌"认证。华隆提供绿色种植保鲜加工技术服务，以"公司 + 科技 + 农户"的模式联农兴农，并通过科技创新促进荔枝产业的壮大发展，对从化荔枝产业的发展起着巨大的作用。华隆牵头建设的产业园还被评为省级产业园。

（二）数据收集

本课题组以从化区华隆，顺昌源、佳荔两个荔枝加工企业，李根、新力量两个合作社，温泉镇桃莲村、江浦镇凤二村的农户、村委为主要调研对象，就从化区荔枝种植产业的现状以及农户自身的荔枝种植情况、荔枝加工产业与加工品市场、企业和农户与合作社之间的合作方式，以及从化区凤二村"以树入股"的实际运行效果等方面进行了调研（见表 1）。

表 1　调研对象及其调研内容

调研对象类型	调研对象单位	调研内容
企业	核心企业：华隆	·企业与各主体之间的合作机制和利益分配机制
	其他企业：顺昌源、佳荔	·荔枝加工产业与加工品市场 ·与华隆产业链深度融合方式
农户	温泉镇桃莲村、江浦镇凤二村	·农户自身的荔枝种植情况 ·华隆提供的托管服务实际运行效果 ·在荔枝种植中的实际痛点

（续上表）

调研对象类型	调研对象单位	调研内容
合作社	李根农业合作社、新力量农业合作社	· 企业和农户与合作社之间的合作方式
村委书记	温泉镇桃莲村、江浦镇凤二村	· 从化区凤二村"以树入股"的实际运行效果 · 国家政策的具体落实情况

三、农业产业生态系统的价值共创与各主体的价值共享

（一）构建产业链闭环，实现互补共赢

在从化荔枝产业链中，华隆作为领头企业，扶持上下游，为从化荔枝产业园的建设积极促进各方合作。在产业链的上游，华隆以农户作为供应商，与他们的合作形式分为合约性合作与合作性合作。合约性合作如与农户签订合约、收购协议等；而合作性合作对应华隆"大专家＋土专家"模式，华隆会选择种植能手培养为"土专家"，给予其一定的股份，由其将"大专家"（农业专家）的技术指导落实到产业园的生产种植上。而在产业链的下游，华隆与其他公司如佳荔、顺昌源等形成互补性合作，与企业的合作主要体现在技术支持与管理帮助上。华隆带头推进荔枝加工设备技术研发，区内企业优势互补，为深加工产业的发展添砖加瓦。产业园内所有企业之间的联系十分频繁，互相吸取经验、交流管理方法等。作为领头企业，华隆也会定期了解各主体经营情况、是否遇到困难、是否需要支持协助等。

华隆利用自身产业园平台核心企业的地位，整合上下游优势资源，利用上游农户丰富的原料资源禀赋和下游荔枝加工企业成熟的荔枝加工技术，构建一个十分完备的产业链闭环，实现上下游各主体利用对方优势资源禀赋实现互补共赢，从而整体提升荔枝产业的附加值。

（二）开展社会化托管服务，实现联农带农

产业园还积极探索新的合作方式——关键技术托管和"以树入股"。前者主要是分环节，对农户的生产种植给予技术支持，包括病虫害的预测预报并精准管理果树，收取托管费，在统防统筹的同时减轻农户农作负担。后者则是将果树所有权交予企业，以果树作为抵押物获取企业股份，获得分红，在减轻农民负担的

同时，可以提高土地利用率，减少荒地的比例。

1. 开展荔枝产业关键技术托管服务

华隆根据自身丰富的社会化服务经验，拥有开展荔枝病虫害监测体系建设和无人机植保相应服务内容的能力，以及拥有与服务能力相匹配的专业农业机械和设备、作业人员、服务场地，利用自身良好的持续运营能力和较强的辐射带动力，为荔枝种植户提供优质的社会化托管服务，有效推进从化区农业生产社会化服务进程。

第一类是为农户搭建荔枝病虫害监测体系。华隆在开展荔枝病虫害监测体系社会化托管服务时，在每一个村设置一个监测点，在每一个监测点放一个诱虫灯，在每一个村雇用一名托管员，向托管员发放病虫害监测记录手册，让他们每天实时记录监测点病虫害情况。根据在当地各村设立监测点的定点果园的设备及周边观察，结合当地托管员及预测预报专家团队的综合反映情况及相关记录，按月出具一份病虫害监测报告，报告内容包括病虫名称、发生程度、在各部位的平均密度，并在报告中向当地荔枝种植户给出指导性的防治意见。表2是温泉镇云星村2021年6月出具的报告示例。

表2　2021年6月温泉镇云星村荔枝病虫害监测报告

名称	发生程度	平均密度/%	
蒂蛀虫	轻度	落地果蛀果率	2.22
		树上果蛀果率	5.00
		枝梢成虫发生率	0
蜡象	轻度	枝梢成虫发生率	7.78
		枝梢若虫发生率	3.33
		枝梢卵块发生率	0
尺蠖	轻度	枝梢受害率	0
瘿螨	轻度	枝梢受害率	3.89
		花果受害率	1.11
霜疫霉病	轻度	枝梢受害率	0
		花果受害率	5.56
炭疽病	轻度	枝梢受害率	0
		花果受害率	1.11

华隆在 2021 年 6—12 月开展这一社会化托管服务期间，针对从化区温泉镇云星村 1 830 亩土地共出具 8 份荔枝病虫害监测报告。出具的荔枝病虫害监测报告给出的防治意见，科学指导荔枝种植户的荔枝生产工作，防治效率比没有搭建荔枝病虫害监测体系之前低 30%，极大地减少了农户因为荔枝树未能尽早防治病虫害疾病而产生的损失，产量较之前提升 10%。

第二类是提供无人机植保服务。目前华隆有 5 台植保无人机可以向荔枝种植户提供无人机喷洒农药服务，在为农户节本增效的同时，提高农户的生产效率。华隆提供的无人机植保服务可以大面积、短时间压低虫口密度，及时实现与地面防治同步除治，有效期能达到 60 天左右；可以有效解决农户之前因为荔枝树高大、防治设备落后造成的防治效率低问题，在提升农户防治效率的同时，降低农户的防治费用。无人机飞防药剂使用量仅为 40 ~ 50 克／亩，是传统防治方法用药量的四分之一，大大节约了药剂使用量。

2. 实行"以树入股"全新托管模式

华隆针对现阶段推行社会化托管服务存在的问题，创新性地提出"以树入股"托管模式，为荔枝种植户提供"零投入"的优质社会化托管服务。华隆与从化区江浦镇凤二村村委会和荔枝种植农户多次沟通，创新集约经营模式，由村委会牵头，组织种植农户以果树土地经营权入股成立专业合作社，由公司投资品种改良、种植营运和管理技术等依法可以入股的其他要素，入股该专业合作社，组成合作社理事会。理事会负责生产营收核算，每年按果园收成产量进行分成，入股农户占 25%，村委会得 5%，公司占 70%。入股农户可按市场价格把所占产量份额直接转让给公司。这是将农户的资源转变为资产，形成资本、土地、劳动力、技术等各种要素优化配置，创建村企利益共同体，创新农户增收模式。

华隆团队入驻凤二村，对入股荔枝果园按标准果园进行建设，建设期投入资金 300 多万元，对果园进行高接换种品种改良，嫁接稳产高产的优质品种井岗红糯；进行水、电、路、渠、网等果园基础设施建设；建设水肥一体化、果园机械化等配套设施；进行标准化生产管理，第四年开始挂果，进入收成期。同时，华隆为凤二村种植区制定生产管理技术措施及对农户进行技术培训，聘请当地果农生产作业，增加了果农的工资性收入。利用公司的技术、资金和经营优势，保障果树的标准化生产管理和技术措施的落实，保障果园管理所需的生产投入。

在华隆、村委会和农户的共同努力下，凤二村荔枝基地顺利投入生产，保障了华隆荔枝高品质原料供给，有利于开拓荔枝国内外市场，扩大公司生产规模。农户也可以参与果园生产管理环节，增加工资性收入。合作期满后，荔枝果树通过企业投资品种改良、标准果园建设、配套设施建设和先进技术应用，大大提升果园价值。

总之，华隆开展社会化托管服务的内在机理是规模化促进节本增效，实现机械自动化的规模化种植。华隆搭建荔枝病虫害监测体系，可以结合大数据平台，更好地监控荔枝生产情况，适时进行无人机植保喷药，统一荔枝果树的种植与管理，建立标准化、规模化果园。目前试点进行的"以树入股"模式，以分红形式代为管理农户的果树，不仅可以减少农户的人工投入，同时，规模统一化的管理模式更使荔枝质量、产量显著提升，在果树失管率较高的凤二村起到了显著的效果，达成农户、公司双赢的局面。

（三）以科技创新为定位，实现各主体共同发展

华隆深知从化荔枝产业要想提升竞争力，关键在于要用科技来武装全产业链条。华隆通过与各大科研机构合作，攻克荔枝产业链条各部分技术难关，树立品控标准，从品种改良到栽培技术再到品质评价，都制定了相应的标准，包括果园建设、荔枝种植、高接换种等六大标准，做到各环节都有标准可依。华隆也无偿地将自身在品种改良、生产技术栽培方面的最新科技成果推广给产业园区内的荔枝种植户，让农户进入现代农业的科学生产体系当中。以高接换种为例，园区为农户提供将低品质的槐枝、黑叶等换成改良品种井岗红糯的机会，为农户统一进行高接换种服务，提升其生产竞争力，也能更好实现园区发展目标。华隆推广销售改良品种井岗红糯，每亩地的经济收入可以实现 3 万元以上，如今井岗红糯的卖价已超糯米糍、桂味。井岗红糯已成为颠覆整个荔枝行业品种改良的标杆。

在生产技术的推广与培训方面，华隆也致力于实现科技兴农富农，大力推广新技术，将其传授给农户。华隆使用并推广到产业园区的遥感识别技术，能够判断树的生长状况、瓜果状况、开花状况，精准进行授粉撒药等措施，相比以前农户凭借自身经验，通过摇树来传粉以解决授粉问题，在荔枝的生产种植上更有效率。经调查，产业园区内农户在应用新的生产技术后，大部分农户的收入得到大幅度提升。此外，华隆还不定期组织专家开展授课活动，为荔农传授经验，帮助荔农以更轻松、更低成本的方式种植更高产量、更高品质的荔枝。

（四）打造从化荔枝公共品牌，让农户感受其品牌溢价

在联农带农的道路上，华隆打造统一对外公用的区域品牌——从化荔枝，让产业链上的每个主体都可以因此获益。同时，由华隆牵头与各个主体合作打造的荔博园平台，推广展示各主体的产品，将旅游、文化、农业结合为一体，通过美丽的风景、美味的荔枝与各种加工品，带动旅游业的发展，同时使更多群众对从化荔枝更加了解，扩大了荔枝的销售，实现多方共赢的局面。目前，从化荔枝的

品牌效应已日趋明显:第一,从化荔枝形成了地理标志产品,例如井岗红糯。第二,政府已经授权龙头企业使用"从化荔枝"这个公共品牌,同时,该品牌已在市场监督管理局注册。第三,使用从化荔枝品牌的产品将采用统一包装,并且可以加入自己公司的元素。

总之,华隆利用自身作为龙头企业在资源与能力上的优势,为农户打造高标准从化荔枝品牌。在生产过程中,通过约束农户遵守从化荔枝品牌的各生产过程标准,培养农户的科学生产意识,继而提升荔枝的产量与品质。在销售过程中,让农户在售卖自家荔枝的时候感受到因品牌力的提升所带来的品牌溢价,双管齐下带动荔农增产增收。

四、结论与讨论

(一)简要结论

在共建共生系统上,华隆依托从化现代农业产业园区平台,以自身为核心企业,与产业园区内的农户、上下游产业链的公司、合作社等其他主体共建了一个农业产业生态系统。在系统内部,各主体与华隆形成了不同程度的利益联结链条,在共生的同时进行共创。华隆主要通过开展社会化托管服务、扶持上下游构建产业链闭环、推进现代农业科学技术下渗、促进荔枝产业现代化等措施,为生态系统内部各主体创造出更大的收益。最终,华隆、农户、合作社和其他企业一起共享一个节本增效、具有现代化特色和品牌溢价的荔枝产业,以此实现荔枝产业的振兴,实现联农兴农的企业社会责任。

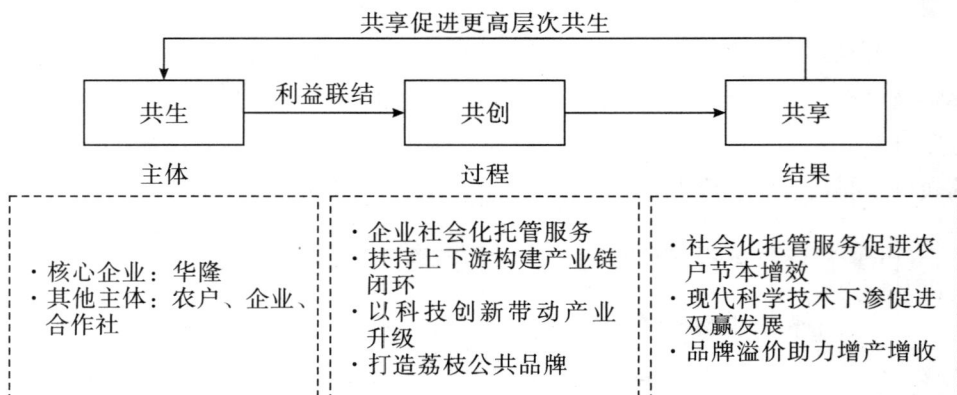

图 2　华隆模式的运行逻辑

（二）进一步讨论

华隆依托从化省级现代农业产业园这一平台，共建并发展了一个紧密的农业产业生态系统，在系统内部构建了"共生—共创—共享"的利益联结链条。但是，在探索共建农业产业生态系统过程中仍然存在不少需要完善的部分，我们总结了访谈过程中各大主体的反馈，其中在关键技术托管服务和"以树入股"新托管模式两大方面的反馈较为突出。

1. 完善"以树入股"的分红及补偿机制

据农户反映，参与"以树入股"后，在荔枝高接换种的空档期无法获得收益，存在收益空白。这给仅靠荔枝作为主要收入来源的农户家庭带来了困难，降低了农户参与的积极性。建议有针对性地完善补偿机制，可采取分期分红等方式。同时，在每年的销售期结束后及时发放分红，使农户安心。

2. 以点带面提高农户使用托管服务的积极性

从化区荔枝种植户生产规模大多比较小，种植荔枝树的规模大多在 10 棵左右，主要以散户为主，规模以上的荔枝种植户很少，托管服务对这些荔枝种植小户来讲，带来的实质收益的增值并不多，再加上还要交一笔托管服务费，容易挫伤这些荔枝种植小户使用托管服务的积极性。华隆应该先与各荔枝种植大户建立托管服务关系，以作示范。建议对从化区现有荔枝种植大户的数量进行摸底，拟确定种植 100 棵以上的荔枝种植户为种植大户，先行在种植大户中选出 10 ~ 15 个优质合作伙伴，开展荔枝病虫害监测和无人机植保两个环节的托管服务，产生示范效应，以点带面，带动更多种植户自愿与公司建立托管服务关系。

3. 加强科研攻关，降低荔枝生产社会化托管服务门槛

荔枝在生长过程中容易受到天气因素的影响，荔枝园产出荔枝的数量与品质难以控制，再加上荔枝的生产季时间较长，管理难度较大，在生产过程中机械化程度又低，这些特殊属性大大增加了公司开展社会化托管服务的难度。必须进一步提升荔枝机械化生产水平，争取在荔枝生产的各个环节实现机械化生产，更好地为农户节本增效。

4. 提升托管员专业知识，输出优质病虫害监测报告

由于在从化区从事荔枝生产的种植户老龄化程度高且文化素质较低，从种植户中挑选出来的托管员对于荔枝相关病虫害专业知识的储备较少，在每天观察监测点以及诱虫灯的情况时，有时未能及时发现害虫或对虫害发生程度作出错误判

断，导致病虫害监测报告存在一定的失真，从而影响到后续专家团队的防治意见。建议针对托管员开展病虫害专业知识培训，定期邀请专家或者公司内部有病虫害专业知识的员工对托管员进行培训。针对托管员年龄普遍较大且文化水平较低的特点，应该以更加通俗化、贴合大众的语言并结合图片、实物、视频等方式进行培训。

5. 多渠道提振从化荔枝品牌

在龙头企业和政府的大力推动下，从化荔枝品牌效应初显，市场认可度逐渐提高。然而，从现有市场表现看，从化荔枝品牌的品牌力仍然有较大的挖掘空间。未来，从化荔枝产业园将由区域品牌"从化荔枝"牵头，各个龙头企业打造专属本企业的独有品牌，着力于荔枝产业链上的不同节点进行攻关，同时推进标准园建设和标准化种植，从生产、加工、销售各个环节发力，做大做强从化荔枝产业，实现互利多赢，惠农兴农。

参考文献

[1] MOORE J F. Predators and prey: a new ecology of competition [J]. Harvard business review, 1993, 71 (3): 75.

[2] MOORE J F. The death of competition [J]. Fortune, 1996 (7): 90 – 92.

[3] MOORE J. The rise of a new corporate form [J]. Washington quarterly, 1998, 21 (1): 167 – 181.

[4] DELHEZ É J M, LACROIX G, DELEERSNIJDER É. The age as a diagnostic of the dynamics of marine ecosystem models [J]. Ocean dynamics, 2004, 54 (2): 221 – 231.

[5] KIM H, LEE J N, HAN J. The role of IT in business ecosystems [J]. Communications of the ACM, 2010, 53 (5): 151.

[6] PELTONIEMMI M, VUORI E. Business ecosystem as the new approach to complex adaptive business environments [J]. Frontiers of e-business research, 2004 (3): 72 – 79.

[7] IANSITI M, LEVIEN R. Strategy as ecology [J]. Harvard business review, 2004, 34 (3): 68 – 78.

[8] FILISTRUCCHI L, GERADIN D, VAN DAMME E. Identifying two-sided markets [J]. TILEC discussion paper, 2012, 8 (1): 33 – 60.

［9］ AINE A，BJÖRKROTH T，KOPONEN A. Horizontal information exchange and innovation in the platform economy：a need to rethink？［J］. European competition journal，2019，15（2－3）：347－371.

［10］ 方兰，李双媛，陈龙. 习近平关于"三农"问题系列重要论述的全面性特征及其价值指向［J］. 陕西师范大学学报（哲学社会科学版），2019，48（4）：12－20.

［11］ 许其彬，王耀德. 商业生态系统与价值生态系统的比较与启示［J］. 商业经济研究，2018（4）：17－20.

［12］ 马尔科·扬西蒂，罗伊·莱维恩. 共赢：商业生态系统对企业战略创新和可持续性的影响［M］. 王凤彬，王保伦，等译. 北京：商务印书馆，2006.

［13］ 陈知然，于丽英. 服务化理论最新研究进展［J］. 商业经济与管理，2014（8）：57－63.

［14］ 简兆权，令狐克睿，李雷. 价值共创研究的演进与展望：从"顾客体验"到"服务生态系统"视角［J］. 外国经济与管理，2016，38（9）：3－20.

［15］ 汪旭辉. 大连保税区金鼎国际物流有限公司的运作模式［J］. 物流技术，2002（8）：41－43.

驻镇帮镇扶村

——梅州市梅江区乡村振兴续写新篇章[①]

2021 年上半年，广东立足本省实际，贯彻落实中央决策部署，适应新发展阶段、全面推进乡村振兴的要求，开始实施乡村振兴驻镇帮镇扶村工作，全域全覆盖推进全省 1 127 个乡镇、近 2 万个行政村全面振兴。

2021 年 7 月，梅州市乡村振兴局发布的数据显示，110 个乡村振兴驻镇帮扶工作队全面进驻梅州市，共有 553 名干部投入梅州市乡村振兴驻镇帮镇扶村工作，其中重点帮扶镇 69 个、巩固提升镇 35 个、涉农街道 6 个。重点帮扶镇中，省直单位和中直驻粤单位定点帮扶 18 个，广州市对口帮扶 30 个，梅州市自行帮扶 21 个；对于全市 35 个巩固提升镇和 6 个涉农街道，由各县（市、区）参照省、市的做法，自行安排组团，落实"一对一"结对帮扶。

一、研究设计

（一）方法选择

本研究选择梅州市梅江区作为研究个案，通过其驻镇帮镇扶村初期工作的开展及实施情况，总结并发现典型地区驻镇帮镇扶村工作所取得的成效和存在的问题，可为下一阶段的镇村帮扶工作提供借鉴和经验参考。

（二）案例选择

1. 案例选择的依据

一是区位优势。梅江区地处粤东北部、韩江流域上游，是粤、赣、闽三省交

---

① 撰稿人：陈利昌、钟惠娇、黄炼、陈璨、徐志芬。

汇处，也是珠三角经济圈和海西经济区①的交汇点。同时，梅江区是梅州市的直辖区，地处梅州市政治、经济、文化中心，是梅州市的"首善之区"，是广东50个山区县、11个中央苏区之一。梅江区无论是在梅州市，还是在广东省，均具有典型区位优势。通过对梅江区驻镇帮镇扶村推进乡村振兴进行案例分析，对梅州市乃至广东省实施乡村振兴战略，实现农业农村现代化，都具有重要的现实意义和借鉴价值。

二是辖区内各镇产业基础优势。梅江区现下辖四个镇：西阳镇、城北镇为重点帮扶镇，主要由省级单位和广州市组团帮扶；三角镇、长沙镇为巩固提升镇，由梅江区直单位组团帮扶。

西阳镇近几年通过大力发展特色种养、光伏发电、乡村旅游等产业项目，采取"公司＋专业合作社＋基地＋农户"的经营模式，培育和壮大了一批新型农业经营主体，巩固拓展脱贫攻坚成果显著。村级"健康小屋"、村民看病就医难问题、危房户住房修缮工程、自然村雨污分流和污水管网等民生问题也基本得到解决。

城北镇农业基础较好，拥有省级农业龙头企业和农产品知名品牌，具备了打造现代农业的基础和条件；以侨文化为主线的乡村旅游带建设，可将已有的果品产业（枇杷、李）相结合，推进乡村旅游带动水果生产联动。此外，城北镇有很好的樱花谷、桐花谷、玉水等一片古村落，也可以通过连片打造，带动乡村振兴和农民收入增长。

三角镇是梅州市中心城区提质扩容的"主战场"之一，近几年城市化发展比较迅速，城市化率已接近80％，但仍属于城乡接合部。三角镇泮坑村拥有清凉山郊野公园的自然环境与风貌，可因地制宜发展旅游特色产业；梅塘村的杨桃产业园也已具备很好的发展机遇。

总体来看，梅江区各个镇都具有较好的自然资源、农业产业和农旅发展条件和优势，相信通过驻镇帮镇扶村工作队和被帮扶镇村的上下齐心、通力协作，在2022—2024年三年期间，一个个崭新的、现代农业产业特色明显的镇村会展示在世人面前。

2. 案例基本描述

梅江区属于梅州市中心区，现下辖3个街道、4个镇，辖区设48个社区、81个行政村（详见表1）。

---

① 海西经济区是海峡西岸经济区的简称，范围涵盖台湾海峡西岸，包括浙江南部、广东北部和江西部分地区。

表1 梅江区所辖街道、镇概况

单位：个

街道、镇	社区数量	行政村数量
江南街道	14	0
金山街道	12	10
西郊街道	7	5
西阳镇	3	27
城北镇	5	20
三角镇	6	13
长沙镇	1	6
合计	48	81

实施驻镇帮镇扶村是广东推动全省乡村全面振兴的有力抓手。梅江区四个镇村帮扶工作队自2021年7月初进驻后，主要在基层一线开展工作，制订各帮扶镇村的发展计划。他们通过一步一个脚印地走访，一件接着一件地做实事，在全面实现乡村振兴的工作中奋力书写"梅江答卷"。

二、案例分析

（一）驻镇帮镇扶村工作队前期工作开展情况

由省、市、区等单位组成的驻镇帮镇扶村工作队于2021年7月开始进驻梅江区各镇。通过一个月的进村入户走访调研，队员们对驻镇工作、产业特色和工作方向都有了比较系统的规划和设想。其中，广东省侨联和暨南大学等单位组成的驻城北镇帮镇扶村工作队发挥所在单位特色优势（例如，侨胞侨务资源以及村里的一些下南洋的文化故事），从文化方面着手，通过以点带面的方式推动城北镇文旅产业发展。

三角镇驻镇工作队与村委班子共同谋划产业发展事宜。三角村地处城郊，近年来城市发展为村里注入了商业活力，同时，村里也拥有古街、古民居等具有客家特色的历史文化底蕴，若将这些文化资源活化利用好，用于发展文旅产业，将有助于村里提高村集体和村民收益，带动乡村振兴。

第29届广州博览会于2021年10月27—30日在中国进出口商品交易会展馆

举行。为充分利用这一交流平台，帮助镇域企业展示产品、开拓销路，广州市派驻西阳镇驻镇帮镇扶村工作队经沟通协调，助力镇域企业梅州市信德家种养农民专业合作社、梅州市山之韵生态农业有限公司这两家清凉山茶企参展，积极推动清凉山茶开拓湾区市场，着力拓展茶产品销售渠道，优化帮扶方式。与此同时，西阳镇驻镇帮镇扶村工作队牵头单位广州市政府办公厅高度重视本次展会，办公厅负责对口帮扶工作的同志到场指导，与参展企业深入交流，在企业管理、产业发展、销售渠道等方面提出诸多宝贵意见。

（二）驻镇帮镇扶村的工作方式

一是帮扶资金用于镇村的道路、水利、人居环境等基础设施建设，可做到便民、提高社会效益；二是帮扶单位引进农业企业租地种植农作物，镇村可获取租地收入并解决当地部分群众的务工问题；三是光伏发电合作，镇村负责解决用地问题，帮扶单位负责引进企业建光伏设备，收益由企业与镇村分成共享；四是协助当地村民拓宽农产品销售渠道，促使"收成"变"收入"；五是依托当地资源，投资建设小规模旅游观光景点等。

（三）驻镇帮镇扶村的资金构成

驻镇帮镇扶村工作的开展，离不开资金支持。其资金来源渠道主要有三个：一是"631资金"。广东省农业农村厅有关文件规定，帮扶资金由广东省财政厅负责60%，帮扶单位负责30%，梅州市财政局负责10%，而梅州市的10%依据市财政的经济能力，估计无法足额支付。"631资金"预计每个镇2 000万元，由梅江区财政统筹安排，不搞平均分配，即依据乡镇实施进度可优先争取更多资金。二是帮扶单位自筹资金，含帮扶单位筹措的资金和向相关单位争取的资金。三是帮扶单位驻镇帮镇扶村工作队日常工作经费。

（四）工作队帮扶工作具体做法及取得的成效

1. 充分发挥双方各自优势

驻镇帮镇扶村工作队组成人员是帮扶单位精心挑选的业务骨干，他们在开展帮扶工作中，可以发挥所在单位的优势和利用已有业务资源，并有效结合被帮扶镇村拥有的自然资源、文化资源，在帮扶期间促使被帮扶镇村的基础设施、各个产业和镇村整体环境均取得预期效果。

2. 民生工程放首位，造福百姓可持续

工作队自驻镇以来，始终将帮扶镇村的民生工程放在第一位，民生工程也是

民心工程。镇村产业是需要可持续发展的，是需要长期造福当地百姓的，工作队帮扶镇村由"输血型收益"向"造血型收益"转变，在产业项目帮扶中，注重产、加、销全过程帮扶，从而构建起可持续发展的产业链，为不断增加农户收入、促进村集体收益增长提供人力、物力支持。

3. 办好民生实事，帮扶行动显成效

西阳镇驻镇工作队了解到该镇农户柚子存在滞销风险时，便积极联系各派出单位，率先启动大宗消费帮扶，开展"助农增收拓销路　帮扶共建树品牌——我为群众办实事"活动。此活动销售蜜柚超 10 万斤，为村集体、村民增收 63 万余元。工作队还与"惠农甄选"商城对接洽谈，合作设立了梅州市首个工作队帮扶专馆（西阳馆），拓宽了西阳农产品销售渠道。西阳镇驻镇帮镇扶村工作队的大力支持，不仅为塘青村农户的柚子打开销路，使村镇百姓切实感受到乡村振兴惠民利民政策所带来的幸福感，而且提高了村集体收入，使种植户的"收成"变为"收入"。

（五）存在的问题及其产生原因

1. 存在的主要问题

一是有些帮扶单位不够接地气，调研多、汇报多，项目落实少。二是部分帮扶单位与被帮扶单位在帮扶项目上的沟通衔接存在一定分歧，双方关系不够紧密，各自为政。三是帮扶工作带来的经济效益不突出、不明显。四是帮扶规划项目均属于短期效益，未能凸显长期效益，实施项目大部分为人居环境改善、道路两侧的公共设施整治、美化亮化绿化工程建设等，重前期的资金投入、轻后期的管理维护。五是帮扶资金使用进度比较缓慢，降低了资金使用效率。六是产业帮扶不瘟不火，成效不够明显。

2. 问题产生的原因

一是帮扶单位开展工作有理论脱离实际的现象。主要表现在：帮扶单位对被帮扶单位的调研不够深入透彻，或者只停留于调研及案台工作而无落实，想法虽具创新性，但与被帮扶单位的实际不契合，理想比较丰满，但实施尚有难度。二是帮扶双方对项目实施决策存在分歧。项目虽由帮扶单位谋划，但需要经被帮扶单位的党政会议决议通过，双方往往在项目落地过程中存在分歧，帮扶单位为了凸显政绩要实施其认为可行的项目，但是被帮扶单位可能又想用帮扶资金建设之前因资金缺口未完成的项目。三是被帮扶单位重基础设施建设、轻产业发展。有

的县（区）级地区未规定牵头管理部门，县（区）级层面的指导方向和思路重基础设施建设、轻产业发展。县（区）级地区因资金缺口大，年度实施项目计划比较多，想切割、有效运用帮扶资金用于完善基础设施建设。四是帮扶单位缺少对被帮扶单位的长效发展考虑。鉴于帮扶的时效性及被帮扶单位领导的流动性，个别帮扶单位和被帮扶单位仅仅是为了完成驻镇帮镇扶村的政治任务，为了凸显政绩，缺少对被帮扶单位长效发展的思量。五是项目落地存在一定难度。项目无法落地或推进困难，导致资金使用停滞或者进度缓慢。六是被帮扶镇村劳动力资源短缺。受乡镇年龄结构的影响，老弱病残幼比重较大，无论是农业还是工业，劳务用工都是一个亟须解决的大问题。再有就是部分村民日常生活过于安逸，比较懒散。

三、案例启示

（一）变"驻村帮扶"为"驻镇帮镇扶村"

从精准扶贫工作提出的"驻村帮扶"，到如今的乡村振兴"驻镇帮镇扶村"，帮扶对象上提一级的背后，是广东省情的变化。虽然脱贫攻坚取得全面胜利，但从客观来看，广东相对贫困问题仍将长期存在，粤东、粤西、粤北不少农村地区缺乏带动发展的引擎枢纽，城乡融合发展迫在眉睫。突破的关键在于强镇，乡镇具有上连县、下连村的桥梁和纽带作用，做强做优乡镇一级，就能更好地发挥辐射集聚效应，推动镇村同建同治同兴，加快县（区）、乡镇、村统筹协调发展。在新一轮帮扶行动中，提升乡镇综合发展实力和人口承载能力，成为不少帮扶工作队的工作重心。

（二）变"结对帮扶"为"组团帮扶"

与精准扶贫"一个村一个单位帮扶"不同的是，驻镇帮镇扶村行动采用了组团式的"大兵团作战"，由中直、省直加科研部门、企业、科技特派员、志愿者、金融助理等各种帮扶资源相互协作构成。集中优质资源，集中多方力量，发挥帮扶单位的业务特色和资源优势，促使被帮扶镇村产业项目从无到有，从有到优，实现质的飞跃。

（三）变"防止返贫"为"提升公共服务能力"

巩固拓展脱贫攻坚成果，不仅要有防止返贫的托底跟踪，也要有均衡化的公共服务精准供给。在做好防止返贫动态监测任务的同时，结合开展"我为群众办实事"等实践活动，新的驻镇帮扶工作也着重在提升公共服务能力上细致规划、共谋发展。

（四）变"输血式"为"造血式"

在全面推进乡村振兴的宏观背景下，广东省高度重视推动巩固拓展脱贫攻坚成果同乡村振兴有效衔接，决定全面部署开展驻镇帮镇扶村工作。该项工作是一种组团式、造血式、共赢式帮扶新机制，旨在确保驻镇帮镇扶村能真正地驻到实处、帮到点上、扶到根上，促使镇、村同步协调发展。

四、优化建议

（一）乡村振兴驻镇帮镇扶村重点关注贫困和衰退区域

乡村振兴的首要任务是脱贫攻坚，贫困镇村和贫困人口摘掉脱贫帽。广东省作为全国人口基数最大省份，应全面分析贫困区域，并找出当地经济衰退原因和导致人口贫困的直接因素，开展贫困村帮扶工作，将普查所知的农民收入低于全国平均水平地区列为重点帮扶对象，发动社会力量实行"万企兴万村"行动。要将生存环境差、基础设施落后、历史与现实致贫因素复杂、物质与精神双重贫困、观念与能力双重不足的区域列为重点帮扶对象，这也是乡村振兴战略的聚焦点。为了加快推动深度贫困区域经济发展，应了解村、户基本困难并因人施策，对深度贫困区域共性困难统筹解决，补齐地区发展短板；联合地方政府在深度贫困区域创建脱贫攻坚项目，结合社会机构、组织等坚决改善深度贫困区域经济发展滞后问题，集中提升深度贫困区域社会服务水平；完善基础设施建设，切实解决百姓交通、用水、通信等问题，为深度贫困区域建立对外开放合作平台，加快深度贫困区域经济发展。由于广东省城乡发展存在不平衡，大量乡村青壮年劳动力转移至经济发达城市务工，导致村庄耕地撂荒现象严重，乡村衰退迹象明显。近年来，随着人口老龄化问题突出，农村耕作多以老人、妇女为主体，集体经济发展落后，在生产功能退化的同时，居住和生活服务等功能也出现了明显的退化。为了改善当前农村衰退现状，应准确分析导致农村衰退的原因，探寻乡村振兴科学路径，整合地区资源禀赋和现实基础，以驻镇帮镇扶村为契机，抓住乡村振兴历史机遇，规划和发展资源要素，以政府为核心创新制度和政策准则，促进深度贫困乡村逐步振兴。

（二）乡村振兴驻镇帮镇扶村以村庄治理为主要任务

广东省的大规模村庄数量不多，多以人口几十人的小村庄为主，其他村庄多则几百人。部分村庄村民外出务工现象较多且近年来呈现"空心村"现象，很难实现规模化发展。针对目前人口变化形势，应合理布点村庄，以县为单位，加快土地空间重塑，对传统老旧院落改造升级，推进现代农业旅游、新型宜居等田园风光综合体建设；加强对农村居民生活幸福指数的调查，并通过改善社区生态环境和生活服务水平满足农村居民生活诉求。为了提升农村居民休闲娱乐水平，还应合理配置基础配套设施，提高污水和垃圾处理整治力度，加快农村文明建设，改善农村村容村貌，提高农村基层政府的组织协调和服务管理水平；通过完善公共服务体系和管理机制，建设美丽宜居新村；发挥广东省农业特色产业优势，突出具历史文化主题、地域特色的乡镇和美丽村庄，加快产业与乡村的融合。应根据村庄资源禀赋，因地制宜规划整体发展战略。根据发展类别，将村庄划分为四种类型：一是发展重点类村庄。村庄基础设施完善，公共服务设施完备，应以此为基础，通过发展乡村特色产业吸引本地青壮年留乡创业，通过创新发展，激活现有产业，提高乡村活力，引导农村人口集中居住，优化农村生态环境，为农村居民建设宜居宜业村庄，实现乡村振兴发展。二是大力发展城市郊区类村庄。应发挥村庄的天然地域优势，提高城市辐射带动作用，促进城乡产业、基础设施及公共服务等融合发展，改善农村生产、生活面貌，促使村庄布局规划更加合理。三是发展特色保护类村庄。发挥历史地域文化特色，将现有自然遗产、自然保护区等与改善人们生产、生活条件整合起来，传承和弘扬历史文化古镇、民族村寨等，加快发展乡村旅游业，突出历史文化特色。四是拆迁撤并类村庄。对于地处偏远且衰退严重的村庄，因重建价值投入较大、人口少且经济产出比不高，应进行撤并处理。

（三）乡村振兴驻镇帮镇扶村以城乡融合发展为有效路径

1. 统筹规划城乡空间布局，构建新型城乡经济体系

实现特色村庄融合景区、服务旅游、特产农业产业园等产品与乡村融合发展模式，完善新型城乡空间布局，促进人居与产业和谐发展。突破传统发展理念，拓宽农村产业价值链，促进城市与乡村融合发展，利用政策支持，鼓励城市产业转移至农村，开辟产业发展空间体系，提升乡村科、教、文、卫等价值，促进乡村旅游业健康、快速发展，创建新型商业模式和公共服务平台。

2. 鼓励农村种、养实现规模化、特色化经营，鼓励农产品加工业延伸产业链条

引导农村种植业向规模化方向发展，鼓励养殖户大力发展特色畜禽、水产品养殖，提高其规模效益和品质效益。农产品加工企业应面向市场，发挥产业资源优势，不断延伸产业链条，使其向上下游一体化发展，各利益主体之间形成股份合作等利益联结形式。为加速地方经济发展，可以鼓励农户与乡村龙头企业、农业合作社等新型经营主体联合发展，组建风险共担的利益共同体；以政策引导形式促进城市资本流向农村，缩小城市与农村基础设施建设差距，完善农村电力、道路、通信等基础设施，统筹协调乡村产业建设和布局规划，推动农村地方经济发展。

3. 根据城乡人口比例，设置科学的城乡公共财政分配制度

完善社会保障体系，提高基层办事效率，推出便民举措，实现城乡养老、医疗保险无障碍衔接，实现城乡公共服务科学化、一体化。

4. 改善村容村貌，注重生态环境治理

在乡村振兴战略落实中，应推行农村绿色生产、生活，增强乡村生态环境综合修复能力，完善山水林田湖草体系，为农村居民构建绿色低碳、创新宜居的生活空间。

（四）乡村振兴驻镇帮镇扶村以激活要素为重要举措

应通过创新机制和政策支持激活乡村振兴主体，因农村生产、生活条件落后，导致农村青壮年人才涌向城市现象严重，而农村又缺乏吸引城市人才和技术要素的经济体，导致乡村振兴缺乏新型经济主体和技术、人才等要素。广东省人口基数大，农村人均耕地面积不足 0.4 亩，仅为全国平均水平的三分之一，其中部分区域因地形限制难以实施机械化，集体经营性用地占比较小。从资本要素分析，目前社会资本流入乡村路径不通畅，投融资机制不健全，制约了乡村振兴的发展。

1. 人才要素

要顺应社会发展形势，构建新型职业农民教育体系，激活人才要素。建立多元技术培训体系，以政府为主体，以高等院校为核心，以涉农职业技术学院为补充，广泛开展职业技能培训服务；建立创业奖励基金等，培养乡村生产技术、服务人才，激发人才主观能动性和主动学习热情，为乡村振兴驻镇帮镇扶村工作有效开展提供智力支持；鼓励农民工返乡创业，建立多元激励机制，为乡村引才引智，激活乡村创业动力，留住乡土人才。

2. 土地资源

要充分挖掘农村基本农田、集体建设用地及农村宅基地使用价值。一是激活土地要素，重点在确权颁证基础上完善农村土地流转体系，探索更加多元化的土地分置形式，以符合广东省多种规模经营的土地生产形势，提高农村基本农田使用率和生产效率。二是加快构建城乡统一建设用地目标，提高单位面积生产能力，探索集体建设用地资产化路径。三是继续强化农村宅基地制度改革治理，避免荒废现象影响乡村振兴驻镇帮镇扶村工作的开展，运用资产化方式挖掘乡村宅基地使用价值，激活农村土地要素。

3. 资本要素

要为乡村振兴驻镇帮镇扶村战略提供财政保障：第一，稳定涉农资金，建立长效机制，整合不同层面、渠道的支农资金，投入驻镇帮镇扶村发展关键环节。第二，制定激励机制，促进社会资本活力涌向农村发展。可向地方政府申请财政奖补、贴息支持，给予长期向农村投资的企业一定的政策倾斜或配套项目投入，推广特许农业项目，激发地方经济增长活力。第三，支持符合条件的农村金融机构发行金融债券，提高农村金融服务水平，促进新型农村金融组织建设，防范涉农贷款风险波及农村，并建立乡村振兴专项发展基金，解决乡村振兴建设过程中融资难的问题。

（五）乡村振兴驻镇帮镇扶村以壮大集体经济为有力抓手

驻镇帮镇扶村工作的组织和实施离不开农村居民和集体经济组织（利益主体）。目前广东省集体经济收入中农业占比低，且发展薄弱，已严重制约农村集体经济组织发挥带动作用，因此，应重构集体经济组织建设，深化农村集体产权制度改革，以农村居民意愿为中心，推进集体经济组织快速发展。发展较好的区域应总结经验，根据各地区特点和产业特色，推行集体资产股份制，农民可根据自身发展需要持股或有偿退出，充分享有集体资产股份权益。集体经济组织所得资产收益由集体成员共同所有，为了便于后续科学管理，应制定科学的收益分配政策，设立合理分配标准，探索符合广东省农村集体所有制的科学路径，完善市场经济体制，为发展集体经济夯实基础。

参考文献

[1] 张欢. 驻村帮扶中的权力替代及其对村庄治理的影响 [J]. 湖南农业大学学报（社会科学版），2018，19（5）：47-53.

[2] 张国磊. 干部驻村、部门帮扶与跨层级治理：基于桂南 Q 市"联镇包村"制度运作分析 [J]. 南京农业大学学报（社会科学版），2020，20（2）：26-38.

[3] 钟剑龙. 乡村振兴视域下构建"五位一体"巩固脱贫成效路径：以广东省乡村振兴帮扶村黄塔村为例 [J]. 安徽农业科学，2022，50（10）：250-255.

区域品牌引领乡村振兴
——大埔蜜柚例证[①]

一、引言

中国经济已由高速增长阶段转入高质量发展阶段，作为国民经济基础的农业经济正快速地由增产导向型转向提质导向型。农产品的生产和消费同时进入了更注重品质和品牌的新时期，品牌农业成为当前农业农村改革发展的新标志，农产品品牌，尤其是农产品区域公用品牌，是农业综合竞争力的突出体现、乡村产业振兴的重要抓手。近年来，党中央、国务院高度重视农业品牌建设，习近平总书记关于"三农"工作的重要论述中提出了要打造粮食品牌，培育食品品牌，用品牌增强消费者信心，强调"中国产品要向中国品牌转变"的发展理念。中央一号文连续多年对我国农业品牌建设提出明确要求。农业农村部将 2017 年确定为"农业品牌推进年"，此后每年 5 月 10 日设为"中国品牌日"，通过加强顶层设计，培育品牌主体，创新品牌发展机制，健全品牌服务体系，强化品牌营销，完善政策支持，加快农业品牌化进程。推动乡村振兴战略，推进农业农村经济高质量发展，产业兴旺是基础，品牌发展是关键。品牌建设贯穿农业全产业链，是助推农业转型升级、提质增效的重要支撑和持久动力。

广东省是中国市场经济最发达的地区之一，其珠三角经济带链接粤港澳大湾区，成为全国范围内最具发展潜力、最具改革动力和最具开放活力的地区。广东既聚集着全国最活跃的消费群体，也拥有最有活力的品牌企业。随着大众对食品质量安全的日益关注，品牌意味着质量安全的信誉保障，向消费者传递购买保障的潜在信息，可以减少消费者的选择成本与购买风险，受到消费者的高度关注，令其愿意付出更高的成本去购买附加价值高的品牌农产品。品牌农产品的消费标

---

① 撰稿人：姜百臣；资料整理：吴小宁；数据分析：曾慧；问卷调研：邓仲繁。

签，在市场上具有比其他同类产品更强的竞争力和更高的溢价水平，例如广东温氏猪肉、清远鸡、增城荔枝、供港食品。

在 20 世纪末，"广货"在改革开放初期的中国就非常流行。从 20 世纪 90 年代开始，广东坚持以"一乡一品"扶持工程为抓手，大力发展乡镇特色农业，以广大乡镇作为项目试点平台，以"选准一个优势资源，推广一套先进技术，建设一片基地，开发一个主导产品，创立一个品牌，培育一个支柱产业，占领一方市场，致富一方百姓"为基本模式，重点开发具有地方特色、竞争能力强、经济效益高、出口创汇潜力大的名、特、优、稀、新产品。农业品牌建设带动了区域经济发展，让地方政府、企业和农民逐渐意识到农产品品牌的重要性。

2003 年，广东大力实施品牌战略。据广东省农业农村厅 2023 年 1 月 30 日发布的《关于"粤字号"农业品牌目录产品品牌名单的公示》，形成了 2022 年"粤字号"农业品牌目录产品品牌拟通过名单 2 083 个。以"区域公用品牌""经营专用品牌"为类别，按"十大名牌""广东名牌""广东名特优新"三级品牌划分，广东农业形成"两类三级"的品牌发展新模式。至今，广东农产品品牌已经形成了为市场所认可的"粤字号"名片标识，带动打造了一批批知名农业品牌，让企业和农民获得了品牌溢价收益，实现了富裕之路。由品牌带动产业，形成链式发展，带动区域，形成集聚融合，促进了乡村振兴的快速推进。

2018 年的中央一号文首次提出"品牌强农"概念，强调农产品品牌化的积极作用及重要性。品牌强农是实现我国农业高水准、高效率的重要推动力，是改良农产品供给侧结构、提高供应质量的必然选择，可以让各项消费因素配置愈加合理，开拓崭新模式，进而催生全新业态，使我国乡村产业焕发生机。

蜜柚属于广东省农业现代化"十三五"规划确定的十大优势特色产业，大埔县是广东省最大的蜜柚种植县和中国最大的红肉蜜柚种植县，祖祖辈辈都有种植蜜柚的习惯。当地种植蜜柚的历史悠久，始于宋元，盛传于明清，距今已有一千多年。品牌建设是大埔县和梅州市一直以来采取的关键农业战略。梅州先后培育了 10 多个知名的金柚品牌，被中国果品流通协会授予"中华名果"称号，销售网点遍布北京、上海、湖南、湖北、四川等地的 40 多个城市，鲜果及加工柚产品远销国内外，销售网络覆盖面大。梅州柚的高知名度给大埔蜜柚的品牌化发展奠定了坚实的基础。2012 年大埔县被中国果品流通协会授予"中国蜜柚之乡"称号，2015 年农业部批准对"大埔蜜柚"实施地理标志产品保护，2017 年大埔蜜柚品牌开始走向国际，成为中欧地理标志互认互保产品之一（全中国有 275 个），意味着大埔蜜柚可获得欧盟认证保护，获得更高水平的知识产权保护，从而更加有效便捷地开拓海外市场。如今蜜柚已经发展成为大埔县农业农村经济收入和当地农民增收致富的主导产业。

为支持特色产业发展，广东省在 2018 年全面启动了省级现代农业产业园建设工作，将产业园建设工作作为贯彻落实党中央、国务院引领新时代"三农"工作精神的头号工程和全省深入推进乡村振兴的重要载体。2018 年，大埔县蜜柚现代农业产业园成为第一批广东省级现代农业产业园。随后广东省又以农业特优区创建为契机，进一步加大"粤字号"农业知名品牌影响力，重点培育农产品区域公用品牌，持续开展特色优势产品品牌宣传推介。大埔蜜柚在 2019 年又成功入选了广东省特色农产品优势区。大埔蜜柚作为国家地理标志产品，具有极高的区域品牌价值，符合广东省高质量农业发展的主要方向。2021 年 2 月，中央一号文进一步强调："要依托乡村特色优势资源，打造农业全产业链，立足县域布局特色农产品产地初加工和精深加工，建设现代农业产业园、农业产业强镇、优势特色产业集群。"这进一步为大埔蜜柚产业的稳步提升发展奠定了政策基础。因此，梅州大埔最有可能成为优质区域品牌的综合示范区，形成品牌强农的新模式。

本案例的研究思路是以做大、做强、做响农业区域公用品牌、企业品牌和产品品牌（又称"新三品"）为目标，通过对具有广东特色的梅州大埔蜜柚区域品牌的案例调查研究和综合分析，挖掘广东在品牌农产品标准化供给和区域品牌建设中的经验，研究品牌引领产业兴旺和乡村振兴的发展路径。

二、文献综述与研究设计

农产品区域品牌是具有区域优势的农产品在某一地区的集聚，是在区域不可替代的自然环境中基于产品特色形成的一种区域标识和产品标识的复合体，是传播区域资源优势及农产品特色品质的有效途径与重要载体。该领域的理论研究，主要围绕农产品区域品牌的基本内涵、影响因素、政府引导作用、企业和农户的标准化与品牌化生产行为等方面展开。

（一）文献综述

1. 农产品区域品牌的影响因素

区域品牌包含"区域"和"品牌"两个核心概念。首先，区域品牌与特定的地区相关。凯文·莱恩·凯勒（2009）指出，像实体产品和服务等一样，地理位置或某一空间区域也可以成为品牌，因此区域品牌也等同于地区品牌、城市品牌。农产品区域品牌是品牌与当地特色农产品结合的产物，具有公用属性，是区域特色产业的代表，如"信阳毛尖""烟台苹果"等。与一般的工业产品相比，农产品具有质量特征隐蔽、经营分散、对自然条件高度依赖等特征，其区域效应比工业产品更显著。其次，"品牌"强调标记与区别。大卫·奥格威（2010）提出了"品牌形象"的概念，认为品牌形象是有关产品和服务的综合性形象。品牌建设成功与否取决于消费者或受众的感受与评价，品牌需要让人们感知到产品的独特性、稳定性及能够带给自己的利益。自然地理、生产工艺和区域文化是农产品区域品牌独特性和品牌利益的主要来源。在分析农产品区域品牌形成因素的相关文献中，产业集群、产业特色、品牌营销等因素被高频提及。韩丽娜（2019）认为，区域要素、品牌要素、产业要素和支持要素等是影响农产品区域品牌竞争力的重要因素。刘益星和姬孟丹（2018）认为，顾客群、资源、营销渠道和产业发展基础是农产品区域品牌创建和培育的影响因素。

2. 政府对农产品区域品牌的引导作用

国内外很多学者认为，政府在农产品区域品牌的建设中起着主导作用。Allen（2007）指出，政府是区域品牌发展的关键，可以在资金、品牌领导、子品牌协调以及基础设施等方面发挥关键作用。Von Malmborg（2006）认为，地方政府常扮演"教师"或"导师"的角色，对当地的企业活动进行指导，也可以为当地的企业引入外部的专家和顾问。李道和等（2020）认为，农产品区域品牌具有公共物品属性，需要政府介入以解决市场的调控失灵问题。罗高峰（2010）提出了政府的五种角色，即倡导者、规划者、扶持者、服务者、管理者。谢静雯和谢琪（2015）认为，引导者、扶持者、管理者是政府的主要角色。杨艳等（2018）关注了品牌不同发展阶段地方政府的角色变化，认为在品牌初创期，地方政府应帮助农户形成品牌意识、扩大生产规模、开拓市场；在品牌成长期，地方政府应帮助农民增加产品的科技含量、提高产品品质；在品牌成熟期，地方政府的职能应调整为对品牌的管理和保护。

3. 农户标准化生产行为

农业标准化相较于工业标准化来说更为纷繁复杂，因为农业生产活动的流程和最终的产品并不像工业标准化生产一样能够利用机器实现精准的误差控制。农户是农业标准化生产的基础主体，农业标准化是农产品区域品牌发展的关键环节。

国外的农业标准化通常被称为"有机农业标准"，它着重强调对农产品进行统一标准认证和管理（Fetter and Caswell，2002），以及在农业生产活动中生产经营者行为对生态环境的积极影响和社会效益的共同实现（Allen and Kovach，2000）。Thilmany（2006）从美国政府的角度对农业标准化的发展路径进行研究，他认为美国农业部应该为农业标准化的发展提供更多市场信息。Johnston 和 Perry（2009）从消费者主体视角开展的研究认为，消费者对于农业标准化产品的消费行为会受到很多内部因素的影响。还有学者进一步提出，消费者对农业标准化产品有一定的消费需求，其通常对于农业标准化产品有着非常不错的印象（Luczka-Bakula and Smoluk，2010）。

　　国内学者对于农业标准化主体的研究主要侧重于政府在推进农业标准化过程中担当着重要角色，还有学者提出政府的政策干预对促进农业标准化的推广是非常有必要的（李增福，2007；于冷，2007）。章力建和朱立志（2011）从企业角度提出，农业龙头企业标准化是现代农业标准化的突破口，也是实施"清洁农业"和保护农产品产地环境的重要起点。燕艳华等（2020）从多主体角度进行分析，认为农业企业提升自身的标准化生产水平，可以帮助企业在发展的过程中获得更多政府支持，在此过程中还有助于企业发展成为优质的农产品企业品牌。

　　在对农户标准化生产行为采纳的影响因素与作用机理研究方面，早期一些国外学者就曾通过实证模型检验提出，农产品品牌、农产品贸易、农业合作社的发展以及农场规模的大小都对农户标准化生产行为采纳有直接的影响（Henson and Holt，2000；Turner et al.，2000；Henson and Reardon，2005）。Prabodh 和 Chennat（2003）还曾结合经济、社会条件对农户标准化生产行为采纳进行影响因素分析。Toma 和 Mathijs（2007）则在此研究基础上指出，除了经济因素外，农户的社会意识也会对其生产行为产生重要影响；他们还明确提出，农户的生产行为决策会受到政策、感知风险、伦理规范和价值倾向的影响。Ana 等（2021）的研究则进一步指出，标准化是农业可持续发展的一项界定原则，通过标准化可以将"可持续农业"的概念付诸实践。

　　娄旭海等（2007）以河南省农户为例，发现农户标准化生产行为意愿会受到家庭与生产特征、对行为的认知和组织形式的影响，同年，娄旭海与王芳等的合作研究又进一步提出，政府对标准化生产的支持力度是影响农户标准化生产行为的关键因素，而标准化农产品能否畅销和农户个人的行为方式等也是影响农户标准化生产行为的显著变量。张宝利和刘薇（2010）则认为阻碍农户标准化生产行为采纳的最大因素是农户生产规模过小。陈昌洪（2013）基于四川农户低碳农业标准化生产行为的调查研究显示，农户收入、培训与否、产品价格高低和政府支持与否等因素对农户行为有显著影响。王力和毛慧（2014）以新疆棉农为例指出，生产面积、生产数量和生产品种以及培训次数、产品价格均会对农户标准化生产行为产生重要影响。马兴栋和霍学喜（2018）在研究中构建了小农户标准化生产行为研究模型，再次明确生产面积、生产品种、标准化农产品价值等是影响小农户标准化生产行为的主要因素。王欢等（2019）基于解构计划行为理论的研究发现，养殖户的参与态度、主观规范和感知行为控制能显著提升他们参与标准化养殖场建设的意愿。樊慧丽和付文阁（2020）运用实证分析法梳理了影响小农户质量控制行为的因素，发现农户的认知水平是影响其质量控制意愿及行为的显著性因素。

4. 社会认同理论

国内外学者对于社会认同的研究范围较广，有利用社会认同理论对企业、社会适应、特殊群体等方面展开研究的，还有利用社会认同理论从经济层面对个体行为进行阐释的（Davis，2006）。社会认同理论在个体经济行为偏好研究中有重要的作用，经济环境中的社会认同会促使个体做出有利于整个群体的行为决策，而不会选择个人利益最优的方案（Klor and Shayo，2009），并且社会认同也可能影响个人的经济偏好（Benjamin et al.，2010）。

认同感是一种自我概念，指的是个体通过界定其所属社会类别，以发现自己与其他成员相似而有别于非成员的特征（Willer et al.，1989）。Mael 和 Ashforth（1992）的研究认为，个体把自己归类于某一组织中，是因为个体对该组织有一种认知隶属感。Algesheimer 等（2005）将虚拟品牌社区认同定义为社区成员认同社区中的标准、习俗、宗旨并且具有扩展品牌社区的意愿。农业生产者对乡村社区的认同感同样是影响其行为的重要因素（吴理财，2011；郭清卉，2020）。刘慧（2016）的研究表明，利益是推动农业生产者社区参与的核心动力，而农业生产者的社区认同也是促使其积极参与社区建设和维护社区利益的重要因素（谢治菊，2012）。有学者在研究中指出，参与是行为的根本动力（袁方，2010；郭清卉，2020）。张颖举和吴一平（2015）在肯定以上研究结论的基础上提出，农业生产者的社区参与是其对该社区的认同度和满意度的反映。

区域品牌认同是"社区认同"概念的延伸，是品牌社区内成员对品牌和群体所产生的认同情感，成员参与虚拟区域品牌建设也是因其对社区某些因素的认同。Carlson 等（2007）在研究虚拟区域品牌时，将影响个人意识的品牌社区认同分为个体对品牌的认同和个体对区域品牌内其他参与主体的认同。陈晓昀（2021）在 Carlson 等对虚拟区域品牌的研究基础上，继续深入探究个体的社区认同对品牌社区承诺的影响。还有一些学者在研究区域品牌认同对品牌忠诚的影响时，也沿用了品牌认同与群体认同这两个划分维度（刘新、杨伟文，2012；崔婷，2016）。所以说，农户可能会因为个人兴趣和情感选用某一农产品区域品牌，也可能是受其社会关系的影响而选用这一区域品牌。

品牌认同被定义为个体对品牌的一种归属感或附属感。品牌认同的高低评判可以通过个体对品牌采选的意愿来确定（Lastovicka and Gardner，1978）。而后有学者提出，品牌认同也可细分为个体品牌认同和社会品牌认同，品牌的个体认同指的是个体所认知的品牌形象与个体的性格、价值观念和生产方式等的相似水平，品牌的社会认同是指品牌所代表的社会地位和团体受到尊重的程度（Río et al.，2001；Sadeghi and Rad，2012）。农产品区域品牌认同是指农户对所处区域内农产品品牌的归属情感以及对产品品质的自信与认同。

群体认同与组织认同的含义是相通的，因为两者本身都是建立在社会认同理论的基础之上，并且群体认同的概念还是由组织认同的概念发展而来。狭义的"组织认同"概念被界定为：一个组织必须具备特有的关键核心特征，而且这些特征必须拥有跨时间的持久性（Whetten，2006）。还有部分学者提出组织认同是社会认同感的一种特殊呈现方式，也就是说，在社会认同感的驱动下，个体会把自己划分为某种特殊社会群体中的一员，其会逐渐了解和融入这种特殊群体以及保持与这种特殊群体的同一感知（Ashforth and Mael，1989；贺爱忠、李雪，2015）。Gutsche 等（2005）则认为群体认同应包含认知和情感的要素，而且群体认同应该是群体成员同意群体间的规范、认同群体中的传统习惯，群体会拥有共同的目标以及推广品牌社区的意愿。

5. 文献评述

结合目前社会认同理论的研究基础与我国农业品牌化发展的现实情境，农产品区域品牌作为一个社区共同体，具有利益共享、风险共担的特性，优质的农产品区域品牌可以给区域内相关生产者带来更高的品牌效益与溢价。但是，区域品牌的良好有序发展，需要区域内生产者的共同参与，而农业标准化就是其参与区域品牌建设的一个有效且必要的途径。因此，一方面，农户会在品牌福利的激励下对当地的农产品区域品牌产生认同情感；另一方面，农户自身的社区归属感也会提升其对区域品牌的认同。农户的区域品牌认同可能会促使其放弃个人利润最大化的决策，转而选择有利于群体整体利益的行为，从而有效减少区域内"搭便车"现象的产生。此外，相较于政府介入的强制性管制，农户基于自身对区域品牌的认同而产生的行为意愿，对促进其采纳标准化生产行为或许更为有效。所以，在当前农产品区域品牌快速发展的情境下，农户对区域品牌的认同与农户的标准化生产行为是密切相关的。

（二）研究设计

本课题组于 2019—2020 年前后三次对大埔县的蜜柚种植基地进行实地调研，考察大埔现代化种植基地和加工流通全产业链，了解大埔相关产品国内外市场销售和区域品牌建设情况，最终形成了两份调查问卷。一份是对大埔县本地农户进行品牌认知度和标准化生产行为调查，通过对问卷数据进行整理分析，了解农户对于大埔蜜柚农产品区域品牌的认知程度和参与蜜柚农产品区域品牌建设的意愿。另一份是以大埔县蜜柚企业组织为调查对象，在大埔县各镇全面开展调查。被调查企业类型主要有生产企业、加工企业、运输企业、销售企业四种。被调查者主要为企业负责人、研发（或技术）负责人、生产负责人等。调查范围为大埔县内各工业园区以及非工业园区的行业企业，包括大中小微型各类企业。

本课题组通过对案例企业的调研问卷分析和案例农户对标准化生产行为的参与意愿研究，获得区域品牌和产品品牌建设所存在问题的基本情况和丰富翔实的数据资料，结合品牌建设和品牌联合理论，探讨农产品区域品牌发展模式，找出区域品牌引领乡村振兴之路。

三、广东梅州大埔蜜柚案例概况

（一）大埔蜜柚概况

大埔县位于广东省东北部，地处北纬 24°01′—24°41′、东经 116°18′—116°56′。地域面积 2 467 平方千米，山地面积 298 万亩，耕地面积 24.76 万亩，是典型"九山半水半分田"的山区县。年均气温 22.1℃，年均降水量 1 750.3 毫米，主要降水时间集中在 4—9 月，光照时间长，年平均日照时数为 1 692.3 小时，良好的光照条件有利于柚子成熟期养分的积累，10—11 月昼夜温差 10 ℃左右，有利于柚子着色和糖分转化。大埔县地处富硒地带，土壤硒平均含量达 0.7 毫克/千克，比国家标准高出 75%，具有得天独厚的发展富硒水果产业的自然条件。大埔县是广东省乃至全国最适宜发展蜜柚产业的区域之一。

大埔县拥有 2 个国家 AAAA 级旅游景区、7 个国家 AAA 级旅游景区和自然保护区，保护面积 57.33 万亩；森林覆盖率 79.88%，居梅州市第一。大埔县拥有"中国十大文化休闲基地"、"中国特色旅游休闲度假胜地"、"全国休闲农业与乡村旅游示范县"、"中国最美的小城"十佳、"中国绿色生态蜜柚示范县"、"中国最美丽县"、"国家重点生态功能区"、"最美中国旅游县"、"中国长寿之乡"、"世界长寿之乡"、广东省首个"中央苏区县"、红色文化教育基地等众多荣誉，为大埔蜜柚产业发展和区域一体化发展提供了生态环境和文化支撑。蜜柚是广东省农业现代化"十三五"规划确定的十大优势特色产业之一。大埔蜜柚作为国家地理标志产品，是大埔县重点优势特色资源，具有极高的区域品牌价值，更是推动大埔农业高质量发展和乡村振兴的主导产业。大埔县在 2019 年成功入选广东省特色农产品优势区。

可见，得天独厚的发展条件和巨大的市场需求使大埔发展柚果产业具有广阔的市场前景；选育有地方特色的优良品种可以打造大埔蜜柚知名品牌；有利的生态环境可以建立蜜柚良种苗木繁育基地，积极发展生态果园，实行无公害栽培，提升柚果的品质。但是，必须克服现存的一些不足。例如，柚果生产的标准化程度不够，柚果品质良莠不齐，品牌影响力不强；采后商品化处理和加工严重滞后，柚果深加工、精加工企业少，未能形成产业链一体化规模；产品种类少，产业融合能力弱，无病毒良种苗木繁育体系不完善，延伸配套设施建设不健全；营销体系与品牌建设滞后等。由此可见，大埔蜜柚产业发展的中心思想和战略布局是：依据"5G＋农业大数据"平台可以构建大埔蜜柚产业大脑，包括大数据中心、电商平台、智慧展厅、智能控制中心的配套建设；通过科技和品牌的双轮驱动，可以带动大埔蜜柚产业和市场的协同发展；立足蜜柚全产业链，可以设立标准化种植示范区、精品加工样板区和仓储物流发展区，实现三区协同的全产业链发展融合；通过独特的苏区文化、客家文化、生态文化、农耕文化、健康文化共同承载的发展环境，突出文化使命，促进经济、社会、环境与文化的协调发展。综合运用大数据、卫星遥感、5G 等现代化信息技术，建立全产业链数据采集监测体系，服务蜜柚生产、加工、物流、市场、监管等全链条的产销管理，实现精准农业。

1. 产业规模

大埔蜜柚产业自 1985 年起开始向规模化发展，截至 2020 年，全县蜜柚种植面积达 21.9 万亩，占全县水果总面积 80％以上，总产量约 32.4 万吨。大埔县已发展成为广东省蜜柚种植第一大县、全国红肉蜜柚种植第一大县。大埔县以种植红肉蜜柚品种为主，兼有白肉品种和少量黄肉品种。在 21.9 万亩蜜柚种植面积中，红肉蜜柚达 12.7 万亩。红肉蜜柚相比其他柚类品种具有成熟早、产量高、品种好的特性。

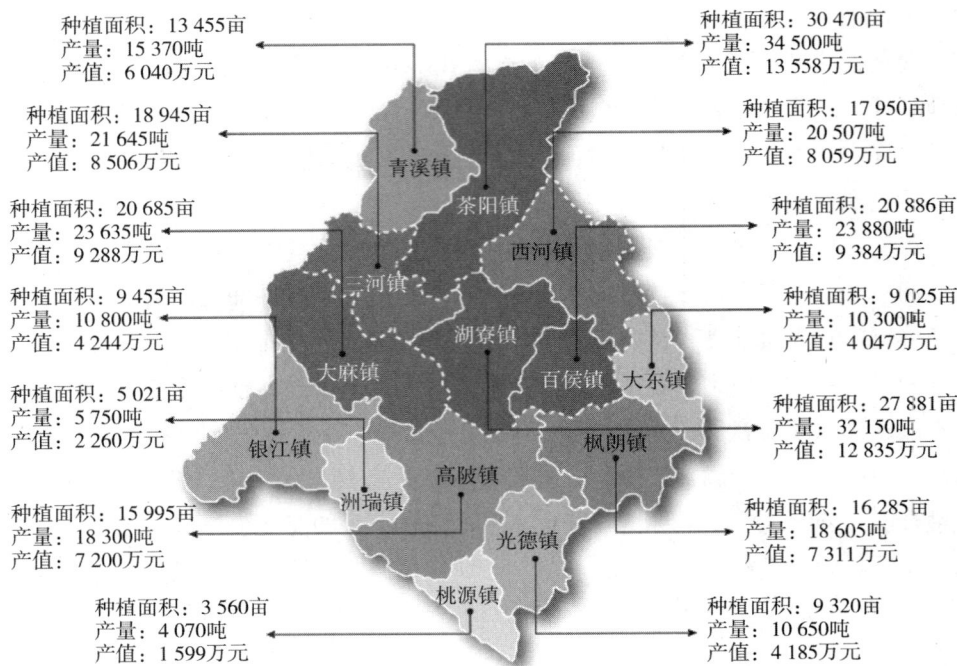

种植面积：13 455亩
产量：15 370吨
产值：6 040万元

种植面积：30 470亩
产量：34 500吨
产值：13 558万元

种植面积：18 945亩
产量：21 645吨
产值：8 506万元

种植面积：17 950亩
产量：20 507吨
产值：8 059万元

种植面积：20 685亩
产量：23 635吨
产值：9 288万元

种植面积：20 886亩
产量：23 880吨
产值：9 384万元

种植面积：9 455亩
产量：10 800吨
产值：4 244万元

种植面积：9 025亩
产量：10 300吨
产值：4 047万元

种植面积：5 021亩
产量：5 750吨
产值：2 260万元

种植面积：27 881亩
产量：32 150吨
产值：12 835万元

种植面积：15 995亩
产量：18 300吨
产值：7 200万元

种植面积：16 285亩
产量：18 605吨
产值：7 311万元

种植面积：3 560亩
产量：4 070吨
产值：1 599万元

种植面积：9 320亩
产量：10 650吨
产值：4 185万元

青溪镇　茶阳镇　西河镇　三河镇　湖寮镇　大麻镇　百侯镇　大东镇　银江镇　枫朗镇　洲瑞镇　高陂镇　光德镇　桃源镇

图 1　2017 年大埔县蜜柚种植情况

资料来源：《大埔省级蜜柚现代农业产业园建设规划（2018—2020 年）》。

2. 产业组织

　　大埔县蜜柚经营主体呈多元化、规模化发展趋势。2019 年，全县有蜜柚龙头企业 79 家，其中省级 16 家、市级 32 家、县级 31 家；蜜柚农民专业合作社 320 个，其中省级以上示范社 10 个；家庭农场 98 个。全县 20 亩以上的种植基地有 1 025 个，百亩以上的种植基地有 106 个，千亩以上的种植基地有 12 个，万亩以上的种植基地有 3 个，规模化种植面积约占全县蜜柚种植面积的 62%，大埔蜜柚产业带动蜜柚种植农户 6.64 万户；全县有蜜柚精深加工厂 3 家、初加工厂 27 家，生产车间 6 万多平方米，可承担 15 万吨蜜柚的初加工任务（见表 1）。

表 1　2019 年大埔县主要蜜柚产业组织

蜜柚产业组织	分类	数量
龙头企业	省级	16 家
	市级	32 家
	县级	31 家

（续上表）

蜜柚产业组织	分类	数量
农民专业合作社	省级以上示范社	10 个
	其他	310 个
家庭农场	家庭农场	98 个
种植基地	万亩以上	3 个
	千亩以上	12 个
	百亩以上	106 个
	20 亩以上	1 025 个
加工厂	精深加工	3 家
	初加工	27 家

资料来源：根据大埔县农业农村局调研数据整理。

3. 产业结构

一是生产加工销售企业。企业是大埔蜜柚产业链的重要组织形式，从品种繁育、农资供应、种植、加工到销售环节主要有 7 家龙头企业，分别为大埔县现代农业发展有限公司、广东顺兴种养股份有限公司、大埔县通美实业有限公司、梅州万川千红农业发展有限公司、梅州市新天泽农业发展有限公司、大埔县兴瑞现代农业发展有限公司以及广东华农互联农业科技有限公司（见表 2）。

表 2　大埔蜜柚产业发展主要龙头企业

企业名称	产业链环节	社会认定
大埔县现代农业发展有限公司	品种繁育	—
广东顺兴种养股份有限公司	农资、种植、加工、销售	通过广东首家柚类全球良好农业规范"GLOBALGAP"认证、ISO 9001：2000 质量管理体系认证、广东省重点农业龙头企业、广东现代产业 500 强（农业 100 强）、广东省蜜柚综合标准示范基地、广东省农产品出口示范基地、广东省柑橘黄龙病综合防控示范点、富硒农业生产基地、广东省现代农业示范园区等
大埔县通美实业有限公司	种植、精深加工、销售	广东省重点农业龙头企业等

（续上表）

企业名称	产业链环节	社会认定
梅州万川千红农业发展有限公司	种植、加工、销售	广东省重点农业龙头企业
梅州市新天泽农业发展有限公司	种植、收购、初加工、销售	梅州市重点农业龙头企业
大埔县兴瑞现代农业发展有限公司	种植	全国绿色食品原料（大埔蜜柚）标准化生产基地、广东省无公害农产品基地、富硒农业生产基地、梅州市重点农业龙头企业、大埔县重点农业龙头企业等
广东华农互联农业科技有限公司	生产、销售	梅州市重点农业龙头企业、广东省重点农业龙头企业、广东省菜篮子工程蔬菜基地、华南农业大学新农村发展研究院特色产业示范基地

二是物流企业。大埔县农产品 2019 年仓储能力达 15 万吨，冷库库容达 3 万吨，有冷链车 8 部。县内有冷链物流配送企业两家：大埔供销宏森农产品有限公司主要针对"农超对接"业务；广东顺兴种养股份有限公司正在建设大埔蜜柚深加工冷链物流配送系统，主要针对大埔蜜柚的深加工和冷链配送。

三是科技服务。主要包括：①农技推广。大埔县 2015 年被定为"梅州市农业服务社会化试点县"，设有农业科学技术研究所、果树研究所、农业技术推广中心、病虫害测报站、农产品质量检验检测监督站、畜牧水产技术推广中心、农村技术推广中心和 14 个镇级农技推广站，具有优质种苗供应、先进农资供应、农机使用、仓储物流、社会化服务等市场化经营科技服务基础。拥有广东顺兴公司蜜柚修剪技术服务队、兴瑞公司机耕服务队等几十家农业社会化服务队，覆盖产前、产中、产后全产业链，具备为蜜柚种植户提供果园基础设施建设、疫病防控、喷药施肥、果树修剪、蜜柚采摘仓储、技术指导等方面农技服务的能力。②品种改良。大埔县农科针对脱毒育苗和蜜柚黄龙病防治，形成了良种繁育与病虫害防治体系，2015 年开始落实柑橘无病毒育苗大棚建设，截至 2019 年，已建设柑橘无病毒育苗大棚 10 亩，每年可培育无病毒蜜柚苗 10 万株，现代农业产业园内蜜柚良种覆盖率达 99.5%。③科研合作。2017 年，大埔县人民政府与广东省农业科学院签订全面战略合作框架协议，先后又与梅州市农业科学院、华南农业大学签订了技术合作协议，在人才培养、共建现代农业特色产业基地、科技研发等多方面展开合作。另外，大埔县多家龙头企业也与国内先进科研单位建立了长期合作关系，具体合作情况见表3。

表3　大埔县政府/部分企业科研合作情况一览表

大埔县政府机构/企业	合作单位
大埔县通美实业有限公司	中国农业科学院柑橘研究所
大埔县人民政府	华南农业大学、广东省农业科学院
大埔县农业综合办公室	梅州市农业科学院
广东顺兴种养股份有限公司	广东省农业科学院
万川千红农业发展有限公司	梅州市农业科学研究院果树所
大埔县兴瑞现代农业发展有限公司	大埔县农业技术推广中心
梅州市新天泽农业发展有限公司	大埔县农业技术推广中心

　　四是质量认证。主要包括：①环境保护认证。2012年，大埔县获得"中国绿色生态蜜柚示范县"荣誉称号。2016年，大埔县成功创建"全国绿色食品原料（10万亩大埔蜜柚）标准化生产基地"和"省级出口蜜柚质量安全示范区"，成为梅州首个省级出口食品农产品质量安全示范区。2018年，大埔蜜柚现代产业园产品达到绿色食品标准的占比为95%以上，无公害农产品占比为99.9%以上。通过政府引导和龙头企业带动，蜜柚种植户逐步采用规范化栽培手段，施用有机肥、使用套袋、安装太阳能杀虫灯等无公害栽培技术得到大面积推广。蜜柚产业园通过"公司＋农户或合作社＋基地＋社员"生产模式，遵守统一使用标准农药、统一标准化生产、统一品牌、统一收购出口"四个统一"的标准化种植规范。②信息可追溯认证。应大埔县政府要求，12家食用农产品生产主体信息全部录入广东省农产品质量安全追溯平台，实现了二维码追溯率达到100%。主要措施有：加强组织领导，由县林业局和农业农村局总体负责，各镇（厂）和街道办监督落实，企业、农民专业合作社、家庭农场等实施主体建立农产品产业链全过程信息追溯系统，保证系统及时更新与维护；将农产品质量安全追溯体系建设与各级评优评先挂钩；资金补贴做到专款专用。

表4   2018年大埔县优质认证分布

	基地数量/个	面积/公顷	大埔优质蜜柚面积占比	大埔优质蜜柚产量占比	全国优质鲜果产量占比
无公害认证	4	388.67	2.7%	3.5%	—
绿色认证	5	—	—	2.6%	5.7%
有机认证	9	74	0.5%	1.8%	0.04%

表5   2017年大埔县安全与优质生产建设行动

稻果菜茶农业	分类	数量
农药化肥使用	农药使用量	60.49吨
	农药利用率	37.4%
	有机肥施用量	6万吨
生产面积	绿色防控面积	7.3万亩
	专业化统防统治面积	31.9万亩
	有机肥施用面积	12万亩
机械使用	高效植保机械	112台
服务组织	病虫防治专业服务组织	85个
	有机肥替代化肥行动专业服务组织	1个
示范区建设	绿色防控示范区	5个
	统防统治防控示范点	5个
有机肥替代化肥行动开展宣传培训	场次	15场
	人次	2 500人
	制作宣传栏	9期
	发放宣传资料	3 000份
投入资金	政府、企业、农户合计	4 800万元

　　五是市场营销。为改善大埔县蜜柚产业链销售环节市场话语权较弱的现状，大埔县政府和蜜柚企业从实体、出口和电商网络三个销售渠道进行了营销方式创新：①实体销售。大埔县委、县政府出台一系列优惠措施，搭建推介平台，鼓励农业龙头企业参加国内外各种农博会和展销会拉订单，并在北京、哈尔滨、上海

以及广东珠三角等 20 多个城市设立了柚果直销点。为实行"农超对接",在家乐福、百佳等大型超市和连锁店建立销售网点,依托"大客汇·乡城品"平台,在大埔县 50 多个村镇设立了 100 个加盟店,目前已全部升级改造成为线下便民服务点、提货点和农产品上行推广点。2019 年,梅州组织了 86 家农业龙头企业参与展销活动,并邀请中央电视台、广东卫视等媒体积极推介特色美食、农副产品及乡村旅游项目,推动消费扶贫提质增效。②出口销售。自 2007 年起,大埔蜜柚直接出口欧盟,标志着大埔县蜜柚销售走上国际舞台。截至 2017 年,大埔蜜柚产品出口德国、荷兰、法国等欧盟国家以及俄罗斯、加拿大、中东等十几个国家和地区,全县蜜柚加工包装自主出口 9 000 多吨,占梅州柚类产品出口总额的近 70%。2017 年,大埔县被认定为"广东省出口食品农产品质量安全示范区"和"广东省农产品出口示范基地"。2020 年,大埔蜜柚获得欧盟认证,欧美、东南亚、中东等国家和地区的出口量有望逐渐增长。③电商网络销售。大埔县于2015 年获评"全国供销电子商务示范县"。2017 年,以"健康产业、地标品牌、农村电商、融合发展"为主题的大埔县农村电商峰会开幕日当天,订购签约金额达 2 亿多元。大埔电子商务产业园已培养了客都供销商城、客品汇、瑞格商城等电商平台,建设了小微企业孵化器,进驻本地电商企业 10 多家。大埔正着力建设以"一个中心、三大体系"(电子商务公共服务中心、农村电商物流体系、农产品供应链体系、农村电子商务培训体系)为架构的大埔县农村电商综合服务体系。2019 年,电子商务公共服务中心正式投入运营。245 个行政村共建立 182 个电子商务服务和物流配送点,网点覆盖率达 74.2%,其中 57 个省定贫困村实现100% 覆盖。截至 2020 年 3 月,电子商务服务点帮村民代购商品 2.7 万件,金额158.12 万元;代销农产品 0.62 万件,金额 80.74 万元。

(二)大埔蜜柚品牌建设的优势

国家级粤港澳大湾区发展规划的建立对广东的农产品区域品牌建设产生了重要影响,强化了广东作为供港、供澳重要农产品生产和流通的枢纽和桥梁作用。通过粤港澳大湾区菜篮子工程的成功建设和运营,传统的粤港之间农产品供给需求标准和保障体系已经扩展到全国大部分地区和国际市场,广东正在融入消费潜能巨大的世界级城市群。

第一,广东是港澳地区鲜活农产品和食品的主要生产和供应基地。香港市场中的内地供应食品 70% 来自广东。仅蔬菜一项,每天就有 1 600 吨、100 多个品种经检验检疫后送到香港,港猪禽及水产品三分之一由广东供应。粤港两地市场的联系十分紧密。

第二，在供港农产品流通中，广东承担了供港农产品最主要的检验检疫任务。显然，广东供港农产品的数量和质量安全，对于确保香港地区的繁荣稳定极为重要。2016 年，全年供港蔬菜 50 806 车、474 600 吨，鲜活产品 221.9 万吨，总值 54 亿美元，约占香港市场的 50%，每天约 152 车、1 400 吨蔬菜从内地运往香港；澳门日蔬菜需求量 160 吨左右，大部分来自广东、宁夏、湖南及山东等地。

绝无仅有的区域大环境对广东省农产品提出了更高的质量标准和品牌形象要求。具体如何通过大埔蜜柚的区域品牌建设，提升优质农产品品牌质量和形象，满足日益壮大、不断升级的消费市场需求，引领乡村产业兴旺，实现乡村振兴，确实值得深入调查研究，认真分析总结经验，探讨科学可行的运作模式。

四、案例调研数据分析之一：基于农户问卷

（一）描述性统计分析

针对广东省梅州市大埔县蜜柚种植户发放问卷 350 份，其中回收有效问卷数量为 312 份。本研究样本基本特征的描述性统计分析见表 6。

本次参与调研的农户具有以下特征：受访农户以男性（66%）、29～49 岁的中青年人为主（52%），已婚农户占受访总数的绝大部分（87%），家庭人口规模以 5 人及以上的大家庭结构为主（63%），家庭月收入在各个层面均有分布；受访农户的文化程度基本处于初中及以上水平，其中以大学（大专）及以上文化水平的农户最多（39%），这是蜜柚种植户与一般农户最大的区别；受访农户有超过一半曾经接受过蜜柚的标准化生产技术培训（55%），绝大多数受访农户愿意使用大埔蜜柚区域品牌（86%）。此外，蜜柚为多年生经济作物，从事蜜柚种植的农户专业化程度一般较高，在本次调研中有 78% 的农户种植蜜柚的时间达到了 2 年以上，其中有 33% 的农户种植蜜柚的时间达到了 10 年以上，符合蜜柚种植特点。

本研究共有 12 个变量、35 个题项，从表 7 变量指标和表 8 描述性统计可以看出，各观测变量的均值基本接近中间值 3，标准差接近 0.9，偏度绝对值小于 3，峰度绝对值小于 10，数据服从正态分布。

表6　样本基本特征

特征	分类	人数/人	比例
性别	男	206	66%
	女	106	34%
年龄	28 岁及以下	42	13%
	29～49 岁	163	52%
	50～65 岁	102	33%
	66 岁及以上	5	2%
婚姻	已婚	271	87%
	未婚	41	13%
家庭人口规模	1 人	0	0%
	2 人	7	2%
	3 人	35	11%
	4 人	73	23%
	5 人及以上	197	63%
家庭月收入	4 000 元以下	87	28%
	4 000～8 000 元	120	38%
	8 001～12 000 元	57	18%
	12 000 元以上	48	15%
文化程度	未上过学	4	1%
	小学	8	3%
	初中	84	27%
	高中（中专）	95	30%
	大学（大专）及以上	121	39%
生产时间	2 年以下	70	22%
	2～5 年	52	17%
	6～10 年	86	28%
	10 年以上	104	33%
接受技术培训	是	172	55%
	否	140	45%
品牌使用	是	267	86%
	否	45	14%

表 7 变量选取与量表设计

变量层次	变量名称	编号	评价指标
前置变量	感知有用性（PU）	PU1	标准化可能会提高蜜柚的质量安全水平
		PU2	标准化可能会获得更高的种植收入
		PU3	标准化可能对生态环境是有利的
	感知易用性（PE）	PE1	学习标准化知识是比较简单的
		PE2	通过培训能容易掌握标准化生产的重点
	上级影响（SI）	SI1	政府部门认为您应该标准化生产
		SI2	收购企业认为您应该标准化生产
	同伴影响（CI）	CI1	亲朋好友认为您应该标准化生产
		CI2	其他种植户认为您应该标准化生产
	便利性（FC）	FC1	标准化生产过程中可以得到专业技术人员的帮助
		FC2	标准化生产过程中很少遇到技术上的困难
		FC3	您可以承担标准化生产的成本
		FC4	您可以承担标准化生产的时间和精力
	自我效能（SE）	SE1	您可以享受到标准化项目的优惠政策
		SE2	进行标准化生产对您来说是很轻松的
中间变量	行为态度（BA）	BA1	以后大家可能都会使用标准化生产
		BA2	标准化生产是个不错的选择
	主观规范（SN）	SN1	周围的人认为您应该标准化生产
		SN2	对您重要的人认为您应该标准化生产
	感知行为控制（PBC）	PBC1	您现在的种植方式与标准化生产相差不大
		PBC2	您有能力做到标准化生产
	区域品牌认同（BI&GI）	BI1	如果有新闻媒体报道批评大埔蜜柚的品质不好，您会感到很不开心
		BI2	如果听到有人批评大埔蜜柚的品质不好，您会感到很不开心
		BI3	当您提到大埔蜜柚时，一般会说"我们的蜜柚"，而不会说"他们的蜜柚"
		GI1	您很认同当地培训的大埔蜜柚生产规范
		GI2	您与大埔的其他居民相处得很融洽
		GI3	您对大埔有一种归属感，要是搬离大埔的话，您会很舍不得

（续上表）

变量层次	变量名称	编号	评价指标
结果变量	行为意愿（SW）	SW1	您会继续关注标准化生产的相关信息
		SW2	如果条件成熟，您会考虑标准化生产
		SW3	您会推荐亲朋好友进行标准化生产
	行为决定（SB）	SB1	您会定期修剪柚子树
		SB2	您会较多地施用有机肥、农家肥
		SB3	您使用农药的间隔时间足够长，并且在采摘柚子前一个月左右不会再使用农药
		SB4	您会使用蜜柚专用纸袋对柚子进行套袋
		SB5	您在采收柚子时不会拉扯柚子

表8　均值和标准差

测量指标	样本数量	最小值	最大值	均值	标准差	偏度		峰度	
						统计	标准误差	统计	标准误差
PU1	312	1	5	4.41	0.952	-1.947	0.138	3.710	0.275
PU2	312	1	5	4.13	1.132	-1.138	0.138	0.230	0.275
PU3	312	1	5	4.46	0.840	-1.719	0.138	3.026	0.275
PE1	312	1	5	3.88	1.142	-0.881	0.138	0.043	0.275
PE2	312	1	5	4.17	0.962	-1.239	0.138	1.416	0.275
BA1	312	1	5	4.15	1.017	-1.228	0.138	1.076	0.275
BA2	312	1	5	4.34	0.924	-1.529	0.138	2.176	0.275
FC1	312	1	5	4.06	1.083	-1.138	0.138	0.670	0.275
FC2	312	1	5	3.75	1.082	-0.677	0.138	-0.102	0.275
FC3	312	1	5	3.72	1.158	-0.667	0.138	-0.342	0.275
FC4	312	1	5	3.87	1.099	-0.761	0.138	-0.202	0.275
SE1	312	1	5	3.64	1.342	-0.642	0.138	-0.841	0.275
SE2	312	1	5	3.71	1.120	-0.601	0.138	-0.349	0.275
PBC1	312	1	5	3.72	1.064	-0.671	0.138	0.031	0.275
PBC2	312	1	5	4.03	0.940	-0.923	0.138	0.806	0.275
SI1	312	1	5	4.12	1.073	-1.160	0.138	0.708	0.275
SI2	312	1	5	4.14	0.976	-1.044	0.138	0.545	0.275

（续上表）

测量 指标	样本 数量	最小值	最大值	均值	标准差	偏度		峰度	
						统计	标准 误差	统计	标准 误差
CI1	312	1	5	3.95	1.103	-0.976	0.138	0.339	0.275
CI2	312	1	5	3.91	1.028	-0.773	0.138	0.136	0.275
SN1	312	1	5	3.98	1.047	-0.937	0.138	0.437	0.275
SN2	312	1	5	4.04	1.084	-1.020	0.138	0.309	0.275
SW1	312	1	5	4.22	0.988	-1.361	0.138	1.508	0.275
SW2	312	1	5	4.27	0.961	-1.497	0.138	2.092	0.275
SW3	312	1	5	4.14	1.098	-1.302	0.138	1.045	0.275
SB1	312	1	5	4.34	0.976	-1.776	0.138	3.138	0.275
SB2	312	1	5	4.40	0.899	-1.663	0.138	2.593	0.275
SB3	312	1	5	4.48	0.889	-1.949	0.138	3.732	0.275
SB4	312	1	5	4.53	0.821	-2.080	0.138	4.759	0.275
SB5	312	1	5	4.33	0.920	-1.476	0.138	2.039	0.275
BI1	312	1	5	4.14	1.183	-1.431	0.138	1.176	0.275
BI2	312	1	5	4.15	1.140	-1.348	0.138	0.996	0.275
BI3	312	1	5	4.42	0.911	-1.744	0.138	2.885	0.275
GI1	312	1	5	4.12	1.135	-1.284	0.138	0.832	0.275
GI2	312	1	5	4.44	0.865	-1.901	0.138	3.963	0.275
GI3	312	1	5	4.39	0.962	-1.845	0.138	3.269	0.275

（二）信度与效度检验

从表 9 可见，本研究样本 12 个潜在变量的 KMO 测度值介于 0.500~0.876，基本满足要求，同时，Bartlett's 球状检验的 *Sig.* 值均小于 0.001，说明本研究样本数据适合于因子分析。

本研究使用 Smart PLS 3.0 软件对样本数据进行模型分析。从表 10 可见，本研究样本测度指标的因子载荷均大于 0.7，说明本研究测量题项的设置合理；Cronbach's α 系数值和复合信度 *CR* 值大部分接近或超过 0.8，说明本研究样本数据的测量题项具有较高的内在一致性,可靠性较高;所有潜在变量的平均抽取方差 AVE 值均大于 0.6,说明本研究所有潜在变量均通过了收敛效度检验,具有较好的收敛效度。

表 9   KMO 和 Bartlett's 球状检验

测量变量	KMO 测度值	近似卡方	df	Sig.
感知有用性	0.713	448.845	3	0.000
感知易用性	0.500	138.886	1	0.000
便利性	0.747	487.478	6	0.000
自我效能	0.500	76.520	1	0.000
上级影响	0.500	213.127	1	0.000
同伴影响	0.500	212.987	1	0.000
行为态度	0.500	172.558	1	0.000
主观规范	0.500	312.329	1	0.000
感知行为控制	0.500	118.521	1	0.000
行为意愿	0.750	541.697	3	0.000
行为决定	0.876	1 192.187	10	0.000
区域品牌认同	0.798	1 206.210	15	0.000

表 10   信度与效度

	测度指标	因子载荷	α	CR	AVE
上级影响	SI1	0.923	0.827	0.921	0.853
	SI2	0.924			
主观规范	SN1	0.947	0.887	0.947	0.899
	SN2	0.949			
便利性	FC1	0.729	0.816	0.880	0.647
	FC2	0.756			
	FC3	0.858			
	FC4	0.865			

（续上表）

	测度指标	因子载荷	α	CR	AVE
区域品牌认同	BI1	0.734	0.881	0.909	0.625
	BI2	0.778			
	BI3	0.837			
	GI1	0.821			
	GI2	0.808			
	GI3	0.760			
同伴影响	CI1	0.920	0.827	0.920	0.853
	CI2	0.926			
行为意愿	SW1	0.908	0.893	0.933	0.823
	SW2	0.911			
	SW3	0.902			
感知易用性	PE1	0.874	0.751	0.889	0.799
	PE2	0.914			
感知有用性	PU1	0.914	0.861	0.915	0.782
	PU2	0.858			
	PU3	0.881			
感知行为控制	PBC1	0.860	0.721	0.877	0.781
	PBC2	0.907			
自我效能	SE1	0.768	0.638	0.838	0.723
	SE2	0.925			
行为决定	SB1	0.874	0.925	0.944	0.771
	SB2	0.887			
	SB3	0.881			
	SB4	0.913			
	SB5	0.833			
行为态度	BA1	0.900	0.791	0.905	0.827
	BA2	0.918			

表 11　区别效度

	上级影响	主观规范	便利性	区域品牌认同	同伴影响	行为意愿	感知易用性	感知有用性	感知行为控制	自我效能	行为决定	行为态度
上级影响	0.923											
主观规范	0.715	0.948										
便利性	0.608	0.605	0.805									
区域品牌认同	0.629	0.554	0.498	0.791								
同伴影响	0.745	0.886	0.621	0.561	0.923							
行为意愿	0.714	0.709	0.595	0.726	0.716	0.907						
感知易用性	0.524	0.493	0.605	0.454	0.489	0.534	0.894					
感知有用性	0.671	0.59	0.566	0.647	0.629	0.744	0.654	0.884				
感知行为控制	0.535	0.553	0.657	0.383	0.551	0.515	0.529	0.482	0.884			
自我效能	0.528	0.572	0.753	0.372	0.562	0.491	0.558	0.445	0.676	0.85		
行为决定	0.594	0.57	0.474	0.728	0.585	0.793	0.481	0.67	0.45	0.351	0.878	
行为态度	0.694	0.635	0.635	0.618	0.675	0.736	0.679	0.81	0.535	0.505	0.683	0.909

　　从表 11 可见，对角线上 AVE 值的平方根均大于各相关系数，说明本研究潜在变量之间的区别效度良好。结合上述数据结果可知，本研究量表的信度与效度均通过检验，可进行下一步模型拟合。

（三）模型拟合度检验

根据对大埔蜜柚种植户标准化生产行为的研究假设与样本数据分析，构建了结构方程模型（SEM），并运用 Amos 22.0 软件对结构方程模型进行拟合，拟合度指数用于评价假设路径分析模型适合样本数据的程度。本研究选取 9 个指标进行拟合度检验，表 12 的结果显示，研究构建的结构方程模型（SEM）具有良好的拟合效果，模型通过稳健性检验。

表 12　结构方程模型拟合指标结果

拟合结果	CMIN/DF	AGFI	RMSEA	NFI	IFI	TLI	CFI	PNFI	PCFI
	2.004	0.806	0.057	0.903	0.949	0.936	0.948	0.728	0.765

（四）模型假设检验

图 2 和表 13 给出了农产品区域品牌下农户标准化生产行为的模型关系，从结构方程模型的路径系数和显著度可知，本研究的 10 条模型路径关系显著证明了本文理论模型的合理性。

解构计划行为理论的前置变量到行为态度、主观规范、感知行为控制三要素的路径全部显著，农户标准化生产的感知有用性（0.640）和感知易用性（0.260）都极为显著地对农户标准化生产行为态度产生正向影响，尤其是感知有用性对农户行为态度的影响最大；同伴影响（0.794）和上级影响（0.124）是农户主观规范的两个前置变量，两者对农户主观规范均有显著的正向影响，其中，同伴影响是农户主观规范的关键性影响因素，而上级影响对农户主观规范的影响力稍弱；自我效能（0.418）与便利性（0.342）是感知行为控制的前置变量，自我效能与便利性这两个前置变量都极为显著地正向影响着农户的感知行为控制，其中，自我效能对农户感知行为控制的影响力更大；在行为态度、主观规范、感知行为控制和新引入的区域品牌认同到农户标准化生产行为意愿四条路径中，行为态度（0.302）、主观规范（0.287）和区域品牌认同（0.358）均对农户标准化生产行为意愿有极为显著的正向影响，且区域品牌认同对农户标准化生产行为意愿的影响程度最大，而感知行为控制（0.057）虽然也对农户标准化生产行为意愿有正向影响，但是影响能力较弱；行为决定是本研究模型的结果变量，通过实证检验发现农户标准化生产行为意愿对其行为决策有极为显著的正向影响，该路径系数达到了 0.793，这说明农户在蜜柚的标准化生产中具有良好的行为转化能力。

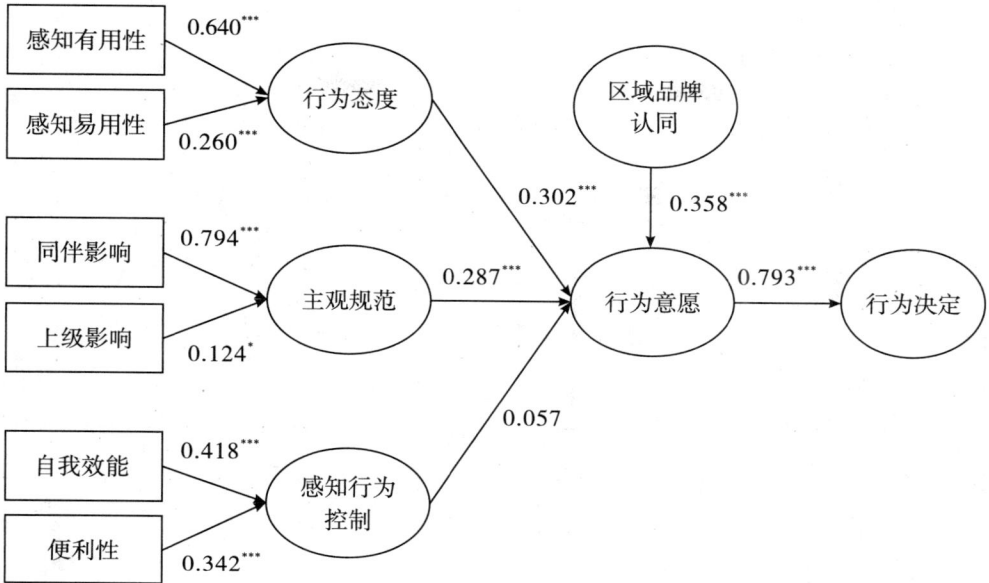

图 2　结构方程模型路径关系

注：＊表示 $P<0.05$，＊＊＊表示 $P<0.001$。

表 13　模型假设检验结果说明

假设	模型路径关系	路径系数	T 统计量	P 值	结果
H1	感知有用性→行为态度	0.640	14.168	0.000＊＊＊	接受
H2	感知易用性→行为态度	0.260	5.118	0.000＊＊＊	接受
H3	上级影响→主观规范	0.124	2.372	0.018＊	接受
H4	同伴影响→主观规范	0.794	17.089	0.000＊＊＊	接受
H5	自我效能→感知行为控制	0.418	5.394	0.000＊＊＊	接受
H6	便利性→感知行为控制	0.342	4.211	0.000＊＊＊	接受
H7	行为态度→行为意愿	0.302	7.212	0.000＊＊＊	接受
H8	主观规范→行为意愿	0.287	5.431	0.000＊＊＊	接受
H9	感知行为控制→行为意愿	0.057	0.889	0.375	不接受
H10	行为意愿→行为决定	0.793	24.660	0.000＊＊＊	接受
H11	区域品牌认同→行为意愿	0.358	7.201	0.000＊＊＊	接受

注：＊表示 $P<0.05$，＊＊＊表示 $P<0.001$。

（五）简要结论

1. 农户对标准化生产的态度显著影响其标准化种植行为

态度是影响农户标准化生产行为意愿的重要因素之一。在本研究中，农户的行为态度（BA）→行为意愿（SW）的标准化路径系数为0.302，表明农户的标准化生产行为态度对其标准化生产行为意愿有显著的正向影响，农户对于标准化生产持有的态度越积极，其标准化生产行为意愿就会越坚定。在行为信念维度下，感知有用性（PU）→行为态度（BA）的标准化路径系数为0.640，感知易用性（PE）→行为态度（BA）的标准化路径系数为0.260，两者的影响程度虽存在差异，但均与农户标准化生产行为态度存在显著的正向相关关系。其中，感知有用性路径系数达到0.640，说明农户非常在乎标准化生产的有用程度以及是否可以给他们带来正向收益。结合调研实际情况来看，农户普遍都会在意标准化生产对蜜柚品质、售价的影响以及希望标准化生产能够对当地的自然环境起到一定的保护作用。

2. 主观规范显著影响农户标准化种植行为

主观规范是指个体对于是否要从事某种特定行为所感受到的社会压力。在本研究中，农户的主观规范（SN）→行为意愿（SW）的标准化路径系数是0.287，表明农户的主观规范对其标准化生产行为意愿有显著的正向影响。这说明了农村社会村集体内的农户联系十分紧密，盛行的从众心理和"集体主义"特征导致农户标准化生产行为意愿会受到周围同伴群体的显著影响。

3. 自我效能收益判断显著影响农户标准化种植行为

在控制信念维度下，自我效能（SE）→感知行为控制（PBC）的标准化路径系数为0.418，便利性（FC）→感知行为控制（PBC）的标准化路径系数为0.342，说明自我效能对农户感知行为控制的影响更大。从调研实际情况来看，大埔县各乡镇大多设有农业技术推广站，农户在农业生产活动中所遇到的技术性问题均可通过联系站内工作人员解决。因此，他们普遍更为在意标准化生产蜜柚的成本高低、时间和精力的花费，这些资源条件的享有程度是影响农户感知行为控制的主要因素。

4. 区域品牌认同显著影响农户标准化种植行为

区域品牌认同（BI & GI）→农户标准化生产行为意愿（SW）的标准化路径

系数为 0.358，表明品牌认同对农户的区域品牌认同情感有重要影响，以及区域品牌认同对农户标准化生产行为意愿也有极为显著的正向影响。农户对当地农产品区域品牌的认同感越强烈，其采纳标准化生产的行为意愿就越高。此外，与上述行为态度、主观规范和感知行为控制相比，区域品牌认同对农户标准化生产行为意愿的正向影响最大。结合实际调研情况可知，虽然标准化生产蜜柚的成本相对来说更高，但是大埔农户更愿意在前期舍弃一定的个人利润，投入更高的成本对蜜柚进行标准化生产，以达到区域品牌利益最大化的目标。这是因为，农户对区域品牌的认同感会促使他们积极响应品牌所倡导的农业生产模式和新兴农业生产技术，他们愿意齐心协力规范约束自己的生产行为，共建声誉良好的农产品区域品牌社区。所以，当区域品牌提出优质、统一的农产品品质要求时，区域内的大多数农户都会自觉地改进生产技术、从事标准化生产行为。

五、案例调研数据分析之二：基于企业问卷

（一）企业案例调研基本情况

为了具体了解梅州市大埔县蜜柚企业对品牌建设的意愿和偏好，本课题组以大埔县蜜柚企业为对象，在大埔县各镇开展问卷调查。被调查企业类型主要有生产企业、加工企业、运输企业、销售企业四种。被调查者主要为企业负责人、研发（或技术）负责人、生产负责人以及蜜柚生产农户等。为确保此次调查既具普遍性又有广泛性和可信性，调查范围为大埔县内各工业园区以及非工业园区的行业企业，包括大中小微型各类企业。本次问卷调查为无记名式，共发放问卷100 份，回收有效问卷 97 份，有效回收率为 97%。

表 14　被调查企业概况

企业类型	生产企业	加工企业	运输企业	销售企业	多种混合生产企业
数量/家	75	3	2	5	12
比例	77.3%	3.1%	2.0%	5.2%	12.4%

（二）区域品牌合作建设意愿分析

企业认为蜜柚产业建立品牌合作的可能性是企业参与计划和实施开展蜜柚产业品牌合作的重要意愿参考因素之一，反映企业经营者对日后开展蜜柚产业品牌

合作趋势的评估和态度，影响企业参与蜜柚产业品牌合作的经费投入强度和成效，也可以体现该企业在建设区域公用品牌方面的意愿。根据问卷调查数据分析，绝大多数大埔蜜柚企业对建立蜜柚产业品牌合作的可能性持积极态度，大约66%的企业认为可能性较高；企业合作的信任度较高，同时，企业决策者也意识到企业败坏区域公用品牌会对整个产业联盟造成极大影响，但大部分企业并不担心其他企业的"搭便车"行为，在企业访谈过程中，部分龙头企业管理者甚至表示欢迎其他企业"搭便车"，因为从好的方面来看这有利于品牌做大做强。

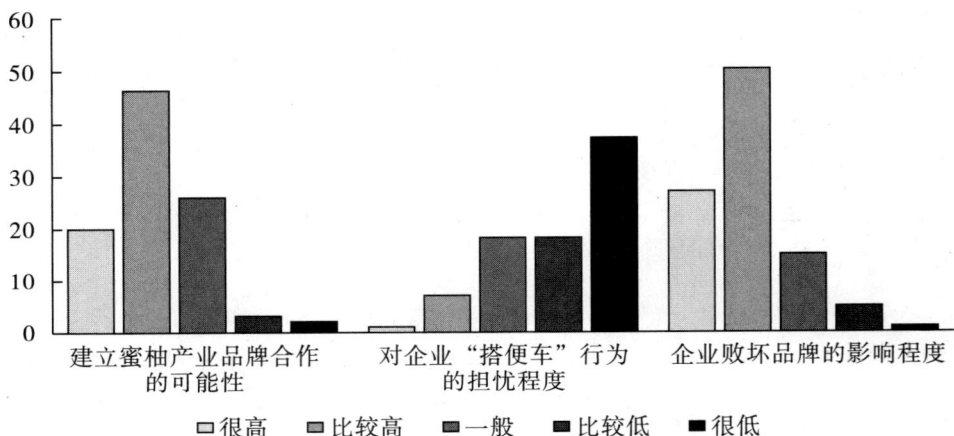

图 3　企业品牌建设意愿

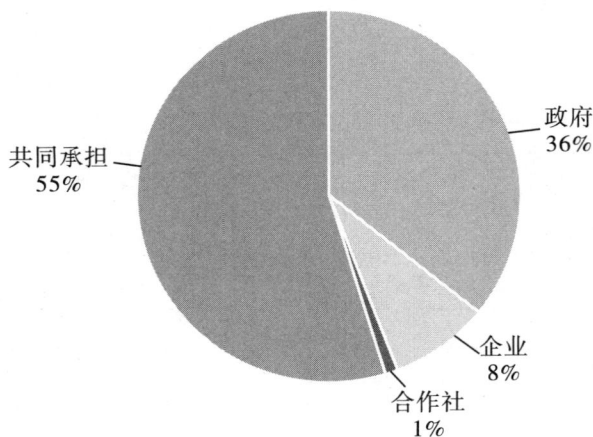

图 4　区域品牌建设出资意愿

对于优质蜜柚生产基地和区域公用品牌建设投入，大埔企业相对较为理性，超过一半企业认为应该由政府和企业共同承担，有71%的调查对象同时认为蜜柚生产基地的建设，除了企业以外，还需要政府的资金支持。可见，在区域公用品牌的打造上，企业希望政府能起主导作用，参与到建设中，提供主要资金和其他资源支撑，如优质蜜柚产业链培训活动等。

大多数企业对于蜜柚品牌的合作、区域公用品牌的建设是比较支持的，对区域公用品牌建设的趋势比较看好，在蜜柚品牌建设的影响因素中，种植优质蜜柚品种、销售企业合作、生产加工企业合作、有利于保护环境以及使用原产地品牌标志是影响企业参与蜜柚品牌建设的主要因素，满足蜜柚消费者要求、社会媒体宣传以及政府的宣传与监管要求是影响企业优质蜜柚供给行为的主要因素。根据对企业联合品牌或品牌合作的偏好分析可以得出，企业更偏好于具有认证条件、可追溯信息以及销售价格高的蜜柚产品，其中，销售价格、认证条件对企业使用联合品牌或进行品牌合作影响较大。企业对于自有品牌、产品品种品牌、原产地品牌和品牌联合的偏好没有呈现反对其中哪一种品牌的态度，但企业使用哪种品牌受到销售价格、认证条件、可追溯信息这些因素的综合影响，一般情况下，企业会优先选择销售价格高的产品，而在这几种品牌形式中，问卷分析得出的结论是企业更偏好于自有品牌的使用，其次是原产地品牌、产品品种品牌和品牌联合。

（三）品牌化标准化优质蜜柚生产经营面临的困难

根据对企业在蜜柚生产、加工和销售过程中遇到的主要瓶颈问题调查可以发现，阻碍企业进一步发展的主要困境分别为缺资金、缺技术、缺市场信息，销售困难映射出当地企业发展实力欠缺、产业基础薄弱的现实。大埔蜜柚企业定价能力较弱，被动定价、市场价格波动和销售渠道狭隘限制了产业链末端的利益共享。

大埔蜜柚在向优质化、高端化转型过程中，必然首先要保证产品质量和前期生产投入，而企业认为阻碍优质蜜柚生产的首要困境为生产投入过高、认证程序烦琐和缺少品牌，其次为无销售渠道、认证标准过高和技术水平要求过高，相对来说，农药化肥和重金属等残留问题只有小部分企业考虑。从整体上看，大埔蜜柚企业具有提高产品品质的强烈意愿，超过95%的企业在购置蜜柚种苗时首先考虑品质，其次是产量和销路，价格高低反而列于农户考虑的末端。

困难企业占比/%

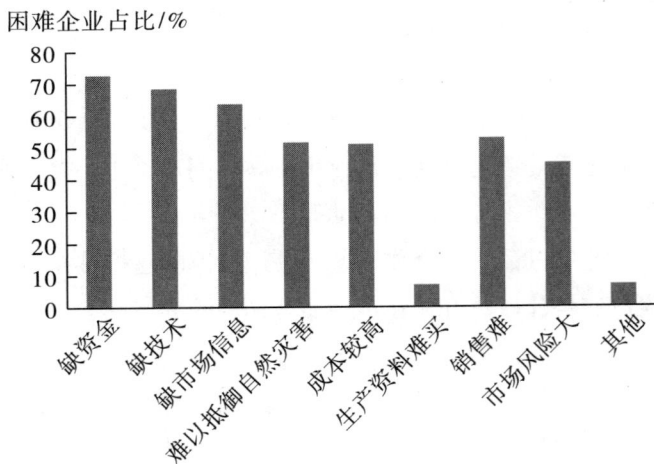

图5　蜜柚生产、加工工作困难

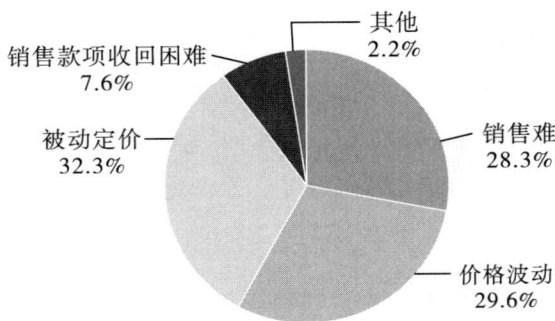

图6　蜜柚销售工作困难

困难企业占比/%

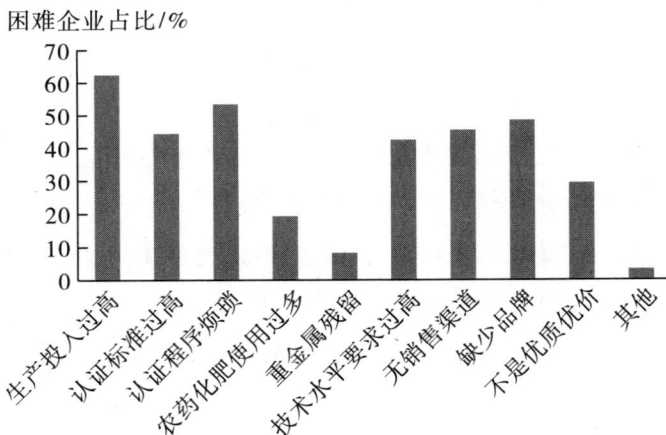

图7　优质蜜柚生产困难

六、农产品区域品牌发展模式选择及对策建议

我们通过大埔蜜柚区域品牌的农户案例和区域案例分析发现，区域品牌认同是显著影响生产者行为参与的关键因素，而生产者对品牌建设的标准化、规范化行为的认知态度和感知获益会影响其合作行为，因此提出了农产品区域品牌建设的合作共建、互利共赢模式，"政府＋企业"的管理制度，树立粤港澳大湾区的优质标准体监管体系，以及品牌促进乡村振兴的战略对策。

（一）模式选择

1. "区域品牌＋企业品牌＋产品品牌"的新品牌联合共建模式

农业区域品牌建设是乡村振兴的关键问题，更是一个艰巨任务。可将区域共享平台、企业合作和产品创新升级为"区域品牌＋企业品牌＋产品品牌"，形成一种新型的联合品牌，农户、农业生产企业、经营主体和流通企业等都可以共享区域品牌，并依托区域品牌进行品牌联合与叠加。新的联合品牌具有实现地域品牌、企业品牌和产品品牌共建共赢的内在禀赋，在企业之间、企业品牌和地域品牌之间实现了共赢和共享平台之间的耦合，也实现了地域共有品牌、企业自有品牌和优质产品品牌的耦合，并且在平台建设和品牌建设两个层面之间还有互相强化、联动效应。

2. "政府搭台监管＋企业共享共建"的制度模式

为避免品牌建设的"公地悲剧"现象，政府要承担起农产品区域公用品牌监管职责。政府是区域品牌公用平台建设的主要主体，企业是农产品品牌建设的实际主体，为了构建"区域品牌＋企业品牌＋产品品牌"的新品牌联合模式，需要建立和完善"政府搭台监管＋企业共享共建"的制度模式，保障区域品牌的公平性、共享性、开放性和服务性导向。但是，任何企业使用该区域公用品牌都要受到政府监督和行为约束，从而形成"政策驱动＋市场驱动"的双驱动品牌发展模式。

3. 粤港澳大湾区优质农产品质量标准和监管体系

供港农产品备案基地的严格生产监管，流通环节的统一配送，不断创新的农产品监管技术，可追溯的全程信息监管，多地联动的检验检疫，组织、制度和技术的多维保障等，造就了广东供港农产品的高质量。通过大埔蜜柚产业的标准化

行动，可以提升蜜柚品牌的质量和市场信任度。通过对标粤港澳大湾区的农产品质量标准，可以创造被国内外市场认可的优质蜜柚品牌，形成较强的品牌溢价效应，带动大埔、梅州乃至广东的蜜柚产业良性发展，创出中国优质品牌的标杆。粤港澳大湾区"菜篮子"平台以供港澳质量安全标准为标杆，以"绿色食品"为质量发展方向，提供更优质的健康农产品；以"一个标准供市场、一个平台流通、一个体系监管质量安全"运行模式，为广东区域品牌建设制定了标准化、制度化的规范模式。

4. 农产品区域品牌促进乡村振兴战略落实

乡村振兴的目的是发展农村经济，实现城乡协调发展和全面建成小康社会。而实施农产品品牌战略是实现乡村振兴的必然选择。通过实施农产品品牌战略，可以促进第一、二、三产业深度融合发展，也更加细化了农业各部门的分工，农业生产形成一体化的经营模式，加强了农业生产前、中、后各个部门之间的分工和合作，有利于形成更加完善的产业系统，提高我国农业现代化发展水平。农产品品牌战略的有效实施对促进城镇化进程、协调城乡发展、缩小城乡居民贫富差距等都会产生重要影响。农产品品牌战略的实施有利于发展生态农业和实现农业产业化，发展乡村特色经济和高品质农业，促进全面乡村振兴的伟大事业。

（二）对策建议

1. 搭建品牌建设平台

形成完善的品牌建设、经营与保护体系，建立蜜柚农产品质量与农业信息可追溯系统。推广、规范和完善蜜柚农产品区域公用品牌的使用和管理，提升这一品牌的知名度和影响力，加强区域公用品牌、销售企业品牌与产品品种品牌的融合发展，建立与品牌管理紧密关联且查询便捷的质量安全可追溯管理系统，推广企业和农户普遍使用的可追溯平台，统一消费者的可追溯信息查询路径，以此培育大埔蜜柚产业文化，实现三产融合，增加农业产业附加值。积极推广使用大埔区域品牌标志，不断加大品牌保护力度。积极动员和引导企业、经销商采取"区域品牌＋企业品牌＋产品品牌"的方式来推广使用区域品牌商标，提升品牌知名度和影响力。

2. 企业行为管控与引导

在优质农产品质量可追溯系统建设上，建立、组织并全面推广使用统一标准的质量可追溯系统，以及消费者多途径查询系统，实现质量监管和消费者知情权保护。主要包括：对参与品牌联合的生产、加工、流通、销售等各类企业进行统一登记、编号、备案，产品上市需使用识别条码和生产批号，并将相关信息记录在案，实行日常更新与维护；建立产前、产中、产后全产业链质量监管与可追溯，农产品全面检测、收购、加工（贮藏）、销售全程监管和记录机制；建立信息相互验证和共享系统，形成各级职能部门齐抓共管的电子平台。

3. 品牌准入与保护

区域公用品牌形象的塑造和保护是当地产业兴旺的关键所在，企业作为产品品牌的具体载体，需要对使用区域公用品牌的企业重点监管。其一，挑选当地优良企业率先进入区域品牌联盟，通过质量承诺和缴纳品牌保险金来强化农产品品质管理，加强品牌商标管理工作，健全商标许可授权制度，加大对广州农业品牌的保护力度，打击假冒伪劣产品，实行品牌许可保险金制度，要求加入企业缴纳一定的保险金，以此首先保障在处理食品安全危机事件过程中的消费者赔偿。其二，建立稳定的品牌维护机制。奖励机制方面，建议对于区域内品牌企业在税收、企业建设等方面提供优惠政策，在品牌创建过程或获得奖项后给予资金支持，在技术创新、技术改造方面提供融资支持或资金补贴；惩罚机制方面，建议完善信用监管机制，打击品牌侵权违法行为，保护品牌合法权益。

4. 提高技术标准

第一，提高农产品仓储能力，"留住新鲜"是提高资源配置效率和提升产业价值的重要保障，产业链持续运转关系到人力、物力和财力的稳定性。第二，提升加工能力，高附加值的加工产品是提升农业产业收益的重要途径。根据本课题组调研结果，蜜柚的产业加工能力大多还停留在初级阶段。蜜柚企业一部分主要提供商品化的初级生鲜蜜柚，一部分止步于蜜柚饮品等加工工艺，对于高新生物技术（如医药保健等）鲜少涉足。第三，推动全产业链物流体系发展，鼓励农产品产地加工企业建立农产品标准化原料基地，稳定同农户的利益联结。支持农产品流通企业培育农产品流通品牌，创新流通方式、业态和商业模式，建设农产品原料基地、发展农产品加工业，形成农产品流通品牌化带动农业产业链品牌化的发展格局。

5. 品牌宣传与营销

广东省农产品消费市场主要集中在珠江三角洲地区，虽然占据如此优良的市场优势，但也面临着移居人口消费偏好多样、外地产品强势竞争等销售困境。难以把握粤港澳大湾区此次市场发展机遇，其中一个主要原因是品牌宣传乏力。建议借助企业强大的营销系统，从以下三方面采取措施：第一，创建品牌文化，讲出蜜柚的故事。第二，企业品牌趋向精品化发展。广东省企业农产品品牌虽然众多，但是品牌影响力一直较低，建议企业主攻优势品牌，单品经济途径更能集中企业优势资源用于早期品牌推广。第三，利用农产品区域品牌共建机制，形成集团效应和集聚优势，做大做强农产品区域品牌，振兴乡村经济。

参考文献

［1］ ALGESHEIMER R，DHOLAKIA U M，HERRMANN A. The social influence of brand community：evidence from European Car Clubs ［J］. Journal of marketing，2005，69（3）.

［2］ ALOTAIBI B A，YODER E，BRENNAN M A，et al. Perception of organic farmers towards organic agriculture and role of extension ［J］. Saudi journal of biological sciences，2021，28（5）.

［3］ ANA T，ANA M，RUI F. Principles of sustainable agriculture：defining standardized reference points ［J］. Sustainability，2021，13（8）.

［4］ ANTLE J M. Benefits and costs of food safety regulation ［J］. Food policy，1999，24（6）.

［5］ ASHFORTH B E，MAEL F. Social identity theory and the organization ［J］. The academy of management review，1989，14（1）.

［6］ BAGOZZI R P. Attitudes，intentions，and behavior：a test of some key hypotheses ［J］. Journal of personality and social psychology，1981，41（4）.

［7］ BAI N. Research on the comprehensive risk management of organic agriculture enterprises for sustainable development ［R］. Bangkok，Thailand，2017.

［8］ BENJAMIN D J，CHOI J J，STRICKLAND A J. Social identity and preferences ［J］. The American economic review，2010，100（4）.

［9］ BHATTACHARYA C B，RAO H，GLYNN M A. Understanding the bond of identification：an investigation of its correlates among art museum members ［J］. Journal of marketing，1995，59（4）.

［10］ HEERE B，JAMES J，YOSHIDA M，et al. The effect of associated group identities on team identity ［J］. Journal of sport management，2011，25（6）.

［11］ CARLSON B D，SUTER T A，BROWN T J. Social versus psychological brand community：the role of psychological sense of brand community ［J］. Journal of business research, 2007, 61 (4).

[12] GIOVANNUCCI D, PONTE S. Standards as a new form of social contract? Sustainability initiatives in the coffee industry [J]. Food policy, 2005, 30 (3).

[13] DELATE K, DUFFY M, CHASE C, et al. An economic comparison of organic and conventional grain crops in a long-term agroecological research (LTAR) site in Iowa [J]. American journal of alternative agriculture, 2003, 18 (2).

[14] HALL D. Destination branding, niche marketing and national image projection in Central and Eastern Europe [J]. Journal of vacation marketing, 1999, 5 (3).

[15] KLOR E F, SHAYO M. Social identity and preferences over redistribution [J]. Journal of public economics, 2009, 94 (3).

[16] DAVIS F D, BAGOZZI R P, WARSHAW P R. User acceptance of computer technology: a comparison of two theoretical models [J]. Management science, 1989, 35 (8).

[17] GUTSCHE J, HERRMANN A, HUBER F, et al. Die wirkung funktionaler, emotionaler und relationaler nutzendimensionen auf die markenloyalität [J]. Schmalenbachs zeitschrift für betriebswirtschaftliche forschung, 2005, 57 (7).

[18] TAJFEL H. Social psychology of intergroup relations [J]. Annual review of psychology, 1982, 33 (1).

[19] HAN H, KIM Y. An investigation of green hotel customers' decision formation: developing an extended model of the theory of planned behavior [J]. International journal of hospitality management, 2010, 29 (4).

[20] HALL D T, SCHNEIDER B, NYGREN H T. Personal factors in organizational identification [J]. Administrative science quarterly, 1970, 15 (2).

[21] HENSON S, HOLT G. Exploring incentives for the adoption of food safety controls: HACCP implementation in the U. K. dairy sector [J]. Applied economic perspectives and policy, 2000 (2).

[22] AJZEN I. The theory of planned behavior [J]. Organizational behavior and human decision processes, 1991, 50 (2).

[23] SIERRA J J, MCQUITTY S. Attitudes and emotions as determinants of nostalgia purchases: an application of social identity theory [J]. Journal of marketing theory and practice, 2007, 15 (2).

［24］ DAVIS J B. Social identity strategies in recent economics ［J］. Journal of economic methodology, 2006, 13 (3).

［25］ JOHNSTON G, PERRY C. How do consumers make purchase decisions about organic products in Australia? ［Z］. Southern Cross University, 2009.

［26］ VOSS K E, SPANGENBERG E R, GROHMANN B. Measuring the hedonic and utilitarian dimensions of consumer attitude ［J］. Journal of marketing research, 2003, 40 (3).

［27］ LAM S K, AHEARNE M, HU Y, et al. Resistance to brand switching when a radically new brand is introduced: a social identity theory perspective ［J］. Journal of marketing, 2010, 74 (6).

［28］ LASTOVICKA J L, GARDNER D M. Low involvement versus high involvement cognitive structures ［J］. Advances in consumer research, 1978 (1).

［29］ FULPONI L. Private voluntary standards in the food system: the perspective of major food retailers in OECD countries ［J］. Food policy, 2005, 31 (1).

［30］ MAEL F, ASHFORTH B E. Alumni and their alma mater: a partial test of the reformulated model of organizational identification ［J］. Journal of organizational behavior, 1992, 13 (2).

［31］ MASOUD Y, TAJERI M M, TAHEREH Z, et al. What factors contribute to conversion to organic farming? Consideration of the health belief model in relation to the uptake of organic farming by Iranian farmers ［J］. Journal of environmental planning and management, 2022, 65 (5).

［32］ HOGG M A, VAN KNIPPENBERG D, RAST D E. The social identity theory of leadership: the oretical origins, research findings, and conceptual developments ［J］. European review of social psychology, 2012, 23 (1).

［33］ MONTEIRO D M DE S, CASWELL J. Traceability adoption at the farm level: an empirical analysis of the Portuguese pear industry ［J］. Food policy, 2009, 34 (1).

［34］ ELLEMERS N, KORTEKAAS P, OUWERKERK J W. Self-categorisation, commitment to the group and group self-esteem as related but distinct aspects of social identity ［J］. European journal of social psychology, 1999, 29 (2−3).

［35］ ALLEN P, KOVACH M. The capitalist composition of organic: the potential of markets in fulfilling the promise of organic agriculture ［J］. Agriculture and human values, 2000, 17 (3).

［36］BENDJEBBAR P, FOUILLEUX E. Exploring national trajectories of organic agriculture in Africa: comparing Benin and Uganda ［J］. Journal of rural studies, 2022, 89.

［37］POPKIN S L. The rational peasant: the political economy of rural society in Vietnam ［M］. Oakland: University of California Press, 1979.

［38］PRABODH I, CHENNAT G. Decision-making in soil conservation: application of a behavioral model to potato farmers in Sri Lanka ［J］. Land use policy, 2003, 21 (4).

［39］BAGOZZI R P, DHOLAKIA U M. Intentional social action in virtual communities ［J］. Journal of interactive marketing, 2002, 16 (2).

［40］BAGOZZI R P, DHOLAKIA U M. Antecedents and purchase consequences of customer participation in small group brand communities ［J］. International journal of research in marketing, 2006, 23 (1).

［41］RIKETTA M. Cognitive differentiation between self, ingroup, and outgroup: the roles of identification and perceived intergroup conflict ［J］. European journal of social psychology, 2005, 35 (1).

［42］RÍO A B D, VÁZQUEZ R, IGLESIAS V. The effects of brand associations on consumer response ［J］. Journal of consumer marketing, 2001, 18 (5).

［43］FETTER T R, CASWELL J A. Variation in organic standards prior to the National Organic Program ［J］. American journal of alternative agriculture, 2002, 17 (2).

［44］SANJUKTA P, JANA H, GE X. Explaining consumers' channel-switching behavior using the theory of planned behavior ［J］. Journal of retailing and consumer services, 2011, 18 (4).

［45］KERSTING S, WOLLNI M. New institutional arrangements and standard adoption: evidence from small-scale fruit and vegetable farmers in Thailand ［J］. Food policy, 2012, 37 (4).

［46］SHANG R A, CHEN Y C, LIAO H J. The value of participation in virtual consumer communities on brand loyalty ［J］. Internet research, 2006, 16 (4).

［47］SHARMA M, PUDASAINI A. What motivates producers and consumers towards organic vegetables? A case of Nepal ［J］. Organic agriculture, 2021, 11 (3).

［48］TAYLOR S, TODD P A. Understanding information technology usage: a test of competing models ［J］. Information systems research, 1995a, 6 (2).

［49］ TAYLOR S, TODD P A. Understanding information technology usage: a test of competing models ［J］. Information systems research, 1995b, 6 (2).

［50］ HENSON S, REARDON T. Private agri-food standards: implications for food policy and the agri-food system ［J］. Food policy, 2005, 30 (3).

［51］ LUTZ S H. Trade effects of minimum quality standards with and without deterred entry ［J］. Journal of economic integration, 2000, 15 (2).

［52］ JAFFEE S, MASAKURE O. Strategic use of private standards to enhance international competitiveness: vegetable exports from Kenya and elsewhere ［J］. Food policy, 2005, 30 (3).

［53］ THILMANY D. The US organic industry: important trends and emerging issues for the USDA ［R/OL］. https://mountainscholar. org/bitstream/handle/ 10217/44601/AMR_06 − 01. pdf? sequence = 1, 2006.

［54］ TOMA L, MATHIJS E. Environmental risk perception, environmental concern and propensity to participate in organic farming programmes ［J］. Journal of environmental management, 2007, 83 (2).

［55］ TURNER C R, ORTMANN G F, LYNE M C. Adoption of ISO 9000 quality assurance standards by South African agribusiness firms ［J］. Agribusiness, 2000 (3).

［56］ DHOLAKIA U M, BAGOZZI R P. Mustering motivation to enact decisions: how decision process characteristics influence goal realization ［J］. Journal of behavioral decision making, 2002, 15 (3).

［57］ VUYLSTEKE A, VAN HUYLENBROECK G, COLLET E, et al. Exclusion of farmers as a consequence of quality certification and standardisation ［J］. Cahiers options méditerranéennes, 2005, 64.

［58］ WHETTEN D A. Albert and Whetten revisited: strengthening the concept of organizational identity ［J］. Journal of management inquiry, 2006, 15 (3).

［59］ WILLER D, TURNER J C, HOGG M A, et al. Rediscovering the social group: a self-categorization theory ［J］. Contemporary sociology, 1989, 18 (4).

［60］ 安诗芳, 万江平. 基于 TAM 的网上购物意向综合模型 ［J］. 情报杂志, 2007 (5).

［61］ 白亮, 金露. 近十年来我国社会认同研究评析 ［J］. 当代教育与文化, 2012 (1).

［62］ 鲍芳, 张靖弦, 黄海燕. 技术接受模型视角下路跑爱好者体育消费行为影

响因素实证分析 [J]. 广州体育学院学报，2022（1）.

[63] 陈传红，李雪燕. 市民共享单车使用意愿的影响因素研究 [J]. 管理学报，2018（11）.

[64] 畅倩，颜俨，李晓平，等. 为何"说一套做一套"：农户生态生产意愿与行为的悖离研究 [J]. 农业技术经济，2021（4）.

[65] 陈昌洪. 农户选择低碳农业标准化的意愿及影响因素分析：基于四川省农户的调查 [J]. 北京理工大学学报（社会科学版），2013（3）.

[66] 陈丽华，张卫国，田逸飘. 农户参与农产品质量安全可追溯体系的行为决策研究：基于重庆市 214 个蔬菜种植农户的调查数据 [J]. 农村经济，2016（10）.

[67] 陈晓昀. 虚拟品牌社区中顾客契合的形成与作用 [J]. 商场现代化，2021（11）.

[68] 储成兵. 农户病虫害综合防治技术的采纳决策和采纳密度研究：基于 Double - Hurdle 模型的实证分析 [J]. 农业技术经济，2015（9）.

[69] 崔婷. 小米社区顾客体验的品牌忠诚度研究 [J]. 河南工程学院学报（社会科学版），2016（4）.

[70] 樊慧丽，付文阁. 生产者质量控制认知与行为分析：以肉羊养殖户为例 [J]. 农业现代化研究，2020（6）.

[71] 范小菲. 农业生产合作社标准化生产影响因素分析：以四川省郫县锦宁韭黄生产合作社为例 [J]. 农村经济，2011（2）.

[72] 傅新红，宋汶庭. 农户生物农药购买意愿及购买行为的影响因素分析：以四川省为例 [J]. 农业技术经济，2010（6）.

[73] 甘臣林，谭永海，陈璐，等. 基于 TPB 框架的农户认知对农地转出意愿的影响 [J]. 中国人口·资源与环境，2018（5）.

[74] 郭朝阳，吕秋霞. 成员参与动机对虚拟社区商业模式的影响 [J]. 中国工业经济，2009（1）.

[75] 郭清卉. 基于社会规范和个人规范的农户亲环境行为研究 [D]. 咸阳：西北农林科技大学，2020.

[76] 韩喜平. 关于中国农民经济理性的纷争 [J]. 吉林大学社会科学学报，2001（3）.

[77] 韩耀. 中国农户生产行为研究 [J]. 经济纵横，1995（5）.

[78] 何蒲明，魏君英. 试论农户经营行为对农业可持续发展的影响 [J]. 农业技术经济，2003（2）.

[79] 贺爱忠，李雪. 在线品牌社区成员持续参与行为形成的动机演变机制研究 [J]. 管理学报，2015（5）.

[80] 胡大立，谌飞龙，吴群. 区域品牌机理与构建分析 [J]. 经济前沿，2005（4）.

[81] 黄祖辉，钱峰燕. 技术进步对我国农民收入的影响及对策分析 [J]. 中国农村经济，2003（12）.

[82] 孔祥智. 现行农村基本经营制度下农业现代化的主体研究 [J]. 新视野，2014（1）.

[83] 李傲群，李学婷. 基于计划行为理论的农户农业废弃物循环利用意愿与行为研究：以农作物秸秆循环利用为例 [J]. 干旱区资源与环境，2019（12）.

[84] 李东和，张鹭旭. 基于 TAM 的旅游 App 下载使用行为影响因素研究 [J]. 旅游学刊，2015（8）.

[85] 李金才，张士功，邱建军，等. 我国农业标准化现状及对策 [J]. 农村经济，2007（2）.

[86] 李世杰，朱雪兰，洪潇伟，等. 农户认知、农药补贴与农户安全农产品生产用药意愿：基于对海南省冬季瓜菜种植农户的问卷调查 [J]. 中国农村观察，2013（5）.

[87] 李鑫，张灵光，杨继涛，等. 农业标准化原理研究初探 [J]. 中国农学通报，2003（5）.

[88] 李亚林. 湖北省农产品区域品牌发展研究：现状、原因及发展对策 [J]. 湖北社会科学，2010（10）.

[89] 李增福. 政府推动农业标准化的职能定位 [J]. 经济问题，2007（12）.

[90] 梁红卫. 农民专业合作社是推行农业标准化的重要依托 [J]. 科技管理研究，2009（6）.

[91] 林家宝，鲁耀斌，张金隆. 基于 TAM 的移动证券消费者信任实证研究 [J]. 管理科学，2009（5）.

[92] 林桂芬. 生鲜农产品电子商务消费者的购买意愿研究 [D]. 福州：福建农林大学，2017.

[93] 刘慧. 新型农村社区治理中居民参与机制构建探究 [J]. 中国管理信息化，2016（16）.

[94] 刘清娟. 黑龙江省种粮农户生产行为研究 [D]. 哈尔滨：东北农业大学，2012.

［95］刘文超，孙丽辉，辛欣. 区域品牌化理论研究：国外文献述评［J］. 税务与经济，2018（5）.

［96］刘新，杨伟文. 虚拟品牌社群认同对品牌忠诚的影响［J］. 管理评论，2012（8）.

［97］娄旭海，王芳，陈松，等. 河南省小农户农业标准化生产意愿的影响因素分析［J］. 农业经济问题，2007（A1）.

［98］兰勇，蒋黾，杜志雄. 农户向家庭农场流转土地的续约意愿及影响因素研究［J］. 中国农村经济，2020（1）.

［99］李宇，杨敬. 创新型农业产业价值链整合模式研究：产业融合视角的案例分析［J］. 中国软科学，2017（3）.

［100］罗长利，朱小栋. 基于 TAM/TPB 和感知风险的余额宝使用意愿影响因素实证研究［J］. 现代情报，2015（2）.

［101］马向阳，王宇龙，汪波，等. 虚拟品牌社区成员的感知、态度和参与行为研究［J］. 管理评论，2017（7）.

［102］马兴栋. 苹果种植户标准化生产行为研究［D］. 咸阳：西北农林科技大学，2019.

［103］马兴栋，霍学喜. 外部规制对农户标准化生产遵从行为的影响：以苹果种植户为例［J］. 西北农林科技大学学报（社会科学版），2018（2）.

［104］彭成圆. 农业标准化示范区运行机制与发展模式研究［D］. 北京：中国农业科学院，2015.

［105］彭欣欣，陈美球，王思琪，等. 基于 TAM 的农户环境友好型技术采纳意愿的影响分析：以测土配方施肥技术为例［J］. 中国农业资源与区划，2021（5）.

［106］钱永忠，杨丽杰，张刚明，等. 合作社发展模式下农户实施农业标准化的效益分析［J］. 农产品质量与安全，2013（4）.

［107］沈萌. 基于 DTPB 理论的农户认知对农地转出意愿影响研究［D］. 武汉：华中农业大学，2020.

［108］史恒通，王铮钰，阎亮. 生态认知对农户退耕还林行为的影响：基于计划行为理论与多群组结构方程模型［J］. 中国土地科学，2019（3）.

［109］宋明顺，张华. 从农技推广到知识传播　农业标准化作用的新视角：以浙江省农业标准化为例［J］. 农业经济问题，2014（1）.

［110］孙燚. 基于信任视角下的生鲜电商消费者购买决策研究［D］. 天津：天津大学，2017.

[111] 王芳，陈松，樊红平，等. 农户实施农业标准化生产行为的理论和实证分析：以河南为例 [J]. 农业经济问题，2007（12）.

[112] 王芳，王宁，隋明姜，等. 合作社实施农业标准化分析：基于河北、吉林、陕西、浙江四省份调查 [J]. 农业技术经济，2013（9）.

[113] 王欢，乔娟，李秉龙. 养殖户参与标准化养殖场建设的意愿及其影响因素：基于四省（市）生猪养殖户的调查数据 [J]. 中国农村观察，2019（4）.

[114] 王建华，马玉婷，李俏. 农业生产者农药施用行为选择与农产品安全 [J]. 公共管理学报，2015（1）.

[115] 王力，毛慧. 植棉农户实施农业标准化行为分析：基于新疆生产建设兵团植棉区270份问卷调查 [J]. 农业技术经济，2014（9）.

[116] 王学婷，何可，张俊飚，等. 农户对环境友好型技术的采纳意愿及异质性分析：以湖北省为例 [J]. 中国农业大学学报，2018（6）.

[117] 王亚栋，于冷. 上海市农业标准化示范试点评价体系研究 [J]. 吉林农业大学学报，2011（1）.

[118] 王艳花. 陕西农业标准化经济效应研究 [D]. 咸阳：西北农林科技大学，2012.

[119] 王月辉，王青. 北京居民新能源汽车购买意向影响因素：基于TAM和TPB整合模型的研究 [J]. 中国管理科学，2013（A2）.

[120] 翁贞林. 农户理论与应用研究进展与述评 [J]. 农业经济问题，2008（8）.

[121] 吴理财. 农村社区认同与农民行为逻辑：对新农村建设的一些思考 [J]. 经济社会体制比较，2011（3）.

[122] 谢治菊. 村民社区认同与社区参与：基于江苏和贵州农村的实证研究 [J]. 理论与改革，2012（4）.

[123] 辛家刚，周洁红. 农业标准化示范基地绩效测评 [J]. 华南农业大学学报（社会科学版），2014（1）.

[124] 熊肖雷，李冬梅. 农户参与农业标准化生产意愿的影响因素：基于四川种植业农户的调查与实证 [J]. 华中农业大学学报（社会科学版），2014（6）.

[125] 严余远. 农业标准化与农业现代化 [J]. 农业现代化研究，1983（4）.

[126] 燕艳华，齐顾波，初侨. 多主体参与项目治理：行政干预还是市场调节：以农业标准化示范项目为例 [J]. 中国农业大学学报（社会科学版），2020（1）.

[127] 杨文杰，巩前文. 农村绿色发展中农户认知对行为响应的影响研究 [J]. 华中农业大学学报（社会科学版），2021（2）.

[128] 叶敬忠, 张明皓. "小农户"与"小农"之辩: 基于"小农户"的生产力振兴和"小农"的生产关系振兴 [J]. 南京农业大学学报 (社会科学版), 2019 (1).

[129] 于冷. 农业标准化与农产品质量分等分级 [J]. 中国农村经济, 2004 (7).

[130] 于冷. 对政府推进实施农业标准化的分析 [J]. 农业经济问题, 2007 (9).

[131] 袁方. 应当加强对农村经济发展中"非经济因素"的探索与研究 [J]. 农村经济, 2010 (5).

[132] 张宝利, 刘薇. 基于"小农理性"的农业标准化实证研究: 以杨凌农业高新技术产业示范区为例 [J]. 西北农林科技大学学报 (社会科学版), 2010 (6).

[133] 张蓓, 高惠姗, 吴宝姝, 等. 价值认同、社会信念、能力认知与果蔬农户质量安全控制行为 [J]. 统计与信息论坛, 2019 (3).

[134] 张传统. 农产品区域品牌发展研究 [D]. 北京: 中国农业大学, 2015.

[135] 张光辉, 李大胜. 我国农业标准化建设中存在的问题及对策 [J]. 经济纵横, 2009 (4).

[136] 张娟娟, 张宏杰. 农业标准化生产中的农户行为分析 [J]. 安徽农业大学学报 (社会科学版), 2010 (3).

[137] 张莹瑞, 佐斌. 社会认同理论及其发展 [J]. 心理科学进展, 2006 (3).

[138] 张颖举, 吴一平. 已建新型农村社区农民入住意愿分析 [J]. 农业经济问题, 2015 (6).

[139] 张兆海. 社区认同对品牌忠诚的影响研究 [D]. 南京: 南京工业大学, 2014.

[140] 章力建, 朱立志. 农业产业化龙头企业标准化的思考 [J]. 中国农业资源与区划, 2011 (3).

[141] 章元, 万广华, 刘修岩, 等. 参与市场与农村贫困: 一个微观分析的视角 [J]. 中国经济学, 2009 (9).

[142] 赵建欣, 张忠根. 基于计划行为理论的农户安全农产品供给机理探析 [J]. 财贸研究, 2007 (6).

[143] 周发明. 论农产品区域品牌建设 [J]. 经济师, 2006 (12).

[144] 周宏, 朱晓莉. 我国农业标准化实施经济效果分析: 基于 74 个示范县的实证分析 [J]. 农业技术经济, 2011 (11).

[145] 周洁, 刘清宇. 基于合作社主体的农业标准化推广模式研究: 来自浙江省

的实证分析 ［J］. 农业技术经济, 2010 (6).

［146］ 周岩. 基于 TRA 和 TAM 的大学生网络学习行为模型构建 ［J］. 中国电化教育, 2009 (11).

［147］ 朱慧敏, 张藕香. 农业标准化示范区与农业产出增长: 以安徽省为例 ［J］. 西北农林科技大学学报 (社会科学版), 2012 (4).

农户生计资本视角下传统手工业助力乡村振兴
——广东例证[①]

农村产业发展是实现乡村产业振兴的关键。传统手工业大部分扎根农村，有着悠久的发展历史和文化底蕴，具备经济、文化双重属性，对农村的社会、经济、文化等方面有着深远影响。以往关于农村资源要素配置的研究视角以农村获得资源为主，缺乏对农户获取资源的研究视角，乡村振兴不仅要实现城乡之间的要素流动，更要让农户在要素流动过程中实实在在地获得资源，增加自身的生计资本、强化内在生存动力，才能增加收入，从根本上实现乡村振兴。

传统手工业的基础是传统手工艺，而传统手工艺也称为"工艺美术"或"民间工艺"，是指以往农业生产文明下以手工劳动的方式进行的物质创造性活动。传统手工艺作为一种物质产品的创作手段，在产品的价值符号上显示着特定的社会意识形态和等级文化观念，彰显了古代工匠的创造性才能。传统技艺的材质千差万别，但是最初传统技艺的出现，一定是民众就近收集、选择原生地可遗传生物资源并加以构思、制作而成的（王咏，2022）。不仅如此，传统手工业也会对生产者有一定的技术要求，当接受一定的培训后，获得技艺者倾向于选择创业（朱乾坤等，2019）。本研究从农户生计资本的视角，剖析具有代表性的传统手工业案例，凝练出传统手工业影响农户生计资本的内在机理。

一、文献综述与概念界定

（一）文献综述

1. 传统手工业与农户生计资本

手工业作为过去乡村社会中重要的经济产业，在乡土社会生产中积淀了深厚

① 撰稿人：余秀江、刘志兴、马锦秀、梁嘉翔、谌战猛、周颖、李巧玲、黄炜钊。

的精神财富，乡村手工业在近代的对外贸易中也始终占据着重要地位。近代以来，西方资本主义工业化对我国传统手工业产生剧烈的冲击甚至导致部分瓦解，但对不同地区和不同行业的影响差异较大，其中沿海农村地区的手工业受到的冲击较为明显，而偏远地区却在很长时间内一直牢固存在着小农家庭手工业，并与工厂手工业等形态之间互为补充、相互转化。彭南生（2003）指出，传统手工业与大机器工业之间存在一种"半工业化"的动态现象，此现象也逐渐成为在大机器工业生产发展之后传统手工业的应对方式。"半工业化"概念的出现，将近代手工业与传统手工业做出区分，也为后来乡村手工业的深入发展奠定了基础。严立贤（2017）指出，传统手工业是传统农业社会中在小农家庭内以耕织结合方式存在的传统小手工业。李梅（2022）则认为，传统手工业是传统手工艺进行社会分工和生产力不断发展的产物，是传统手工技艺商业化、集聚化的结果。其特点是在自然经济基础上发展形成的，也包含着丰富的文化内涵与人文价值追求（谢良才等，2015），参与技能培训对于引导农户从事生计策略也具有正向促进作用（何仁伟等，2019）。生计资本是指人们为了生活所必需的可储存、交流或配置，从而产生收入流或其他收益的可利用资源（Rakodi，1999），包括自然资本、物质资本、人力资本、社会资本和金融资本。近年来，关于农户生计资本的研究主要聚焦在生态补偿、易地扶贫搬迁、退耕还林等政策实施对农户生计资本的影响等方面，较少涉及手工业发展对农户生计资本的影响。

2. 农户生计资本——生计结果与乡村振兴

英国国际发展署（DFID）于1997年率先提出可持续生计分析框架，这一理论在全球范围内广泛传播，也是现代可持续生计问题研究的重要理论基础。在可持续生计分析框架中，生计资本是实现农户生计策略变动的基础，农户生计资本的数量和多样化会促进农户生计策略多样化。农户生计处于脆弱性背景和组织制度的环境中，农户采取的生计策略取决于其所拥有的资产状况，农户通过不同类型资产的组合来应对风险和冲击，通过资产的使用方式来发现和利用机会，寻求在各种生计策略中灵活转换，以维护其生计安全（Bebbington，1999）。Kopytko（2018）认为，生计资本是可持续生计分析框架的关键，只有对农户生计策略的变化做出正确的判断，并从生计资本角度精准甄别出影响因素及其影响方向，才能够有效引导农户生计策略的变动，使之和乡村振兴战略协同一致，破除乡村建设行动的各种阻力。

马彩虹等（2021）在比较不同产业投入产出效益的基础上，探究不同产业发展对移民生计产出、生计资本及生计策略的影响，其研究发现，乡村产业发展对农户收入有明显的提升作用，但影响程度与产业类型、农户参与度密切相关，已完成产业转型农户的生计资本总量远高于其他农户，生计资本结构存在明显差异。刘卫柏等（2019）在研究产业扶贫对民族地区贫困农户生计策略和收入水平的影响过程中发现，产业扶贫使民族地区贫困农户参与特色农产品种植、特色畜禽养殖生计模式的占比分别提升了13%和15%。而在乡村旅游产业方面，贺爱琳等（2014）指出，随着乡村旅游的兴起，农户生计策略也会发生变迁与重构。吴雄周和金惠双（2021）基于可持续生计理论，通过实证研究发现，农户生计策略变动是乡村振兴进程中的必然现象，农户的生计资本在生计策略变动过程中占据着举足轻重的地位，从生计资本角度考察农户生计策略变动的趋势和影响因素是考察农户生计可持续性的重要视角，政府应该将农户生计资本的提升作为乡村振兴的战略要点。何昭丽等（2017）的研究发现，人力资本、物质资本、金融资本、社会资本的改善对农户选择以旅游业为主的生计策略有显著的正向影响，正向驱动农户选择"参与旅游"的生计策略，而自然资本的提高对农户参与旅游业有显著的负向影响。调节农户生计资本，推动农户生计多样化，促进区域生态与经济协调发展，能够使农户更好、更快地实现脱贫致富，融入乡村振兴的发展进程。在全面推进乡村振兴的新阶段，需尊重劳动者意愿，结合生计资本优势，以乡村特色产业扶持、吸引具有创新能力的人才在乡村创业，吸纳劳动力就地就业（蔡小慎等，2021），巩固脱贫攻坚成果与乡村振兴的衔接要注重保持财政投入的持续稳定性，注重培养脱贫人口的社会资本，发挥好资金互助等集体经济组织作用，帮助降低生计风险，真正实现脱贫致富（付少平、石广洲，2021）。此外，周强等（2020）也提出，农户生计资本促进生计持续发展，而生计持续发展又能够反过来为生计资本创造前提条件。

3. 传统手工业助力乡村振兴

传统手工艺是人们在长期的社会实践中创造并且沿用至今的工艺，其工艺产品多为农村居民日常使用。通过乡村手工艺的发展，形成乡村品牌，能够吸引更多年轻人留在乡村，实现延续、传承传统文化。工艺产品的生产者找到可长期生存依靠的条件，就能够获得更多收入来源，助推乡村振兴（贾丽，2021）。我国传统手工业技术有别于城市工业，根植于乡土社会，在乡民手工生产劳动中焕发出生命的活力，具有文化多样性与创造转化力，也是一种生计方式与文化实践（张洁，2021）。农民发挥主体性、创造性进行生产劳作，可以增加家庭收入，提升幸福感（赵旭东、张洁，2018）。朱子砚（2019）认为，乡村手工业工坊的再利用和转型是对当代乡村生产生活方式的重构与探索，有助于传统手工业文化的保护与传承，也将为乡村振兴发展带来新的思路。

近年来，在乡村振兴战略的指引下，我国已较早开展了乡村复兴计划，乡村经济也由此焕发无限生机与活力。社会各界开始关注传统手工业的复兴和价值的回归，学术界也由此涌现出一批聚焦于传统手工业助力乡村振兴的成果。其中，马知遥和刘垚瑶（2020）认为，传统手工艺作为乡村文化振兴的一个切入点，将是带动乡村经济发展、村民就业，传承乡村民俗文化的一个突破口。朱志平和郑颖（2020）以徐州市马庄为例，通过深入剖析马庄非遗香包得以在后工业时代焕发活力的内在原因，总结出一条可供借鉴的传统手工艺复兴助力乡村振兴的具体路径，期冀传统手工艺在乡村振兴背景下找回自己的文化语境与发展方向。潘鸿飞（2019）认为，利用传统手工艺推进乡村振兴是一项系统工程，需要政府、民众、专家等多方面力量的有效参与，并从宏观、中观、微观三个不同层面讨论利用传统手工艺推进乡村振兴建设的路径，建议组织多方协同合作，集成人才技术等优势资源共同发力，助推乡村振兴。

（二）概念界定

传统手工业是人类依据劳动与生活的需要，开发出对生产、生活有实用性的工具并批量生产的行业。人类在对自然的领悟中创造了传统手工产品，在漫长劳动过程中发展了传统手工业。传统手工业是人类智慧和劳动精神的结晶，是现代工业的启蒙。传统手工业具有文化与工业二重属性，既是传统文化传承的载体，又具备工业所有的要素，是国民经济的重要组成部分。传统手工业具有资本投入小、生产条件简单、农户生产适应能力强且绿色环保等特点，在助力推进乡村振兴中与当前中国农村农民的特点较为吻合。

1. 生产灵活

传统手工业的生产地点、生产时间具备极大的灵活性。不同于流水线工厂模式，企业可以不设车间、不规划流程，直接将产品任务分包至手艺娴熟的农户。如雕塑、金属、漆器、编织和抽纱刺绣等工艺品，均可采用分包形式生产。承接任务的农户可在农耕之余，自由安排产品生产时间与进程，组织全家劳动，提升家庭年收入。生产灵活的特点使农户可以选择兼业化生产方式，在兼顾农业生产的同时，在闲暇时间生产当地的传统手工产品，获得额外的收入。尽管这种兼业的方式增收不多，但是对于资本比较缺乏的农村而言，无疑是财富、资本积累的一个好途径。农户在个人生计资本上有所积累，就能形成更为丰富的生计策略，从而促进区域的多元化发展和乡村振兴的实现。

2. 资本投入少

传统手工业属于轻资产型行业，企业、农户前期资本投入少，投资风险低。手工业的生产工具多为辅助性设备，企业对原材料、厂房和生产设备等固定资产投入较少。基于当地农户手工技艺的长期积累，企业可节约技艺培训成本。手工业工具简单，原材料易获取，农户家庭可轻投入、稳收益。在不确定性高、农户资金缺乏的环境下，这种资本投入少的特点，可在一定程度上解决资本投资风险厌恶的问题，吸引一些与传统手工业相关、有合作可能的企业加入对农村地区传统手工业的投资。这些投资在不会影响到该企业正常运营的同时还可以给农村带来稀缺的资本投入，改善农户的生计资本结构，提高其抵御外部环境风险、发现发展机会的能力。

3. 产业聚集

传统手工业普遍为高度聚集型产业。产业聚集有助于促进企业竞争、降低企业成本、提升区域经济发展能力。由于原材料受地理因素影响，加之千百年历史积累，手工技艺代代相传，易于形成产业聚集优势。如潮州木雕业、景德镇陶瓷业、端州端砚业等都形成了产业聚集的优势格局。然而，传统手工业并非没有竞争对手以及替代品，这些具备规模效应的传统手工业企业经过长时间的发展，农户对其认识深刻，有特殊的感情，投入意愿较高。只要条件具备，就有利于进一步优化产业的生产链、供应链。农户通过与传统手工业企业深度融合、绑定，共同推动这一区域产业经济的发展，实现企业有利润、农户有收入的共赢局面。

4. 吸纳劳动力多

传统手工业是劳动密集型产业。一方面，传统手工业的特性之一是"小而美"，编织、雕刻、刺绣等流程机械化替代难度高，市场总容量也不足以支撑设备研发。另一方面，手工艺品消费者追求的是产品的手工温度和文化情怀，纯工业化流程会抹杀传统手工艺品的核心吸引力。手工艺品高度依赖人力生产，从县域经济角度来看，意味着手工业在生产环节能吸纳大量劳动力，提供更多就业岗位，增加农户多元收入。我国农村还存在剩余劳动力较多、青年人口大量外流的问题，传统手工业可以吸纳大量的劳动力，缓解农村就业和人才外流的压力。

5. 文化属性强

传统手工业具有现代工业不具备的文化属性。起源于人类劳动文明的传统手工业，曾与人们的农业生产、风俗民情、佳节纳吉等息息相关，虽然工业化进程削弱了手工艺品在现代生活场景中的实用性，但其凝结了千百年来劳动人民的智慧和优秀传统文化，天然散发文化魅力。手工业通常是一个地区的文化名片，历史源远流长，具备浓厚的乡土性、地域性和民族性。

6. 绿色低碳

传统手工业多为环保低碳的绿色发展产业。竹、藤、木等原材料取之于自然环境，生产过程纯手工、低污染，废弃产品可重复利用，无环境分解压力，手工业天然具备生态友好优势。

二、信宜竹编产业集群："一乡一品"特色产业

（一）信宜竹编产业发展沿革及其概况

1. 起源与发展

信宜的竹编产业始于20世纪80年代初。在政府的支持下，在国家为出口创汇的背景下，信宜涌现了大量的编织企业、小型作坊、家庭作坊从事竹编生产，产业发展得如火如荼。自此家家户户都会竹编技艺，农户之间自发相互培训、交流、创新，形成了一个庞大的成熟编织劳动力市场，编织企业在与农户合作生产产品的过程中无须投入过多的资本就可以获得技艺成熟的工人，减少在培训农户过程中的成本，形成了一个区域性劳动力市场。

竹器编制业作为信宜市怀乡镇的传统优势产业，在经济发展中一直占据主导地位。在现代市场的冲击下，各大领头企业不断研发新品，大力开拓市场，加大出口贸易，即使在疫情防控期间，也保持了出口量的稳定。目前，竹器编制业占怀乡镇内工业比重达到80%以上，生产的竹器远销欧美、东南亚等地，在国际上享有盛誉。信宜市竹编产品100%用于出口，尤其是以美国、欧洲为主，出口产品大多用于西方圣诞节、万圣节、复活节等节日需求。由于受到周期性、季节性的影响，远销海外的产品交易周期较长，也受到国际环境与汇率波动的影响。

2. 材料与技术标准

信宜市农户家家户户都种满了竹子，就地取材，使原材料成本具有相对的优势。同时，信宜有成熟的工艺技术标准，例如，竹编产品的"把手"质量标准，包括它的材料和厚度都很有讲究。达不到标准的材料，在上钉子固定的时候很容易出现破裂，产品就会不合格。在信宜，任何一家企业如果在生产过程中出现了工艺、材料等方面的技术性问题，很快就可以获得相应的解决方法，这是其他生产地无法复制的。

3. 市场定位

信宜的竹编产业链中有着大大小小的购销公司，它们有各自的客户资源，资源稳定且合作满意，因此竹编产品在该地很少出现滞销问题。集成了这些优势，在国内外同行竞争中，信宜竹编产业区域竞争优势较为突出。

（二）信宜竹编产业生产现状及影响

1. 农户生产方式

信宜的竹编企业主要采用两种方式进行生产：在工厂里集中生产和分包给农户生产。在工厂里生产的一般是产品工艺比较复杂、材料比较特殊、需要复杂机器辅助生产的产品。其他产品大多分包给农户生产。农户在家中完成手工编织的工序后，把半成品交给企业或中介机构，企业再进行后端工序。下放订单时，企业会给农户发放一份样品和模具。样品展现编制手法，模具则规定产品的尺寸、形状以保证产品质量。不同的产品可能尺寸相同，只是花样不同，所以同一模具也可以在不同的产品上循环利用。农户家里基本上都购置了竹片机，这种机械很便宜，投资少、效率高，可替代人工开竹片，速度非常快。

根据产品所需材料的不同，有的材料由农户自己准备，有的则由企业配发；如果竹片需要染色，企业会告知农户染色配比，由农户自己染色；如果是新产品或是不常用的颜色，农户则将竹片交给技术人员，由技术人员运用备置好的染料染色。工厂收到农户交来的产品后，根据需要进行更复杂的染色、防蛀处理、喷漆等后端工序。农户基本上都能在规定的时间内按质量要求交货。

信宜的竹子资源丰富，大多数农户选择仅在当地购置原材料进行生产，占比64.23%；有35.77%的农户挑选生产原材料时选择自种或企业配备等多种方式。在大部分家庭，全家人都会参与竹编生产，但有43.8%的农户在生产时没有进行家庭成员间的分工。仅有8.76%的农户未使用设备，13.87%的农户使用长辈传下来的设备，77.37%的农户为了承接企业的订单而购买了设备。

2. 竹编对农户生计结果的影响

一是农户幸福指数得到提高。通过 Stata 软件对各项指标进行了五次线性拟合的结果显示，五条线性拟合线的斜率均大于零，表明更长的竹编从业年数对应较高的农户总体幸福感水平和家庭生活满意度；更多的家庭成员竹编从业人数对应较高的总体幸福感水平、家庭生活满意度和家庭经济水平满意度。究其原因，信宜竹编产业具有"经营品牌化、管理标准化、产业规模化"的优势，通过建立并不断完善产品生产、加工、销售的有机结合和相互促进机制，信宜市怀乡镇的竹编产业成功突围并撬动了市场份额，为提高当地农户的福利水平做出了不可磨灭的贡献。

二是农户收入得到提高。借助 Stata 软件将从业者竹编收入占年收入的比重与农户的年收入水平进行线性拟合，结果显示，线性拟合线的斜率大于零，即解释变量及被解释变量在采集的样本中存在正向相关关系，表明从业者的竹编收入占年收入的比重越高，其家庭年收入也将随之增加。

3. 农户经营情况

在家庭生产竹编参与者中，全家人一起编织占比 43.80%，家庭中仅部分劳动力参与编织占比 56.20%。从图 1 可见，81.02% 的农户全天进行竹编工作；农户掌握竹编技艺时间方面，1 年以下占比 2.19%，1~3 年占比 5.84%，4~5 年占比 7.30%，6~10 年占比 11.68%，10 年以上占比 72.99%。相比于其他传统手工业兼业化的特点，竹编全职率较高；且普遍具备 10 年以上的技艺时间，熟练工人很多，区域优质竹编人力资本丰富。

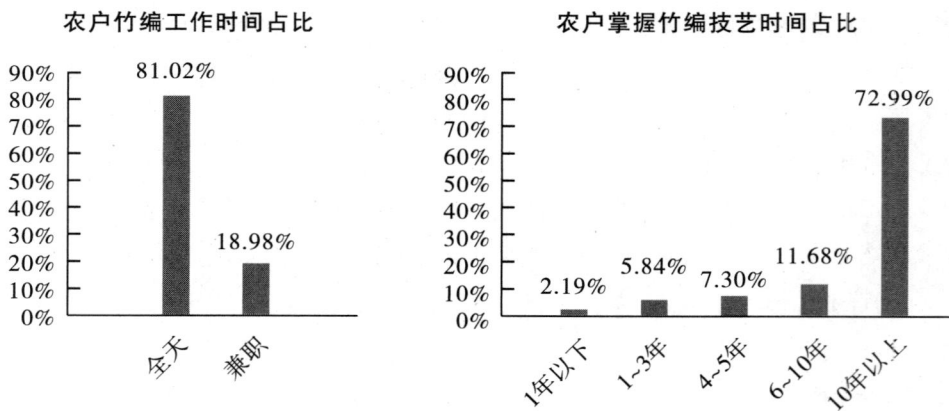

图 1　农户竹编工作时间、农户掌握竹编技艺时间分布

（三）龙头企业引领——粤丰工艺品有限责任公司

粤丰工艺品有限责任公司是一家专门从事竹编工艺品、木制家具（家居工艺品）研发、生产及全球销售的骨干龙头企业。工厂占地面积 4 800 平方米，现有员工 85 人，其中工程技术人员 15 人。2018 年出口额 2 400 万元，2019 年出口额 2 750 万元，2020 年出口额 3 300 万元，出口贸易额年增长率为 11.3%，在信宜市出口名单中名列前茅。公司研发生产的产品有：季节性竹篮，木片篮，芒、

藤、草篮；木制洗衣箱，针线盒、卫浴用品，收纳箱、装饰工艺品等各类工艺品、小型家具。品种达 6 000 多款。

公司属于典型的外贸出口型企业，主要面向欧美市场。企业的董事长兼法人为陈盛勇，为竹编企业第二代继承人，其父亲陈昌茂早在 20 世纪 80、90 年代就远在江门从事竹编工作，后因订单数量供不应求，嗅到了商业气息，决定带领随他外出打工的乡亲返乡创业，成为信宜竹编产业的领头人。接过父亲竹编接力棒的陈盛勇，经历过信宜竹编产业发展中的巅峰期之后深刻地意识到，信宜竹编产业的产品当前附加值较低，同行之间恶性竞争、大打价格战，只有通过设计实现产品创新以及产业融合等手段才能保证利润，把企业做强。信宜企业主要的国际市场竞争对手是越南企业，相较于越南企业，其虽然劳动力成本相对较高，但是员工生产态度积极端正，且当地竹编历史悠久，产业基础雄厚，本地已形成完整的产业链，产能较高、产量较大、生产周期较短，是企业拥有较高竞争力的依托。具体措施主要有：

1. 产品设计创新

粤丰工艺品有限责任公司在产品设计的创新方面有着自己的理解，专业设计师在市场上有条不紊地推出新产品，例如，圣诞袜、圣诞帽等圣诞题材造型的竹编产品，灯饰竹编、差异化颜色、个性化造型的混搭竹编产品。公司不断尝试工艺再造，加入节日题材对产品进行文化赋能。这些琳琅满目产品的出现，让竹编产品甩掉了传统呆板的帽子，迎合了现代年轻市场的审美价值，消费者愿意花更高的价格购买，提升了企业的利润空间，农户加工生产的收入也相应得到提高。源源不断的订单提升了企业扩大生产的意愿，增加了竹编产业的就业岗位。

2. 材料创新：竹木混编

产业融合有助于促进传统产业创新，进而推进产业结构优化与产业发展，同时，产业融合也催生出新技术，并与更多传统产业部门融合，改变着传统产业的生产与服务方式，促使其产品与服务结构升级。在企业竞争合作关系的变动中，市场结构也不断趋于合理化。粤丰工艺品有限责任公司最初的生产并没有包括木制产品，只是一家纯粹的竹编企业。公司在与国外竹编采购商合作的过程中，获知国外竹编采购商对木质产品也有较大的需求，为了增强企业的竞争力，决定开发出木制产品的生产线，以满足外商的多元化需求。木制产品的加入，不仅为企业增加了更多的利润来源，还促进了企业竹制产品的产量。公司结合竹制产品和木制产品各自的特点，开发了将两者相结合的竹木混编产品，竹制、木制产品相互促进发展，大大增加了企业整体的生产订单数量，企业也随之进一步扩大，直接带动了当地农户的参与。

3. 市场开拓

竹编产品销售的主要市场是欧美，信宜竹编设计风格迎合了欧美消费者的需求。针对欧美的节日，例如圣诞节、复活节、情人节等，不断推出相关节日主题的产品，刺激了欧美消费者的购买欲望。以沃尔玛为代表的美国大型超市、商场、零售店是信宜竹编产品的主要大客户、强有力的合作伙伴，对竹编产品有着稳定需求。

4. 组织农户协同生产

粤丰在信宜共有四家工厂，主要采取"公司＋农户"的生产模式，手工编制与机器加工相结合。"公司＋农户"即企业将产品生产外包至农户家庭，农户在家中进行生产。该企业有四名负责联络农户的人员，需要外包时，企业派遣人员挨家挨户地沟通，负责人与农户沟通生产数目与生产单价，生产单价各户统一。若逢旺季，急需人手，除派遣人员至农户家庭商讨外包之外，企业还会联络中介给予佣金，由中介分发任务给其固定合作的农户，收货、验货都由中介负责，再统一交至企业，目前这样的中介在信宜约有 30 人。厂内有 1 000 ~ 2 000 位固定员工进行手工编制，一天制作 8 ~ 9 小时，薪酬按工作难度定价，实行计件工作制，一般 1 ~ 5 元一件，外包到农户也是同样的薪酬价格。企业内部员工以本地人为主，也有外来的管理与技术人员。本地绝大多数农户已掌握竹编技艺，不需要接受生产培训，除非某款产品制作难度很大才会有针对本产品的培训。信宜从事本行业的农民有 6 万 ~ 8 万人，以中老年女性居多，年轻人多外出务工，从事竹编的女性在家中可以兼顾对孩子和老人的照顾。

（四）竹编产业对生计资本和生计结果的提升

1. 自然资本

信宜政府在大力支持竹编产业发展的同时，组织发动了当地农户大批量种植竹子，得到了广大农户的支持。全市竹林种植面积保有量超 20 万亩，这为竹编产业的发展提供了坚实的原材料保障，扩大了人均林地面积，增加了农户的自然资本。

2. 社会资本

竹编产业为当地提供了大量就业岗位，农户的就业渠道增多，提升了农户的生计能力，丰富了农户的生计策略。农户相互之间介绍工作、比较工作信息，强化了农户间的社会网络，提升了农户在就业方面的社会资本，大家彼此切磋技艺、共享信息，改变了传统农户市场信息孤岛的局面，在与企业合作的过程中，农户形成了按质量准时交货的习惯，培育了契约精神。

3. 人力资本

在当地竹编龙头企业的带动下，农户积极参与了竹编的生产，不仅企业会根据需求对农户进行培训，农户也会自我培训，特别是在信宜市怀乡镇上，家家户户都会竹编技艺，孩子们基本都是在家庭生产的过程中自我领悟竹编技艺，无须专门接受培训。随着产品顺应市场需求，在形状、功能、色彩、原材料等方面不断变化，农户的编制技巧、色彩搭配、选材、质量标准、定价标准以及商业决策等方面的能力日益提升。妇女们就地就业可以同时照顾好家里的老人和孩子，一定程度上缓解了农村留守儿童、孤寡老人的问题，促进了农村家庭关系的和谐，提升了农户的幸福感水平。

4. 物质资本

在发展竹编产业的过程中，为了满足生产的需要，农户购置了竹子切片机等机械设备，家庭有了这些设备，可大大提高竹编的生产效率。企业的规模发生了变化，厂房不断扩大、设备不断更新，给农户带来更多生产所需的物质资本。

5. 金融资本

农业收入水平易受自然气候影响，单一化收入结构不利于农民的风险防控。问卷调查显示，农户的收入结构发生了变化，被调研农户中有近半成农户的竹编收入占家庭年收入四成及以上。信宜竹编的兴起改变了农民单一的种植收入情况，使农民的收入渠道更加多元化，在一定程度上提高了农户家庭的抗风险能力。

6. 生计结果

竹编产业的发展，提升了当地农户的生计资本。一方面，竹编产业带动就业，提供了除农业种植以外的其他收入渠道，多元化的收入提升了农户的抗风险能力，为农户家庭增添了收入，改善了农户的物质生活水平；另一方面，妇女们就地就业、居家生产，可以兼顾赚取收入与陪护老人、孩子，促进了农村家庭关系的和谐。与此同时，竹编生产发展也促进了农户家庭之间的交流，培育了契约精神，提升了农户的精神生活水准。物质充足、家庭和谐、邻里和睦带给当地居民较高的总体幸福感水平、家庭生活满意度和家庭经济水平满意度，在物质和精神方面都对农户生计结果产生正面影响。

表1　农户生计资本提升分析

自然资本	传统手工业产品出口促进了农户对竹林资源的种植
社会资本	通过合作社农户之间的相互合作、交流，竹编生产过程中邻里的信息共享，培养了商业思维、契约精神
人力资本	龙头企业根据生产需求对农户进行培训，使农户提升了技艺、培养了学习动力、增强了商业敏感性等
物质资本	企业根据生产需要建设厂房；农户根据生产需要购置相关工具
金融资本	出口退税政策惠及企业，农户更容易获取订单；农户通过竹编生产增加额外收入，降低了单一收入来源的风险，提高了抗风险能力

三、连南瑶绣产业：非遗项目带动

（一）连南瑶绣简介

瑶族是我国具有悠久历史的少数民族之一，粤北地区是瑶族的主要聚居地之一。瑶族是没有文字的民族，瑶族文化世代通过语言与图腾符号传承至今，而瑶族服饰又有着丰富的内涵和独特的民族风格。瑶族女子心灵手巧，从少女到白发婆婆无一不会刺绣工艺。不论在家中做工或出门做工，她们都会随身带着刺绣工具，随时随地进行刺绣。

刺绣是瑶族妇女的终生手艺，她们在少女时期就开始跟着长辈们学习，一般先学习绣衣襟花边、花带、脚绑等常用物品，练习基本功。当姑娘们恋爱时，会绣荷包、香包、头帕等送给情人作为定情物，运用这精美的技艺，展示自己的才华，博得小伙们的赞赏。中老年女性，除了绣制日常的刺绣品外，更主要的职责是将自己的手艺传授给下一代，培养接班人。目前，连南刺绣的整体特点是以手工为主，工序繁杂、耗时较长等是传统手工刺绣技艺与瑶族的刺绣文化面临的困境。

（二）连南瑶绣政企影响分析

1. 政府支持、聚力培训

为了使瑶绣得到更好的发展，连南政府在瑶绣绣娘技艺的提升上下了不少功夫，例如开设瑶绣培训班，经培训后获得毕业证的绣娘达5 000人。瑶绣是瑶族女性代代相传的技艺，而瑶绣培训的开设目的是在原有基础上提升绣娘的绣工、颜色搭配能力、现代审美能力，还组织绣娘前往国内的汕尾、深圳、台湾甚至国外的东南亚、美国、新西兰等地参加相关展览，以拓展思路，提升产品设计水平，希望将瑶绣这一瑶族传统生活艺术发展成为瑶族民众增加收入的一条途径。

自 2010 年起，连南政府组织了一批绣娘前往外地进行交流学习、集中培训，学习潮绣、苏绣，吸收其他绣种可供借鉴的技艺，以及提升适应市场、与时俱进的能力。在 2013 年 1 月隆重开馆的中国广东瑶族博物馆里，瑶绣工作站在政府的支持下得以成立。瑶绣工作站中展示了各种优秀的传统瑶绣作品，以及融合了现代元素的文创类瑶绣作品。中国广东瑶族博物馆作为展示瑶族文化深厚底蕴、传播瑶绣文化的窗口，吸引了众多消费者和商家，并以瑶绣工作站为载体获取订单，分发给绣娘们生产。

2. 示范引领——房伟艳工艺坊

房伟艳是瑶绣非遗传承人，也是绣娘们的典型代表。她是第一批由政府组织外出交流的绣娘之一，在对外交流过程中，她刻苦钻研的精神得到了交流企业的认可并获得了部分订单。房伟艳把握住机会，在培训完后，又积极主动地组织其他绣娘参与对外合作，由此获得了服装、箱包、珠宝、日用品、文创类企业稳定的刺绣订单。虽然很多订单并不是单纯要求生产瑶绣，还有苏绣、潮绣，但是解决了以房伟艳为代表的绣娘在市场中生存的问题，从此她们改变了以前依赖政府补贴和帮助的状况，依靠自己就可以在市场中立足。她们在保证自身生存的条件下，借鉴其他绣种的优势，积极地开发、改良瑶绣，逐步让瑶绣得到市场的认可。绣娘们在绣坊兼职，平均每月可以增收 1 000～2 000 元，订单多的时候每月可以赚到 2 500 元，一年下来能增收近 2 万元，这在当地算是一笔不错的收入。经过 5 年发展，工艺坊 2019 年销售额达到了 150 万元，较 2017 年增长了三分之二，而 2015 年销售额仅 20 多万元。

以房伟艳为首的瑶绣团队——"伟艳瑶族刺绣工艺坊"是连南瑶绣生产的典型模式，以技术高超的绣娘作为主心骨，由专业绣娘和兼职绣娘合作生产，已有专业绣娘 100 余人、兼职绣娘 1 000 余人。在产品设计方面，瑶绣产品的设计有时由房伟艳独自完成，有时由团队成员协作完成。在产品生产方面，瑶绣产品设计完成之后首先考虑由团队绣娘合作绣制，若需求量大，人手不足，则交由兼职绣娘绣制。兼职绣娘分散于该县各乡镇，各地设有绣工最好的领头绣娘，如有产品需要绣制，房伟艳会召集各地领头绣娘，集中讲述本产品的针法，同时给各地分配绣制任务。领头绣娘们学习针法后，回去再将针法教授给当地的兼职绣娘，成品交由领头绣娘把关。"伟艳瑶族刺绣工艺坊"如今既是瑶绣产业化的培训基地，也是广绣、苏绣的生产基地。每有闲暇，房伟艳都会提着大包小包到村里探望绣娘们，给她们带去订单的同时，还办起了每年 12 期的技能培训班，手把手给姊妹们传授广绣、苏绣技能，共同研发符合市场需求的瑶绣新技法、新样式。经过多年的发展，该工艺坊呈现出独具特色的经营模式：

一是对接城市、高校资源。瑶绣面临着产业单一、生产规模小、设计题材过于传统、与其他绣种竞争力差距过大诸多问题。产业之间的融合有助于促进传统产业创新，进而推动产业结构优化，达到提高产品竞争力的目的。房伟艳工艺坊通过与城市的服饰、珠宝等产业合作，将瑶绣的题材和技艺融入服饰、珠宝等企业的产品之中，将瑶绣文化融入日常生活用品里，获得了来自城市企业源源不断的加工订单。这种与其他产业合作带来的订单比单纯生产瑶绣的利润要大得多，激发了房伟艳工艺坊扩大瑶绣产能的意愿，房伟艳工艺坊急需更多劳动力参与瑶绣生产，扩大了对当地妇女的技能培训，很多家庭妇女等闲置劳动力获得了充分利用。

在政府的支持下，房伟艳跟着各地刺绣大师免费学习四大名绣的针法技法；到高校系统学习色彩搭配、美术设计等理论知识；走进广东国际时装周现场领略时尚前沿、国际潮流风采。喝水不忘挖井人，一手创业、一手传承。自 2018 年至 2022 年，房伟艳通过瑶族刺绣艺术第二课堂走进校园，当起了连南各中、小学以及幼儿园的校外导师，每周安排一到两节课。她还曾赴台湾云林科技大学、广州医科大学、广东轻工职业技术学院等十余所学校授课，用通俗易懂的方式为各地学生传授刺绣针法、设计理念和瑶绣文化，累计教授学生逾千人，与各大高校保持着紧密联系。

二是生产兼业、家中就业。房伟艳工艺坊对当地妇女开展瑶绣技艺培训，依据绣娘的瑶绣技艺熟练度，组织分配好生产任务，并付给约定的报酬。当地妇女积极主动地参与瑶绣培训，兼职刺绣模式的辐射区域逐渐扩大，带领绣娘在家刺绣，脱贫增收，闯出一条"非遗扶贫"的新路子，一定程度上助力了乡村振兴。

3. 新型文创工作室的兴起——瑶艺堂

文旅融合点燃新希望，古老瑶寨焕发新生机。2018 年，瑶艺堂文化创意工作室（以下简称"瑶艺堂"）成立，致力于瑶族工艺品、瑶族非遗项目、瑶族元素产品的设计、销售。瑶艺堂研发和销售的产品主要有三大系列：一是以瑶族人物为素材研发的钥匙扣、随身镜、抱枕、树脂公仔、明信片等；二是以瑶绣为素材研发的首饰、布艺包、皮包、随身镜、钥匙扣、挂画、瓷器等；三是以瑶族特有风俗风情为素材设计印花并制作的布艺包、抱枕、丝巾等。目前已在销售的产品款式达 200 多种。

在研发、销售产品的同时，瑶艺堂坚持开设"瑶绣小课堂"，从瑶绣的历史文化、瑶绣基础绣法、瑶绣纹样等方面，通过图文、视频等方式全面介绍瑶绣并传授瑶绣技艺；延伸设计能够带动当地妇女就业、提升当地妇女收入的产品，带动当地120多位瑶族妇女、留守妇女就业，为瑶族文化的传承和发展贡献自己的一份力量。

（三）连南瑶绣产业对生计资本和生计结果的提升

1. 社会资本

连南政府为了支持非遗保护工作，在中国广东瑶族博物馆设立了瑶绣坊工作站，重点打造瑶绣展示、研发基地，试水与高职院校、企业合作，探索刺绣人才的"订单式"培养模式；投入资金开办刺绣培训班，将当地部分妇女有效地组织在一起学习这门手艺并获得收益，带动更多妇女去了解瑶绣这个收入渠道；组织优秀的绣娘外出交流，学习同行业的优秀题材、技艺，借鉴行业发展经验，在与外界的同行企业和不同领域企业的交流学习中宣传了自身，也开拓了彼此合作的渠道，为瑶绣产业带来源源不断的订单。

2. 人力资本

瑶绣领头人房伟艳在政府组织的培训中提升了技艺与产品设计能力，掌握了符合现代市场的产品特征，培养了商业思维，并逐步将它们传授给当地绣娘们。在房伟艳工艺坊快速发展过程中，产能扩大的需求让工艺坊自发地对农户进行培训，以满足工艺坊的生产需求。由于房伟艳工艺坊激发了当地妇女参与培训的热情，出现了妇女主动上门要求接受培训的情景，改变了最开始瑶绣培训只由政府主导的状况，形成了政府、市场联动培训的局面。越来越多的妇女接受了培训，企业生产逐步流程化、管理逐步规范化，生产效率得到了很大的提高。

3. 生计结果

瑶绣的发展，提升了当地农户的生计资本。一方面，瑶绣成为绣娘们的一种增收手段；另一方面，瑶绣生产中生产兼业、家中就业的特质使绣娘们能够兼顾家庭。同时，瑶绣作为一门艺术，丰富了绣娘们的精神生活，她们在提升瑶绣技艺的过程中提高了个人的审美水平，开阔了眼界，大大提升了精神生活水准。物质丰裕、自我充实都会使绣娘们的总体幸福感、生活满意度得到提升，在物质和精神方面都对农户生计结果产生正面影响。

表 2　农户生计资本提升分析

社会资本	中国广东瑶族博物馆设立瑶绣坊工作站；瑶绣传承人自发成立工艺坊；外出交流学习，接触时尚资源，获取生产订单；与高职院校、企业合作，探索人才"订单式"培养模式
人力资本	农户通过合作社培训增进知识和技能；农户创业创新意识提升，积极自主创业；农户自我技能强化意识提升，自发参与培训；瑶绣产业提供青年返乡创业机会

四、富德工艺品有限责任公司：企业驱动连接城乡资源

（一）富德工艺品有限责任公司简介

佛山顺德是中国最大的广绣实用绣品出产地，其中影响力最大的产品就是西班牙的马尼拉大披肩。富德工艺品有限责任公司（以下简称"富德公司"）在1995 年成立，前身为顺德刺绣工艺总厂，是由原企业职工集资转制为股份制私营企业，法定代表人为郑乃谦。公司主要生产的刺绣产品是外销的西班牙大披肩，大披肩出口收入占总收入 80% 以上。2009 年以前，富德公司的刺绣产品全部出口，其产品在南欧占有大约 70% 的市场份额。富德公司在披肩的对口外销中以市场为导向，充分考虑当地历史、宗教、风俗文化等背景，通过实地写生、追溯传统、配色创新等形式进行产品创新，极大地满足了欧洲市场的需求。富德公司在 2009 年创立了"广绣庄"内销品牌，主要销售香囊、手抓包、围巾、旗袍和大披肩，产品定位高端，主要面向追求品质生活的客户。

（二）富德公司发展现状分析

1. 企业发展过程

顺德是广绣的传统产区之一。据统计，1979 年，顺德各厂有专业绣工约2 000 人、业余绣工约 17 000 人。随着改革开放的深入，就业机会变得非常充裕，其他行业的收入迅速超越刺绣收入，导致顺德绣工大量流失。富德公司先是组建了数十人的技术培训队伍，按照先培训后设厂生产的程序，扩大产能后再向外围的江西、湖南、广西等省区扩建广绣生产基地。当时适逢欧洲实行统一货币之前的币值调整，购买力急剧提高，对广绣产品的需求大幅增加，呈现供不应求

的状态，富德公司于是向更外围的省区扩展生产基地。从 20 世纪 80 年代初到 21 世纪初的 22 年里，富德公司和合作方先后在粤、桂、黔、滇、陕、川、渝、湘、鄂、豫、冀、皖、苏、浙、赣 15 个省区、130 多个县组织过广绣技艺培训及广绣产品生产，农户参与积极性非常高，当时最大的培训班容纳了 300 多名学员。由于气候因素的影响，长江以北的广绣基地延续时间都较短，又由于 2008 年欧洲经济危机延续了八九年，一部分江南的广绣基地也先后结束。目前，由于新冠疫情的影响，再加上西班牙经济在 2008 年金融危机中一度陷入低谷如今还未恢复、民众消费能力下降，披肩的出口受到限制，市场萧条，公司各类员工减少至现在的大约 3 000 人（包括在厂员工和农户散工），集中生产的大约 1 000 人。尽管广绣的市场大不如前，富德公司仍然是当地最大的广绣生产商。

2. 生产组织方式

一是集中式生产。现有集中式生产人数大约 1 000 人，分布在富德公司的各大工厂。这些员工人数比较固定，专业素质比较高，可全日制上班，且居住地点比较方便集中。他们主要生产高品质产品，对产品的品控比较严格，技术水平较高，多数是年长的老师傅，技术精湛。

二是分散式生产。散工主要是一些乡镇上会刺绣的妇女。由于国民收入水平的提高以及就业机会的增多，从事刺绣的人员越来越少，公司现有的散工不到 2 000 人，她们由分发部门统一管理，分发部门管理材料的收发、人员的考核以及工资的结算。这些散工基本都是利用农闲的时间刺绣，又被称为"农闲工"。她们刺绣的技术水平一般不高，绣品多为中低端、刺绣难度不大的，也常常会出现交付不及时的情况，而且产品质量参差不齐。

3. 可持续发展

一是强化研发与创新。产品研发面向市场，设计元素符合当时当地的流行趋势，贴合市场的需求。作为广东省非物质文化遗产传承基地的富德公司拥有设计、刺绣和销售三大团队，公司内部形成了"纹样设计—描图—印稿—绷架—配线—刺绣—下架整理—制成各种服饰和工艺品"这样分工明确的工艺流程。郑乃谦每年都会去西班牙调研，进行市场分析，了解消费者对图案和色彩的需求，根据目标市场的历史、文化、宗教等元素进行产品设计，使产品更加顺应当下的流行趋势，符合西班牙民众的审美。他在欧洲调研以及与客户洽谈时也收获了不少订单。目前，公司已有 900 多种独立设计的产品，题材包含了欧洲各国的地域风情，例如西班牙石榴花、西班牙大火山下面的不死鸟等元素，象征着西班牙人刚毅、乐观、积极向上的生活态度。

公司设计团队的 4 名设计师均资历深厚。每年团队都会组织去全国各地写生，用于题材和元素的创新。古老的刺绣题材展现的是古代人当时的生活，这些题材一直被业内人士用在现代的刺绣作品上。富德公司将更多的现代元素放在刺绣作品中，不拘泥于传统元素，融入了现代文化，刺绣的题材多变且展现了当代人的生活，使广绣离我们的生活更近，例如穿短袖的小男孩、端午节划龙舟、四川的火把节和斗鸡比赛等，也深受消费者喜爱。

二是加强知识产权保护。公司坚持"以市场为导向，坚持原创输出"，在知识产权保护上，致力于为优秀的原创产品申请国家外观设计专利。早在 1994 年，公司就申请到了 94 件外观设计专利，当年位列全国工业企业提交专利申请数量第二位、广东第一位。其中的 119 号花色，从 1992 年起每年都会接到 2 400 余件的订单。由于广交会期间外贸企业的产品都会在摊位上展出，以吸引客户批量订货，富德公司会定期派人巡查有无抄袭本公司产品的情况和侵犯本公司专利的行为。在广交会兴盛的时候，富德公司曾被 3 家河南的公司侵权，当时其利用专利法很好地保护了自己的产品。

三是引进先进的成本核算技术。富德公司虽然一直坚持纯手工刺绣，但也不排斥使用现代科技。从 1993 年开始，公司就使用电脑进行刺绣设计，还进行刺绣动作分析，研究出 3 秒以内的标准刺绣动作，应用电脑分色技术、面积扫描测算技术、统计分析技术，根据绣线的长度和数量分析，实现了对产品生产成本和工时的客观评估。这套流程管理的创新，减掉了工人多余的刺绣工作，也降低了公司不必要的成本，摒弃了主观定价的方式，使产品的价格更加合理；并且科学地分解入针、定针、落针等环节，形成标准化流程，减少了对零基础绣娘的培训难度。

四是通过研究不断创新针法。富德公司在 1992 年前后研发了双面绣的技法，并培训了大量的生产工人，形成了规模性生产力。这种双面绣有别于苏绣的双面绣，又称为"实用双面绣"，可使双面绣产品成为实用品走进人们的生活。实用双面绣产品投放市场之后极受欢迎。一直以来，公司从未停止创新的步伐，通过各种途径收集古代出口的绣品，作为针法和题材创新的源泉之一。目前正在创作的渐变绣，是将几种颜色相近的线绣在一起，绣品颜色饱满靓丽，独具一格，但是对绣娘的技艺要求很高，极其考验眼力。

（三）广绣产业对生计资本和生计结果的提升

1. 人力资本

从 20 世纪 80 年代初到 21 世纪初的 22 年里，富德公司和合作方先后在粤、桂、黔、滇、陕、川、渝、湘、鄂、豫、冀、皖、苏、浙、赣 15 个省区、130 多个县组织过广绣技艺培训及广绣产品的生产。在培训的过程中，公司将生产骨干调配到农村的生产基地，为农户的广绣生产提供持续不断的技术顾问服务。公司通过培训为农村妇女提供了就业机会，提高了她们增加收入的能力，也为"留守儿童""空巢老人"问题的解决提供了借鉴。

2. 金融资本

从 20 世纪 80 年代初开始，富德公司先是向东往潮汕地区，向西往茂名地区，向北往英德、连州、连平等粤北地区发展广绣生产基地。后又进一步向外围的江西、湖南、广西等省区扩建。公司将产品的一部分生产外包给农户，农户按照其要求进行生产，按件计费，多劳多得。这给成千上万的农户带来了增加额外收入的机会，提高了他们的抗风险能力。

3. 社会资本

农户通过参与富德公司在各地举办的广绣培训，学习了广绣工艺技能，获得了与富德公司接触的机会，并通过与富德公司的合作进行自主创业，与城市资源对接，创立了许多不同规模的小作坊，给各区域的乡村带来了增加收入的途径，还起到了示范作用。

4. 生计结果

富德公司的发展，提升了当地农户的生计资本。一方面，公司为可出户务工的农户提供了就业岗位，也为选择在农闲时务工的农户增添了一种增收手段，提升了农户收入。同时，公司对参与生产的农户进行培训，为未接触过绣制的农户增加了新的就业技能，为接触过绣制的农户强化了就业技能，提升了他们的生存能力、抗风险能力。与公司的接触和合作也激发了部分农户自主创业的意愿，形成了另一种收入或增收途径。另一方面，广绣作为一门艺术，农户在依照公司研发设计的纹样进行绣制时，也得到了潜移默化的熏陶，陶冶了情操，丰富了精神生活。农户的总体幸福感、生活满意度得到提升，在物质和精神方面都对农户生计结果产生正面影响。

表3　农户生计资本提升分析

人力资本	企业跨区域培训,使农户的知识、技能得以提升;以培训妇女为主,使她们兼顾家庭的同时可以获得收入;技术骨干下乡,为农户提供持续不断的技术服务
金融资本	农户根据订单按件计费,收入增加
社会资本	农户获得对接城市人力资源的机会;企业通过组织培训班,扩大了农户的社交网络;农户通过与企业合作成为小作坊主,实现自主创业

五、结论与启示

(一)结论

传统手工业主要分散在中国广大的农村地区,无论在精神文化还是经济上都对农村产生很大的影响,影响着人们生活的方方面面。应发挥手工业的优势,支持传统手工业的发展。通过企业的培训和招聘,政府的规划和支持,生产主体的外出交流、互动,可以有效地提升农户的生计资本,丰富农户的生计策略,切实提高农户的自身发展能力(见表4)。

表4　三个案例的生计资本结构比较

类别	信宜竹编产业集群	连南瑶绣产业	富德工艺品有限责任公司	共有特征
人力资本	龙头企业培训 农户自我培训 合作社培训	培训知识技能 自发参与培训 自主创业意识 青年返乡创业	企业跨域培训 培训农村妇女 技术骨干下乡	培训:企业直接下乡开设培训班、合作社,调配技术骨干对农户进行培训
社会资本	农户合作交流 农户信息共享	建立文化设施 外出学习 与高校、企业合作	广绣培训班 对接企业资源 结交技术骨干	人才交流平台:农户内部通过生产平台合作交流、信息共享,外部通过结交相关人员扩大自身的社会网络
金融资本	企业退税政策 产品生产 竹编组织生产	瑶绣兼业收入 工艺坊	广绣兼业收入 小作坊	生产、组织生产:农户通过完成生产任务或组织生产获得收入

（二）启示

1. 挖掘当地传统手工业资源潜力

传统手工业如今仍具很大挖掘潜力，从历史的角度看，传统手工业在我国的发展过程中存在周期性，也适用"成长—成熟—衰退"这一规律。无论是明清时期的海上丝绸之路，还是新中国成立后为得到更多外汇而大力扶持工艺美术品出口创汇，传统手工业在不同时代背景下都创造了属于自己的辉煌。改革开放后，国外产品、文化的冲击以及国内轻工业的快速发展和人们日益变化的消费习惯，给传统手工业的发展带来了巨大的挑战，部分人不再以自己的传统艺术品为荣，甚至认为是文化的糟粕、落后的象征。随着综合国力的提升，我国的国际影响力也越来越大，文化强国的推进刻不容缓。

一要重视传统手工业的文化属性。文化是传统手工业的灵魂，失去文化价值的手工艺品在市场上的可替代性强，没有竞争优势。无论是相关政府部门还是企业，都应把握好时代发展的机遇，给予传统手工业更多的扶持或重视，挖掘更多传统手工业背后的文化属性。

二要重视与现代文化的融合。加深对工艺品文化的挖掘并融合现代文化，提出符合时代潮流、能被消费者接受的新理念；创新传统手工业生产技术。纵观历史，传统手工艺品背后的工艺和文化理念也会随时代的变化而有所变化，如今更不应一味地强调传统，被传统二字所束缚。无论是民间爱好者还是企业，都应结合新时代文化，开创出能被新一代人接受的文化产品，开拓国内文化消费市场。

三要重视国内的文化市场。随着我国经济的发展，消费者对文化产品的消费需求逐年攀升，相关企业不应忽视本国民众对文化产品日益增长的需求。即便像信宜粤丰工艺品有限责任公司这样的龙头企业，也还没有尝试将产品的一部分重心转向国内，依然保持着以出口为主导的模式。

2. 加大传统文化保护与开发的政策力度

传统手工业的生产大多集中于乡村，很多能人巧匠也隐藏在乡村。随着我国城市化进程的加快，传统手工业如竹编、刺绣等，因对经济的影响程度较小而没有得到重视，行业的收入也只是稍高于农业而低于其他大部分行业，很多手艺人因此转行，年轻人则不愿进入，行业人才出现断层，行业整体呈衰退态势。传统手工业迫切需要政府的支持和保护，出台可行的政策。

传统手工业衰退的根本原因还是国人对传统文化的认可度不够高，以及传统手工业从业人员平均受教育水平较低导致的生产效率低下、缺乏创新、产品同质化。我国的传统文化产品更多是销往海外，国内市场份额较小，缺乏具有知名度的品牌和产品。政府应当从文化教育、宣传的角度出发，唤醒国人的文化认同感，对行业的非正式组织进行扶持，促进传统手工业之间的交流合作，补贴从事传统手工业培训的人员，促进传统手工业与高校资源的合作，给予税收和融资方面的支持，促进行业的转型升级。

3. 加强对传统手工业带头人的培训，增强其跨界融合的能力

传统手工业对农户生计资本影响最大的是人力资本，其带给农户的最直接益处不仅是收入，更是技能的培训。培训重心应放在传统手工业带头人身上，传授他们新的知识和思维方式，使他们可以起到先锋模范作用，带领整个产业向前发展，让更多的农户参与产业生产，提升农户整体的生计资本水平。

一要重视外部资源的利用。对传统手工业带头人的培训要借助外部资源，利用外部力量，充分与各行各业人士接触，寻找相关合作可能。例如，传统手工业组织可与政府、高校等加强交流，借助他们更专业的力量，提高对传统手工业带头人的培训质量。

二要注重培训内容的多样化。许多手艺人虽技艺超强，但视野狭窄，缺乏足够的市场经营理念，没有以消费者为导向，导致设计的产品虽然很精美，但产品本身的文化价值已经赶不上现代消费者的文化需求，相比现在流行的文化产品失去了竞争力。在培训中，除了提高技艺，更应该把重点放在市场、管理、营销、创新等知识上，有针对性地对带头人开展培训，增强他们的综合能力，以带领整个产业共同前进。

三要提升跨界融合能力。应培养带头人的创新意识，增强其跨界融合能力，让传统手工业不再局限于自身行业，实现多产业融合发展。传统手工业面临着市场份额小和可替代性强的问题，如何在现有基础上扩大市场份额且保持竞争力，成为传统手工业的奋斗目标。只有不断地创新才能保持持久的竞争力。可积极开拓新载体，例如，将竹编与灯饰结合，形成更为新颖的灯饰；将瑶绣与珠宝结合，通过瑶绣的包装使珠宝更具文化气息。还可通过不同传统手工业的联合开发、联合售卖，共同提升产品的文化价值。带头人应成为推动跨界融合的主体，特别是在技艺、工艺上的融合。

4. 拓展城乡资源链接的空间

一要提供农户对接城市资源的渠道。通过拓展城乡资源的交流空间，引入企业并在各地农村建立生产基地，培训当地的农户。通过对接城市企业的物质资源、人力资源以及市场、金融等资源，切实提升农户的社会资本、人力资本、金

融资本。特别是社会资本，对于封闭在农村的农户，无疑是打开了新的大门。企业同样也需要一些生产组织者帮助自己提高整体产量。农户在对接企业资源的过程中，不断积累生计资本，并最终丰富了生计策略。这为农户培育创新意识提供了条件，可促进其自主创业，成为区域的小作坊主，带领更多农户参与传统手工业生产。政府应建立农户对接城市资源的平台，发挥各地合作社的作用，提供市场和客户信息，促进农户之间的信息共享，减少农户选择生计策略的交易成本。

二要提供企业对接农村资源的渠道。传统手工业企业也面临着劳动力短缺问题，需要一个可以将农村资源信息收集起来提供给企业的服务平台，使城市资源和农村资源得到高效利用。当地政府应该积极寻找农村可开发的手工艺资源，组织相关培训，并对接相关外部企业。

5. 提升农民生计资本，增强其兼业经营能力，突破土地资源约束

提升农民生计资本可以显著影响农民生计策略，促进农民生计策略多样化。政府应该将农户生计资本的提升作为乡村振兴战略的要点，引导农户生计策略的变动，使之与乡村振兴战略协同一致，实现共同富裕的发展目标。我国农村发展的瓶颈在于土地资源稀缺，人均土地占有量较小，而传统手工业可以为农民提供兼业机会，有效地缓解土地有限的问题。农民可以通过传统手工业实现兼业化，增加额外收入，结交更多的人，使得生计资本存量的提高不单单依赖自然资本，而是朝社会资本、人力资本、物质资本、金融资本等多个生计资本共同发展，突破土地资源的约束，找到更多适合自身发展的道路。

参考文献

［1］CHAMBERS R，CONWAY G R. Sustainable rural livelihoods：practical concepts for the 21st century（IDS Discussion Paper 296）［M］. Brighton：Institute of Development Studies，1992.

［2］RAKODI C. A capital assets framework for analysing household livelihood strategies：implications for policy［J］. Development policy review，1999，17：315 – 342.

［3］DFID. Sustainable livelihoods guidance sheets［M］. London：Department for International Development，2000.

［4］KOPYTKO N. What role can a livelihood strategy play in addressing climate change? Lessons in improving social capital from an agricultural cooperative in

Ukraine [J]. Climate and development, 2018, 10 (8)：1 – 12.

[5] BEBBINGTON A. Capital and capabilities：a framework for analyzing peasant viability, rural livelihoods and poverty [J]. World development, 1999, 27 (12)：202 – 204.

[6] BURY J. Livelihoods in transition：transnational gold mining operations and local change in Cajamarca, Peru [J]. The geographical journal, 2004, 170 (1)：78 – 91.

[7] PORTES A. On the sociology of national development：theories and issues [J]. American journal of sociology, 1976, 82 (1)：55 – 85.

[8] 马知遥, 刘垚瑶. 乡村振兴与传统工艺类非遗保护和发展路径研究 [J]. 文化遗产, 2020 (2)：19 – 29.

[9] 潘鸿飞. 利用传统手工艺推进乡村振兴路径浅析 [J]. 河南教育学院学报 (哲学社会科学版), 2019, 38 (4)：22 – 24.

[10] 朱志平, 郑颖. 乡村振兴背景下手工艺的复兴之路：以马庄经验为例 [J]. 艺术百家, 2020, 36 (6)：63 – 68, 100.

[11] 吴雄周, 金惠双. 生计资本视角下农户生计策略变动及影响因素研究：基于 CFPS 四期追踪数据 [J]. 农业现代化研究, 2021, 42 (5)：941 – 952.

[12] 赵雪雁. 生计资本对农牧民生活满意度的影响：以甘南高原为例 [J]. 地理研究, 2011, 30 (4)：687 – 698.

[13] 何昭丽, 米雪, 喻凯睿, 等. 农户生计资本与旅游生计策略关系研究：以西北 A 区为例 [J]. 广西民族大学学报 (哲学社会科学版), 2017, 39 (6)：61 – 68.

[14] 贺爱琳, 杨新军, 陈佳, 等. 乡村旅游发展对农户生计的影响：以秦岭北麓乡村旅游地为例 [J]. 经济地理, 2014, 34 (12)：174 – 181.

[15] 刘卫柏, 于晓媛, 袁鹏举. 产业扶贫对民族地区贫困农户生计策略和收入水平的影响 [J]. 经济地理, 2019, 39 (11)：175 – 182.

[16] 马彩虹, 袁倩颖, 文琦, 等. 乡村产业发展对农户生计的影响研究：以宁夏红寺堡区为例 [J]. 地理科学进展, 2021, 40 (5)：784 – 797.

[17] 王璇, 张俊飚, 何可. 生计资本能影响农户有机肥施用行为吗？[J]. 生态与农村环境学报, 2020, 36 (9)：1141 – 1148.

[18] 汪文雄, 兰愿亲, 余利红, 等. 农户生计资本禀赋对不同模式农地整治增收脱贫的影响：以湖北恩施和贵州毕节为例 [J]. 中国土地科学, 2020, 34 (4)：86 – 94.

[19] 谢楠，张磊，伏绍宏. 深度贫困地区脱贫户的可持续生计及风险分析：基于凉山彝区 812 户贫困户的调查 [J]. 软科学，2020，34（1）：139－144.

[20] 全磊，陈玉萍，丁士军. 新型城镇化进程中农民工家庭生计转型阶段划分方法及其应用 [J]. 中国农村观察，2019（5）：17－31.

[21] 孙良媛，李琴，林相森. 城镇化进程中失地农村妇女就业及其影响因素：以广东省为基础的研究 [J]. 管理世界，2007（1）：65－73.

[22] 李梅. 传统手工艺的创造性转化设计策略研究 [J]. 民族艺林，2022（2）：152－159.

[23] 张星，何依. 血缘共同体规定下的传统手工业村落适应性变迁：山西省新绛县西庄石匠村个案研究 [J]. 城市规划，2021，45（7）：48－58.

[24] 史文逸. 传统手工业如何振兴地方旅游产业的发展：以宜兴紫砂壶为例 [J]. 旅游纵览（下半月），2020（6）：144－145.

[25] 朱子砚. 乡村传统手工业工坊的转型模式研究：以浙江偏远地区为例 [J]. 大众文艺，2019（1）：246－247.

[26] 彭南生. 半工业化：近代乡村手工业发展进程的一种描述 [J]. 史学月刊，2003（7）：97－108.

[27] 谢良才，张焱，李亚平. 中国传统手工艺文化重建的路径分析 [J]. 理论与现代化，2015（2）：111－115.

[28] 王咏. 对传统手工艺整体性保护的生态反思：基于滇南 N 流域的田野调查 [J]. 南京艺术学院学报（美术与设计），2022（3）：146－152.

[29] 朱乾坤，乔家君，马玉玲，等. 欠发达农区传统手工业的形成与影响因素研究：以兰考县徐场村为例 [J]. 人文地理，2019，34（2）：125－134.

[30] 蔡小慎，王雪岚，王淑君. 可持续生计视角下我国就业扶贫模式及接续推进乡村振兴对策 [J]. 学习与实践，2021（5）：30－41.

[31] 付少平，石广洲. 乡村振兴背景下脱贫人口面临的生计风险及其防范 [J]. 西北农林科技大学学报（社会科学版），2021，21（1）：19－28.

[32] 周强，黄臻，张玮. 乡村振兴背景下贵州民族地区扶贫搬迁农户后续生计问题研究 [J]. 贵州民族研究，2020，41（7）：21－27.

[33] 何仁伟，方方，刘运伟. 贫困山区农户人力资本对生计策略的影响研究：以四川省凉山彝族自治州为例 [J]. 地理科学进展，2019（9）：1282－1293.

[34] 张洁. 乡村手工业技术的多元特征：贵州石桥村手工造纸技艺的人类学考

察［J］. 原生态民族文化学刊，2021，13（3）：143－152，156.

［35］赵旭东，张洁. 文化主体的适应与嬗变：基于费孝通文化观的一些深度思考［J］. 学术界，2018（12）：186－197.

［36］贾丽. 乡村振兴背景下西藏传统工艺传承与发展调查研究：以尼木藏香为例［J］. 西藏民族大学学报（哲学社会科学版），2021，42（4）：118－124.

食品企业带动乡村发展

——基于河源霸王花集团的分析[①]

食品企业一端连着农户，一端连着消费者，在乡村振兴和食品安全中承担着重要责任。食品企业的生产材质多来自农产品，高质量的农产品才能保障食品的安全。

创立于 1978 年的霸王花食品有限公司被称为食品行业中的"良心企业"，董事长朱日杨被称为"中国好人"。该企业以"用良心打造阳光企业，以责任赢得社会尊重"为经营理念，承诺"绝不添加任何食品防腐剂"，历经 40 多年的发展，已成长为国家高新技术企业、全国农产品加工业示范企业。其通过高效联农兴农，直接带动 8 000 余户农户增产创收，并引发涟漪效应，现已成为集食品生产销售、一贯制义务教育、医疗服务、房地产开发、金融投资等业务于一体的综合性企业集团，是深受河源人民信赖的优秀本土企业。基于此，本文拟用案例研究的方法，探究广东霸王花食品有限公司这一"良心企业"带动乡村发展的责任战略、行为及其发展路径，从而为乡村振兴提供参考借鉴并促进食品安全。

一、文献综述与理论框架

（一）乡村振兴与产业发展研究

乡村振兴战略的提出是我党的重大制度创新与变革（周立，2018；陆益龙，2021）。乡村振兴战略的首要任务是推进产业兴旺，它能为乡村发展提供扎实基础和强劲依托（姜长云，2018）。但刘娟等（2022）通过梳理自乡村振兴战略实施以来关于农村社会研究领域的代表性文献，发现乡村振兴研究、政策与行动实践存在一定程度的脱节。

目前，以农业为主的乡村产业对国民经济和农民收入增长的贡献并不显著，

---

① 撰稿人：左伟、付苏豪、韦江凌、罗利娟、周春梅、翁小磊、陈晓琳。

须推动农村第一、二、三产业融合发展（李国祥，2018），通过促进乡村产业融合新业态，使产业兴旺，从而促进乡村振兴（周立等，2018）。乡村振兴战略实施过程中存在明显的人才短缺问题，急需产业经营管理、环境治理、文化传播、乡村治理、医疗和教育等专业人才扩充人才队伍（卞文忠，2019），吸引长期在外的能人返乡也是引进外部人才的一种方式。

（二）食品安全及管理

由于食品生产过程是一个不间断的生命连续活动过程，受到多种因素的影响，生产过程中的人工调节与质量控制活动难以程序化，在工业品上易于掌控的"产品质量差异性"在食品生产过程中却难以监控（罗必良，1999）。食品安全问题可能出现在食品供应链各个环节，但生产和加工过程是食品安全事件的高发区域（李清光等，2016），出现的安全问题占食品安全事故的80%（罗兰等，2013）。

我国食品安全问题突出表现为食品生产者"无良"的问题（周应恒等，2012），68.2%的食品安全事件源于食品经营者的"明知故犯"，食品经营者在利益面前的道德缺失是目前食品安全问题的主要成因（文晓巍等，2012）。我国食品安全的努力方向应是围绕"食品都是生产出来的，不是靠监管和检测出来的"（蒋慧，2011）。食品企业生产的基本上是民生产品，利润水平不高；供产销价值链上各个环节相互影响大，关系密切。食品产业标准是预防质量安全事故的主要工具，品牌商与原料提供者订立正式契约可获得后者质量保证，这是食品最终质量的关键（高小玲，2014）。食品企业积极承担社会责任的行为能让消费者认可其强势品牌，从而产生强烈购买意愿（孙小丽，2019）。

（三）企业社会责任及利益相关者研究

"企业社会责任"一词于1923年由Oliver Sheldon提出，后来被Bowen（1953）定义为商人在获得企业利润的同时，有必要根据社会需求去执行一定的义务，树立良好的企业形象。西方学者对企业社会责任的研究注重定义和范围的界定与完善，关注企业的竞争优势（Porter et al.，2006），财务绩效、企业社会责任对企业治理和民主理论的影响（Inoue et al.，2011），企业环境绩效（Yan et al.，2021），企业社会责任对企业绿色创新的影响（Hao et al.，2022）等方面研究。

1984年，弗里曼在《战略管理：利益相关者方法》一书中认为，利益相关者是指那些对企业战略目标的实现产生影响或者能够被企业实施战略目标的过程影响的个人或团体。因此，企业应对这些利益相关者的投入负起责任来，不仅要为股东提供资金回报，还要为员工提供适宜的工作环境和福利待遇，并对供应商、分销商、消费者、社区环境和当地政府负责（Donaldson and Preston，1995）（见图1）。企业不是生活在真空里，而是每时每刻都在与社会各个部分打着交道，企业的社会责任是全方位的。

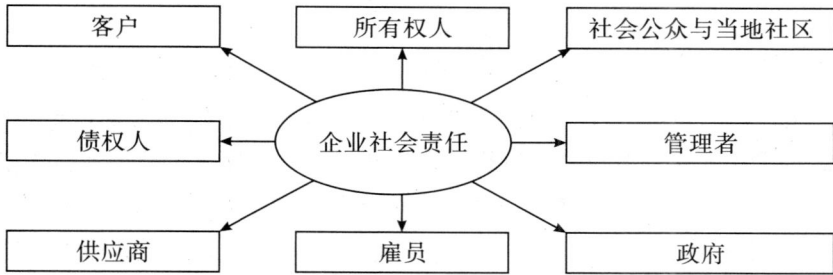

图1　基于利益相关者视角的企业社会责任

资料来源：DONALDSON T，PRESTON L E. The stakeholder theory of the corporation：concepts，evidence，and implications［J］. Academy of management review，1995，20（1）：65 – 91.

利益相关者理论站在广阔的社会关系网上，从战略管理的高度将利益相关者理论引入实践层面，提出企业的多元责任，为企业社会责任奠定了理论基础。与利益相关者建立牢固关系可减轻企业的业务风险，同时，参与企业社会责任可以帮助组织以较低的成本获得对人力资源、社会资源和资本的评估，从而显著降低失败风险，提高组织效益（Udayasankar，2008）。有学者认为，外部因素（如利益相关者的合法性压力）和内部盈利能力因素都会影响企业进一步的战略目标实施（Li et al.，2017）。内部企业社会责任（对员工的管理实践）和外部企业社会责任（对外部利益相关者的管理实践）对绿色供应链管理具有积极影响（Wang et al.，2020）。改善利益相关者关系，增加管理效用，其结果往往取决于企业社会责任参与的程度（Yoon and Chung，2018）。不同类型的企业社会责任对不同行业组织的经济效益存在不同的影响（Feng et al.，2017）。从环境责任层面来讲，积极主动的企业环境责任对企业财务绩效具有积极影响，也有利于进一步深入了解企业环境责任实践以及政府环境监管和政策实施情况（Jiang et al.，2018）。

在我国，利益相关者理论最早应用于企业管理与公司治理领域，是指与企业生产经营过程具有财产分割、利益分配等一系列直接或者间接利害关系的群体或个人（辛勤，2021）。利益相关者治理不仅针对股东，包括员工、客户和供应商等在内的所有利益相关者都应该参与公司的治理（李维安、王世权，2007）。从社会交换理论的视角出发，企业社会责任是基于企业与社会其他成员之间的社会资源交换关系成立的，企业依托自身经济资源优势与能力优势，有效选择相应的社会责任实践范式，能够形成战略意识形态下的共同组织场域（顾雷雷等，2020）。企业社会责任战略内生于企业内部，只有经过长期积累才能形成良好的社会口碑并为企业带来声誉收益（张琰等，2022）。

（四）道德领导及行为

企业社会责任行为与管理者的道德决策密不可分，道德是指规定行为是非的规则，企业管理者制定的许多决策对企业影响深远。

近年来，西方学者的研究逐渐关注企业的道德领导作用机制，认为高层管理者的伦理承诺和价值观对企业社会责任表现有显著影响（Hemingway and Maclagan，2004），领导者的道德行为直接和间接影响着下属工作满意度和组织承诺（Neubert et al.，2009），而且通过影响下属的工作自主性间接影响下属的工作绩效（Piccolo and Green-baum，2010），并以领导—下属交换关系（LMX）、自我效能以及组织认同度为中介影响下属的工作行为（Walumbwa and Mayer，2011）。很多研究关注于道德领导行为和企业社会责任对各种态度和行为的直接影响结果（Brown and Treviño，2006；Newman et al.，2015）。

企业家道德行为是指企业家对他人需求做出的社会化回应（Kohlberg，1969）。在中国的语境中，管理者道德行为应以儒家文化的"以仁为本"来定义，"仁"的行为包括提升自身道德水平、关怀员工与消费者、承担社会责任（朱德贵，2019）。道德领导能为企业提供在生产中的精神资源，推动企业的可持续发展（王小锡，2011），在企业的绩效管理、计划、考核、改进中发挥积极作用（王明杰，2017）。企业的社会资本是企业家因个人品行建立信任产生的社会声望（徐延辉，2002）。管理者特质和言行能对员工施加道德影响力，进而在企业中形成良好的道德氛围，实现企业的技术、文化、理念创新（赵立，2012）。

在中国情境下，企业实现与社会的双赢来源于企业家自身对卓越追求的道德驱动力（童泽林等，2015）。政治、经济的成功不仅是用国内生产总值等数字来表示，而应广泛考虑社会责任行为，道德判断更需要在团队和个体两个层面纳入人类福祉的其他信息（Brall et al.，2016）。在声誉良好的状态下，企业内在动机的正向影响往往强于外在动机（王斌会，2020）。领导者的特征和行为会通过组织垂直的管理层次自上而下传递，最终引发下属和团队相同特征和行为陆续出现

（王震等，2015）。道德领导可能会使员工与企业之间的社会认同、社会交换行为加强，同时，组织间的信任度变得更为重要，组织信任在组织和员工间、组织成员间会更有成效。

企业家行为动机的归因会影响他们对该行为的反应和前瞻性预测，结果可划分为主要影响内部或外部的利益相关者，且基于资源保存理论视角下，不同的责任归因会对组织成员的情绪与行为产生影响（陈宏辉等，2020）。给予员工关怀的领导行为会增加员工对企业家的信任，提高员工对企业的认同感，从而正向影响员工的工作绩效，提高产品和服务的质量（于桂兰，2017）。面对员工，拥有仁慈型领导风格的企业家可以通过打造和谐团结的工作氛围，给消费者传递产品高质量的信号，进而提升消费者的产品质量感知（黄苏萍、马珊子，2019）。

组织信任是一种重要的社会资本，具有关系性、互惠性、动态性及背叛性等积极与消极特征（刘超等，2020），有助于减轻组织内部摩擦力和增强组织内聚力。组织领导和管理实践、组织文化和氛围、组织战略、组织结构、政策和实施、外部监管和社会声誉等因素对组织信任均有显著影响（朱永跃等，2014）。无论大、小企业都需要组织信任的存在，其中利益激励强度由利益损益程度和利益依赖程度决定，认同程度则由血缘联系、群体互动和组织信任制约（刘义强、姜胜辉，2019）。

（五）简要评述

无论是理论还是实证，目前多认可社会责任的价值，并且认为企业承担利益相关者的责任有利于企业可持续发展。但研究产业振兴、企业带动乡村发展的文献非常缺乏，亦缺从利益相关者角度对企业的研究，尤其少见对具体企业的案例研究。因此，本研究选择一家具有良好社会责任行为的企业来研究其如何促进乡村振兴及保障食品安全，以在此方面作出相应补充。

二、研究设计

（一）案例选择

1. 典型性和代表性

霸王花食品有限公司是米粉文化的代表性企业。公司所在地是广东河源，主要产品是米粉。北方人爱吃以小麦为原料的面制品，南方人以大米为主食，米粉是以大米为原材料的食品。从经济角度来看，广东是改革开放的前沿阵地，连续多年 GDP 排名全国首位。从地理位置看，广东地处亚热带，水热条件充足，适宜水稻的生长。从地区特点来看，广东米粉文化源远流长，拥有大大小小的米粉生产厂家超过 20 家，其中代表性的品牌有"霸王花"牌河源米粉（国家地理标志保护产品）、东莞米粉（国家地理标志保护产品）、陈村粉（主要以春晓食品生产的即食粉为主）、肇庆米粉等。

霸王花食品有限公司具有良好的品质和信用认可。企业先后被认定为国家高新技术企业、农业产业化国家重点龙头企业、全国农产品加工业示范企业、国家知识产权优势企业、广东省现代产业 500 强、广东省守合同重信用企业（连续三十年）等，被称为食品行业中的"良心企业"，具有良好的带动乡村发展和保障食品安全的行为，选择它作为研究案例具有典型性和代表性。

2. 可获取性和便利性

（1）案例企业的总部和本研究团队同处广东省，在语言文化上容易理解沟通，实地调研和深度访谈上具有良好的区位优势。

（2）本研究团队成员之一就是案例企业内部的一名员工，有来自企业的第一手资料，为资料获取提供了良好的基础条件。

（3）案例研究对象在广东省内的媒体上有着一定的新闻曝光度，且案例企业内部具有较完整的信息资料，为相关研究的开展提供了较丰富的公开信息资源。

（二）数据收集

遵循 Eisenhardt（1989）构建的案例资料收集原则，本研究使用的数据是一手资料与二手资料相结合的多来源形式。其中，一手数据来源于访谈，通过实地观察、半结构化访谈以及微信、电子邮件等多次咨询收集得来；二手数据由企业官网、相关新闻网站等渠道获取。

1. 一手数据

本研究团队主要通过半结构化访谈和实地考察来收集一手数据。为了保证数据的客观、准确，能够做到三角验证，访谈对象从上级到下级都有涉及（从董事长到一线员工），广度上做到尽可能全面。同时，在访谈前经过所有被访谈人的同意，进行录音。在访谈结束后，将录音整理成对话形式的文字稿，尽可能保留原始语句，对部分有误的地方进行更正并注明。之后，还将文字稿发给相关人员查看并确认，再次确保信息的准确、可靠。此外，在研究的过程中，研究团队与相关人员建立微信工作群，多次进行腾讯会议等线上交流活动。针对发现的问题以及一些不理解的问题，团队成员会与该企业相关负责人及时联系并进行针对性访谈。团队成员与公司的管理层经常互动交流，且随时能接收到双方共享的表格、照片以及视频等资料，最终形成了约十万字的访谈资料（见表1）。

表1　一手数据资料收集情况

地点	访谈对象	访谈时长/分钟
霸王花集团总部	董事长	120
	副总裁	150
霸王花食品有限公司	生产部经理	60
	财务部经理	60
	品控部经理	60
	市场部经理	60
	人力资源部员工	60
	行政部员工	60
	车间员工	60

2. 二手数据

二手数据来源包括霸王花集团官网、微信公众号和《河源日报》、新浪网等媒体，以及相关新闻报道的公众评论，从中获取企业发展历程简介、重要历史事件、荣誉等相关资料。在文献梳理和案例企业分析的基础上，将企业的影响从员工、客户、社会与环境三个层面进行归纳，在此基础上按照社会责任履行过程与所获收益两个二级指标进行归类；然后进一步概念化，提炼出本文的研究框架及内容（见表2）。

表2　二手数据资料收集情况

数据类型	主要来源
霸王花集团公开资料	企业官网、集团网站、述职报告等
霸王花集团内部资料	企业规划、企业研发手册等
霸王花集团微信公众号	企业新闻、媒体视频、公司简介等
霸王花集团官网平台	霸王花集团的发展历程、主营业务、企业文化等
电子资料、报纸、刊物	新浪网、《河源日报》、霸王花集团报刊等

本研究分三个阶段：第一阶段是基础性研究，对于企业发展历程及经营哲学，通过二手数据资料的查阅来了解企业的发展阶段，并总结在对应阶段占主导地位的经营哲学，进一步界定研究主题，为后续研究做全局性铺垫。第二阶段是针对性研究，该阶段是在第一阶段所确定的研究主题基础上梳理分析，并确定访谈提纲，与对方确认之后进行实地调研访谈，探索从董事长到员工不同角度对企业经营及发展的理解。第三阶段是论文撰写、资料补充及论文完善，根据收集的信息资料撰写论文，最后定稿。

（三）数据分析

本研究遵循 Pettigrew 提出的数据分析步骤，对案例企业在不同发展阶段经营哲学的形成及演化进行梳理。具体如下：①梳理霸王花食品有限公司发展历程，依据该公司发展历程划分阶段，并识别不同发展阶段的经营哲学。②对本研究获得的所有资料进行编码，重点挖掘对企业影响重要的董事长朱日杨经营哲学背后所隐藏的"历史原因"；在阶段划分的基础上，本研究采用数据编码和归类的方式，对访谈资料、二手资料进行整理，从资料中提炼出关键意义与核心构念。③将编码与理论不断交叠，从利益相关者角度探讨霸王花食品有限公司带动乡村发展及责任担当的过程。

本研究团队在实地调研霸王花集团的过程中，有很多新的收获，对企业有了更直接深入的理解。在和董事长朱日杨的访谈中，根据两小时的录音，整理出了约两万字的文字稿。在和副总裁朱利昀的访谈中，根据两个半小时的录音，整理出了约三万字的文字稿。在和生产、财务、品控和市场部经理的访谈中，根据四小时的录音，整理出了约四万字的文字稿。在和数名员工的访谈中，根据三小时的录音，整理出了约一万字的文字稿。合计录音时长十一个半小时，整理完成文字稿约十万字。

董事长是从战略高度运营霸王花集团，高层管理者是各自负责食品企业的某一模块，相互作用，推动着企业的高效运转与快速发展。员工是做好自己的本职工作，从个体层面助力企业发展。董事长在访谈中提到频率最高的两个词是"信心"和"责任"，"信心"总共出现 13 次，"责任"总共出现 8 次。副总裁主要描述了公司的发展历程、经营现状、离职率以及未来规划方面的情况。四位管理层的经理主要从霸王花米粉的生产、财务和营销角度讲述了公司很多细节。员工主要是从工作环境、薪酬制度和公司文化等角度来展开谈话。部分案例资料编码如表 3 所示。

表 3　部分案例资料编码

一级指标	二级指标	资料内容示例
员工层面的社会责任	履行过程	副总裁：我们是三班倒，实际上很多生产企业现在都是两班倒，因此我们的用人成本还是比较高的。一线的普通员工收入可能是平均 4 000 多元一个月，能拿到手 4 000~5 000 元。有一部分人有员工宿舍，在本地住的员工上下班有车辆接送。
	所获收益	员工：我之前在××企业从事销售工作，后来来到霸王花做生产助理，感觉公司工作气氛比较好。公司提供了很多发展机会，对员工比较关爱。
客户层面的社会责任	履行过程	品控部经理：产品的料包都要经过高温灭菌，我们的米粉精选优质大米，质量肯定是不用说的，也没有添加剂，营养方面、健康方面确实是很棒。
	所获收益	大众点评用户：当初我们去河源考长途，我们所有学员都买了这个米粉，真心话，真的好吃，不管炒或者煮汤，都很好吃，我那时候是经常用开水煮了之后，直接拌辣椒酱、酱油，放点香菜，超级好吃。
社会与环境层面的社会责任	履行过程	财务部经理：环保部门每个月有来检测，并出具报告给我们，到目前为止没有出现过一次产品重金属超标的情况。我们有自己的一个污水处理流程，水是经过处理之后才排放。省里面的文件说氮氧化物要求是 120 毫克每标方，我们排放的尾水选择 80 毫克每标方的。我们还会培养细菌去分解米浆。
	所获收益	品控部经理：米浆水含有营养物质，在处理废水废物之后可以增加一定的收益；社会公众知道霸王花企业是注重环保的企业之后就更加信任我们了。

三、案例描述

（一）企业简介

霸王花食品有限公司是华南地区乃至全国历史悠久、规模大、技术力量雄厚、品牌价值高的专业米排粉生产企业之一。公司前身为创立于 1978 年的河源县米面制品厂。1994 年获批"霸王花"商标，1998 年成立广东霸王花米面制品厂，2000 年更名为"广东霸王花食品有限公司"，2004 年成功转制。公司的主要产品包括"霸王花"牌普通排粉、营养排粉、即食米粉、精品米粉、杂粮米粉五大系列三十多个品种；成功进入沃尔玛、卜蜂莲花、华润万家等全国各大超市；出口美国、加拿大、澳大利亚等国家和地区，市场占有率名列全国同行前茅，为海内外广大消费者提供安全、优质、健康、美味的食品。"霸王花"牌河源米粉被认定为国家地理标志保护产品。公司获得"中国驰名商标"称号，被农业部授予"全国乡镇企业质量工作先进单位"称号，获得美国食品药品监督管理局（FDA）授予的进口免检资质，入选"广东省食品文化遗产"保护项目。2020 年，公司通过知识产权管理体系和第十九批广东省省级企业技术中心认定，被允许使用"深圳标准·圳品"标识。2022 年，公司荣获河源市第二届政府质量奖。

霸王花食品有限公司通过积极承担社会责任行为，为企业带来了良好的口碑和收益，并引发了涟漪效应，2010 年成立集团公司，注册资本 1 亿元，现是集食品生产销售、一贯制义务教育（幼儿园、小学、初中、高中）、医疗服务、房地产开发、金融投资等业务于一体的综合性现代企业集团。年主营业务收入超过10 亿元，连续多年被评为广东省纳税信用 A 级纳税人。

（二）企业发展过程

第一阶段：1978—2004 年，国有企业阶段。公司原是河源县米面制品厂，1994 年成功注册"霸王花"商标，专注做米粉。由于国有企业体系存在一定的发展瓶颈，2003 年公司营业额只有 1 000 万元，但有着五六百名员工的负担。当时面临粮食系统改制，政府采取了拍卖的方式。河源本地富有爱心和雄心壮志的朱日杨先生希望将"霸王花"这个品牌留在本地，多方筹措资金，最终成功拍下。

第二阶段：2004—2008 年，民企改革阶段。2004 年冬，公司由国有企业转制为民营企业，开始进行一系列改革，工作核心是品牌的维护和人员的稳定，更新过时的老厂生产线以及生产条件。公司通过考察并借鉴国外的一些科学经营方法，建立适合现代企业发展的管理制度和框架，并不断地升级改造生产线；采用"公司＋基地＋农户"的方式建立农作物种植基地，在带动当地农户发展的同时保证产品来源的质量。这段时间公司产品销售额从 1 000 万元提升到接近 4 000 万元。

第三阶段：2008—2020 年，多元化发展阶段。2008 年，公司新厂开始投产。该阶段，公司将营业额从 4 000 万元做到 2 亿元。由于公司主要生产经营米粉食材，食品营业额增长比较缓慢。公司决定稳步发展食品企业，以保障食品质量，同时借助霸王花的良好品牌效应成立广东霸王花实业集团有限公司，自 2010 年开始多元化经营发展。

第四阶段：2020 年至今，健康发展新阶段。随着人们生活水平的提高、生活节奏的加快，食品工业步入食品营养健康新阶段。90 后、00 后成为消费市场的核心动力。公司根据新的消费习惯和需求，利用互联网技术，分析消费者喜好，代入产品设计，从产品定位、产品开发、品牌包装、渠道升级、模式创新等多维度加速品牌成长。2021 年公司预制菜总产值 3.4 亿元，2022 年启动二期新厂建设项目，总投资 3 亿元，总设计产能 6 万吨，年产值超 6 亿元。2022 年 6 月上市带料包拌粉、汤粉预制菜，引发媒体及消费者的热捧。高层目标是希望食品企业进一步做大做强，利用 3～5 年时间食品企业单独上市，争取成为全国米粉行业第一品牌。

霸王花食品有限公司发展时间脉络见图 2。

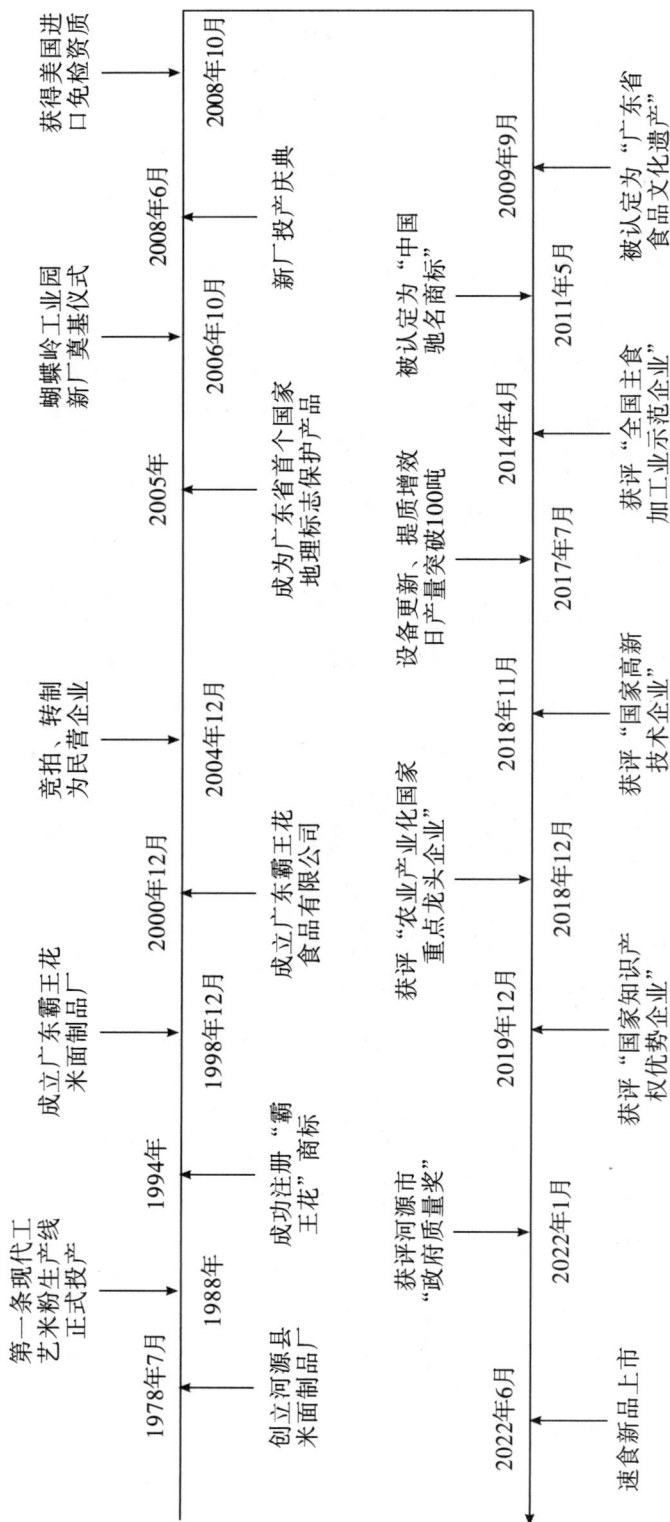

图 2 霸王花食品有限公司发展时间轴

资料来源：笔者根据企业发展资料整理。

四、研究分析

（一）高管战略定位助力乡村振兴

对于民营企业来说，企业家全权决定企业资源的分配，只有企业家重视履行社会责任，才能在企业执行下去。生于1958年的广东霸王花集团董事长朱日杨曾因出身地主家庭经历时代的不公，也造就了他良好的逆商和情商，并善于在逆境中寻找机会。

朱日杨1988年离开家乡，从建筑行业的学徒工做起，凭着客家人勤劳、厚道的品质在众多打工仔中脱颖而出，2002年10月被东源县城建市政工程公司破格聘为副经理。他珍惜机会，发奋图强，脚踏实地做好每一件工作，连续多年被评为市县级优秀项目经理、先进工作者等。2001年，党和政府提出"大力开发三高农业，调整农业产业化"的发展战略。朱日杨看到了其中的创业机遇，集资创办了东源县民富笋竹有限公司，解决了20多户农户的就业问题，带动农户130多户，惠及农民600多人，每户农户年创收2000多元。2004年，根据中央粮食体制改革的要求，原国有企业广东霸王花食品有限公司整体资产实行公开拍卖。怀着为河源300多万人民争光以及对因改制面临下岗危机的几百名霸王花公司员工负责的高度责任感，朱日杨积极参与竞拍，历经波折，最终以1720万元成功竞得霸王花公司整体资产，成为该公司董事长。

对于朱日杨董事长的访谈内容归纳见表4。身处逆境时，他注重提高情商，在不断变化的环境中寻找到机会，树立目标并对未来充满信心，同时也特别重视自身的责任担当，注重企业稳健踏实发展，"穷则独善其身，达则兼济天下"。因家庭具有以爱国爱家为基调，相互关爱且低调做人的良好家风，自身的坎坷经历让他加倍珍惜今天的好环境，充满感恩社会的情怀，并且通过家族传承给继任者现公司总裁朱荣业，从而带领团队打造出一个良心企业，带动乡村走上发展之路。在访谈中他多次提到"只自己富有什么意思？那个广告词说得很到位——大家好才是真的好"。他提到频率最高的两个词是"信心"和"责任"，"信心"共出现13次，"责任"共出现8次。

表4 朱日杨董事长访谈内容归纳

一阶主题	二阶主题
信心目标	坚定的自信和目标感为成功的基石
	家国情怀，信心引领
家国情怀	用情怀和坚定的方向感管好小家，这也是为大家、为国家
	以家国情怀治理集团
稳健发展	稳健踏实走好每一步
助力乡村	搞好企业帮扶村镇，推动乡村振兴，实现共同富裕的理念不变
良心食品	秉持打造阳光企业、食品安全第一的理念来赢得社会尊重
重视人才	尊重人才、重视知识和培训
家族传承	彼此关爱、低调的良好家风家族传承，以爱国爱家为基调的家风一代代传下去

正如 Aguilera 等（2007）所言，企业家的个人特征和积极态度会影响企业的经营管理及其责任行为。朱日杨为企业树立了"用良心打造阳光企业，以责任赢得社会尊重"的经营理念。海尔集团有"砸冰箱"经典事件，霸王花公司也有董事长怒毁次品的故事："2008年，由于企业发展需要，霸王花公司由老厂整体搬迁至东源县蝴蝶岭工业园，在这段时间里，企业面临适应新环境、调试新设备的磨合期，不可避免地出现了产品质量不稳定的现象。一边是源源不断的订单，一边是质量欠佳的产品，朱日杨当时就要求把公司的不合格产品就地销毁，哪怕是公司有损失也绝不能让不合格产品流入市场。"这种"残酷"的处理方式，不仅没有损失订单，更赢得了经销商的大力支持。

董事长在企业树立榜样，以身作则，潜移默化，通过制度规范，在物质层面和精神层面关爱员工，传递企业的责任和感恩理念。在朱日杨、朱荣业的领导下，管理团队及员工以实际行动促进了霸王花集团逐日壮大，使其成为河源人民信赖的本土企业。

（二）霸王花产业化模式带动农户发展

霸王花食品有限公司的主产品是米粉。由于米粉是大米深加工产品，要让人们吃到放心的米粉，公司需要从源头严格把控大米的质量。公司以生产基地为依托，把稻谷的产、加、销连接起来，实行一体化经营。自2003年以来，公司通过挂牌成立绿色种植基地，采用"公司＋基地＋农户"的产业化模式，与基地村民委员会签订《农作物种植基地合同》，在当地周边乡镇等地建立了6 500亩水稻和 700 亩农作物种植基地，实行订单农业、定向收购、保价回收。通过统一种植标准、统一技术管理、统一收购等，降低了农户生产成本和经营风险，带动了农民种粮的积极性，解决了部分农民的就业问题，当地有 8 000 多户农户与企业长期合作，每户农户年均增收 3 500 ~ 5 530 元。

科学、绿色种植具体工作步骤如下：①公司按照优质绿色稻米、黑米及淮山等农作物标准向农户推广无公害、绿色稻谷、作物种植，为农户统一代购肥料、农药、种子、农用机械和提供资金预付支持。②定向收购基地签约农户符合标准的农作物及陈化 6 个月的优质绿色稻米，要求农户提供的稻米质量须符合《绿色食品大米》标准要求，并以高于市场当期价格 0.5% ~ 1% 的标准定向收购基地签约农户的优质稻米及指定生产农作物。③在种植等技术上进行长期的指导，聘请长期技术合作单位广东省农科院生物技术研究所的专家每年定期对签约农户进行科学种植技术培训。④在每个乡镇基地的农户中挑选 2 或 3 户农户进行科学种植技术培训，培训合格后的农户作为公司在该基地的兼职科学种植技术员，进行种植技术的"传帮带"工作，悉心指导其他农户进行科学种植。⑤在农作物播种期、成长期及收获期，公司还派出专业管理与技术人员分别到各个基地巡视、指导工作，确保基地各项工作顺利进行。

图 3　"公司 + 基地 + 农户"模式

公司通过联农带农机制，实现产业融合发展，让农民充分共享产业增值收益，在保障产品质量的同时促进乡村振兴。这不仅加快了粮食转化，推动种植业增长，带动农户增收，促进农业生态良性循环，还带动了农业机械、车辆运输等相关行业的发展，大大延伸农业产业链，提高农产品附加值，对推进食品加工化的发展颇具现实意义。

（三）以人为本的管理理念吸引和留住人才

霸王花公司地处河源，属于粤北经济欠发达地区，人才欠缺。公司非常重视以人为本的管理。董事长朱日杨强调："愿意与所有员工携手并肩、同甘共苦，用最坚定的信念去实现一个又一个梦想，用最执着的激情去创造一个又一个辉煌!"公司通过设立明确的发展目标（见表5），完善内部管理制度并做好人文关怀，构建有吸引力的员工权益和福利制度（见表6），吸引了大量原来在珠三角较繁华地带工作的河源优秀人才回乡。例如，现食品生产厂的叶厂长原来在佛山一知名酱油厂工作，市场部的刘经理原来在广州一知名广告公司工作，甚至在河源当地农业银行做了6年行长的朱利昀也放弃"金饭碗"，为朱日杨构建的美好梦想投奔民营企业。

表5　企业发展目标、经营理念、管理方针

类别	具体内容
发展目标	坚持绿色、低碳、健康、安全的可持续发展理念，坚持一体两翼、适度多元的经营理念，以实业投资、资本运作、产融结合为核心，打造具有强大综合竞争力、备受社会尊重的"百年名企"
经营理念	用良心打造阳光企业，以责任赢得社会尊重
管理方针	唯才是举、唯能是用；团队协作、尊重个性；现地现物、精益求精；业绩导向、共享成长

资料来源：霸王花集团官网，https://www.gdbawanghua.cn/。

表6　与员工相关的权益和福利

类别	权益和福利	时间	具体内容
基本权益	法定福利	每年	国家规定的五险一金等
	法定权益保护	每年	签订劳动合同，享受法定节假日，如年假、婚假、产假等带薪假期
	员工额外福利	每年	健康体检、员工旅游、员工餐（四菜一汤）等
特殊福利	集团工会和子公司工会	每年	社会保险参保率100%
	工资协商机制	每年	保障员工经济权益
	人民调解和劳动争议调解委员会		劳动合同签约率100%
延伸福利	员工互助慈爱基金	每年	定期慰问困难员工，重点帮扶患重病的员工及其家属
	员工子女福利	每年	儿童节为员工子女分发节日礼物，为考上大学的员工子女发奖金

（续上表）

类别	权益和福利	时间	具体内容
员工成长性关怀	员工"梯队培养计划"	每年	对成绩优异、表现突出的培养对象，集团优先提拔任用，同时及时地给予相应的物质与精神奖励
	员工在职进修	每年	对获得专业技能、技术资格和职称、学历学位的员工，集团报销部分甚至全部费用
	各种技能及管理培训	每年	超过 2 000 人次，培训总学时超过 1 万小时
	派遣员工到清华大学、中山大学等知名学府进行短期脱产培训	定期	提升员工专业工作综合能力
	"不减产、不裁员、不降薪"	2020 年至今	集团没有发生因疫情防控减编、裁员行为
	组织全体员工进行法律法规学习	每年	集团普及日常化诚信教育

　　公司在选人用人方面，会考虑选择认可企业价值观的人；并考察其个人经历及品德，将德放在第一位。食品企业是良心企业，德不配位就容易出现问题。截至 2022 年 10 月 31 日，食品企业有 352 名员工，工资比同行业的高，拥有不错的餐饮和住宿条件，员工稳定性高，很多人在企业一直工作到退休。企业不仅重视从外部引进优秀人才，亦重视发掘与培养已有的内部人才。企业设计了面向全体员工的"梯队培养计划"，即在综合考虑员工知识结构、技能水平、兴趣爱好、职业规划等因素的基础上，分层级、有步骤地推进员工终生培训成长方案；设立了专项资金，确保"梯队培养计划"顺利实施，从人、财、物等方面提供充足保障。对于在培训、学习中成绩优异、表现突出的培养对象，企业会优先提拔任用，以及给予相应的物质与精神奖励。对于通过在职进修获得专业技能、技术资格和职称、学历学位的员工，还报销部分甚至全部费用。

　　公司提倡团队协作，认为没有团队精神的队伍就等于一盘散沙；也尊重个性的张扬，认为没有个性就等于抹杀了创新与活力；高度重视员工的权益维护和教育培养。公司成立了集团工会和子公司工会，建立了工资协商机制并依法成立了人民调解和劳动争议调解委员会，劳动合同签约率 100%、社会保险参保率100%。员工还可以享受集团公司下属机构的一些福利，如以极优惠的价格让孩子入读附属学校、在附属医院就医等。

在企业调研中,无论是访谈到的高、中、基层管理者还是偶遇的普通员工,都会提到企业的经营理念"用良心打造阳光企业,以责任赢得社会尊重",并提到他们的培训活动、生日会、孩子升学礼等,由衷地展露开心的笑容,令人感受到他们在公司工作的满满幸福感。

在领导高度重视员工的理念下,企业员工对内敬岗爱岗,对外呈现出对组织的忠诚,积极主动为社区作贡献。企业涌现了一批批杰出的员工,或成为全国人大代表,省、市、县人大代表和政协常委、委员,或成为全国及省、市劳模,五一劳动奖章获得者,全国青联委员,优秀中国特色社会主义事业建设者,金牌工人,优秀外来务工青年,优秀党务工作者,优秀共产党员,企业也获得"全国就业与社会保障先进民营企业"荣誉,实现了企业发展和员工进步"双赢"格局(如图4所示)。

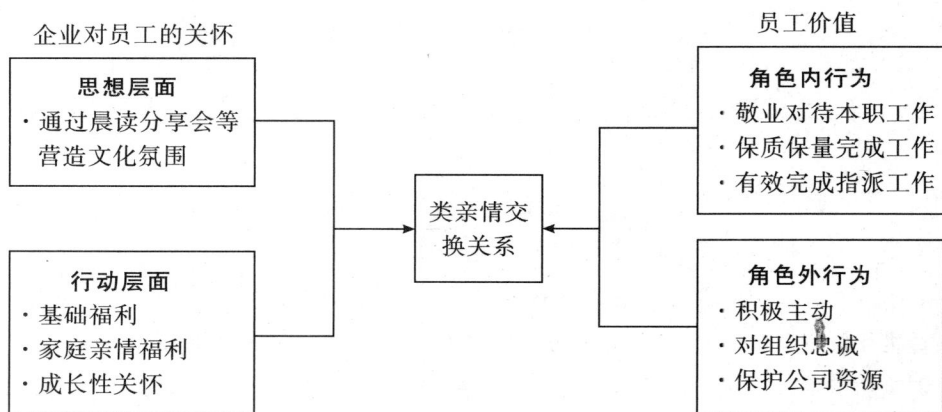

图4 企业发展和员工进步"双赢"格局

(四)以消费者为核心,严把质量关

霸王花公司坚持"用良心打造阳光企业,以责任赢得社会尊重"的发展理念,以诚信来实现多方共赢,"几十年来专心做好一件事,那就是一块米排粉"。

作为广东省食品行业第一个受到国家地理标志保护的产品,霸王花米粉是在河源市行政区域内(东经114°14′—115°36′,北纬23°10′—24°47′)生产,全部或部分选取河源地区出产的优质大米为主要原料(大米用量不小于70%、淀粉用量不大于30%),选用本地区优质水源,经浸泡、磨浆、配料、熟化、成型、烘干等传统工艺加工而成的条形或线形干熟米制品,生产工艺流程见图5。

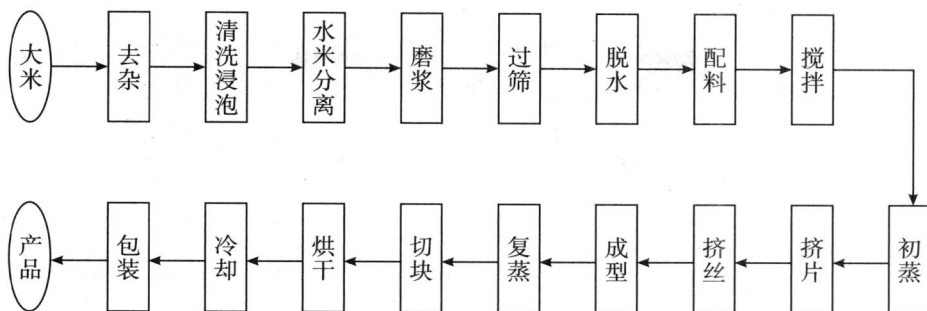

图 5　霸王花米粉生产工艺流程

公司严把采购、生产、出厂三大关，从而保证了霸王花米粉的品质，保障了消费者的身体健康和合法权益。在采购环节，不论是签约农户收购还是部分外购原材料，都严格按照原材料采购标准，检测 18 种元素，包括重金属、农药残留。公司自有两个实验室检测，也会送独立第三方检测。公司对所有原材料都严格把关，合格才投入生产；生产过程中，严格按照工序标准进行操作；检验合格的产品才能出厂。在生产过程中绝不添加任何化学添加剂。米粉品质把控流程见图 6。

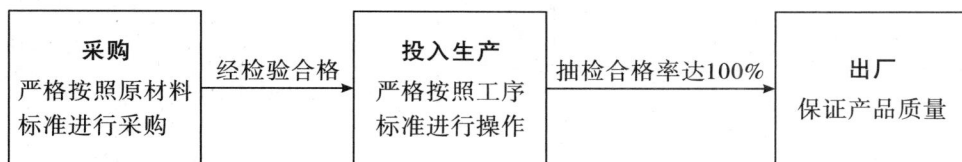

图 6　霸王花米粉品质把控流程

这种工匠精神让产品质量得到了保证。霸王花公司向消费者提供高品质的产品，消费者感受到企业的关怀和投入，对企业产生了认可及信任的情感嵌入，产生了积极正向的反馈行为，并产生了推荐行为，即向亲朋好友推荐（如表 7 所示）。历经 40 余年发展，霸王花产品已成为家用、馈赠亲友的佳品，成为河源的一张名片。

表 7　客户对企业高质量产品的回馈

概念化提炼	案例现象示例
客户信任	霸王花米粉——儿时的早餐，离开家乡到深圳读书必须带走的一样东西；霸王花米粉——工作后分享家乡美食的代表，工作后离开家必须带走的一份礼品（客户 A）
客户反馈	从小吃到大的霸王花，蒸、煮、炒从来没有失望过，现在还多了拌，看到了迫不及待下单，在办公室吃，我觉得很方便（客户 B）
客户推荐	强烈推荐霸王花广东河源客家米粉，非常非常棒的米粉，广东大品牌，确实是了得！从小吃到大，很怀念的味道（客户 C）

（五）友好对待其他利益相关者

董事长朱日杨认为，只有践行诚信经营，才能实现共赢发展。霸王花公司在发展和稳固上下游企业及客户关系上，坚持守合同、重信用，获得了供应商、经销商等合作伙伴以及广大消费者的认可。霸王花公司多年来合同履约率 100%，从不拖欠供应商货款。

霸王花公司不仅坚持诚信经营，还在扶贫工作、公益事业等方面积极承担社会责任（如表 8 所示），连续 12 年在"广东扶贫济困日"活动中捐款，每年在此项活动中捐款均超过 100 万元。截至 2022 年 9 月 2 日，公司在教育、扶贫、敬老、拥军、赈灾、市政建设等社会公益事业累计捐款捐物超过 5 500 万元。其对员工、合作伙伴同样充满人情味，成为当地民营企业的榜样。

表 8　积极承担外部社会责任

社会责任活动	时间	事件与结果
为洪水灾区捐款捐物	2005 年	在河源发生"6·20"百年一遇特大洪水时，送去价值 20 多万元的物资，后又追加 20 万元善款
为地震灾区筹集善款	2008 年	在四川的"汶川大地震"期间捐赠 10 多万元善款
助建中学	2008 年	为东江中学建设捐款 100 万元
助力广东扶贫	自 2010 年起	每年在"广东扶贫济困日"活动中捐款，年均超过 100 万元
关爱脑瘫儿童	2017 年	坚持践行"我们不放过一个关爱机会"，为脑瘫儿童捐款 5 万元

（续上表）

社会责任活动	时间	事件与结果
助力抗疫	2020 年	累计捐款、捐赠医疗物资价值106 万元
支援湖北抗疫物资	2020 年	通过河源市农业农村局支援湖北6 吨霸王花米粉，缓解湖北地区粮食紧缺情况
改造德康医院积极抗疫	2020 年	将集团投资的德康医院改造成为后备接诊医院（河源首个也是唯一的民营医院），及时安排病人转院隔离
助力校园事业	2021 年	在东源县"百万册图书进校园"活动启动仪式上捐赠10 万元
由霸王花公司主导、河源市食检所参与制定的《地理标志产品河源米粉》地方标准获批	2022 年	《地理标志产品河源米粉》地方标准有利于河源米粉生产、销售等领域的知识产权保护

霸王花公司在教育、扶贫、敬老、拥军、赈灾以及市政建设上都给予大力支持，充分展示了其在社会层面的责任担当。这些行为有效地提升了企业形象，进一步提高了企业知名度，树立了良好的声誉，获得了积极的评价，合作伙伴高度配合，消费者愿意持续购买。企业的外部责任行为及收益如图7 所示。

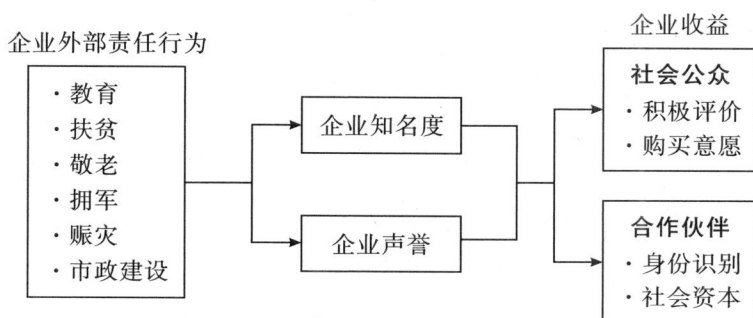

图7　企业的外部责任行为及收益

五、简要结论

（一）领导者良好的道德理念塑造负责任的食品企业

通过对霸王花公司案例的研究可见，霸王花公司的责任担当离不开企业高层管理者的价值观和理念。Bavik 等（2018）认为，道德型领导不仅可为他们的追随者提供分享知识所必需的机会，还能为他们的追随者提供分享知识所必需的动力。霸王花公司董事长和副总裁重视食品安全及积极承担社会责任，他们在公司治理中将管理者的个人价值观转化为企业理念，构成企业文化，并将责任意识融入日常管理，建立一套完整的规章制度并有效地执行，使"用良心打造阳光企业，以责任赢得社会尊重"的核心理念影响员工的价值观，并塑造员工的行为，以保证企业的行为活动有序进行，使每项指令在细节得到落实，达到高产品质量和高企业效益的结果，将公司打造成一个具有高度社会责任感的食品龙头企业。

食品安全责任是社会和法律赋予食品相关企业的综合期待（罗培新，2020）。食品企业最大的社会责任就是为消费者提供安全、有保障的健康食品，促进国民经济的平稳运行。食品安全责任是企业自始至终需要承担的。若是能"不忘初心，砥砺前行"，企业会呈现良性循环，既有利于自身发展，也能带来国民福音，惠泽广大消费群体。霸王花公司秉持着"做好食品"的理念，对消费者高度承担责任，宁愿承担经营亏损，也要保证食品安全。这一负责任行为增加了企业的声誉，赢得了社会的尊重，反过来又支持了企业价值产生的过程。因为责任承诺增强了外界对企业的信任，使它的运作整体上对于利益相关者和社会来说更为可信，从而有助于企业在经济、社会领域取得令人瞩目的成果。

（二）关注员工需求，真诚对待员工

霸王花公司的真诚与无私的利他性有效提升了企业价值。从案例中可以看出，霸王花公司在员工培训及福利制度上花费了很大的功夫。对于员工，霸王花公司像对待家人一样，例如，在员工孩子升学时为其举行升学仪式并赠送升学礼，参加员工的婚礼，在员工生病时提供无微不至的照顾。员工因此对公司更加忠诚，工作更加积极，同时，员工也会用高度关爱的态度对待客户与社会。Eisenbeiss 等（2015）研究发现，领导者和员工之间的牢固关系对企业有利，通过提升承诺、敬业度和动机可以最大限度地提高企业的整体效益。

霸王花公司的成长性关怀让员工"工作不枯燥，生活不单调"，其建立了医院和学校，保障员工的各方面权益，让员工视企业为家，增强了员工的组织认同

感。信任和社会资本使企业的员工政策更可信、可靠，从而激励员工更好地工作，吸引和留住有能力和竞争优势的员工，这进一步提高了企业的竞争优势。企业收获了高度认可，树立了独特的形象，营造了极为有利于自身发展的环境。

（三）保农户利益，促乡村发展

基于利益相关者理论，霸王花公司采用"公司 + 基地 + 农户"的产业化模式，确保农户利益，保障米粉源头大米的高质量，同时促进了乡村经济的发展。企业经营行为和公益行为结合得越紧密，就越容易实现经济、社会效益的双重目标和可持续性（房莉杰等，2021）。公司在战略选择中重视食品安全和环境保护，与员工及合作农户保持忠诚合作，关心社区，密切联系媒体、政府，积极投身公益慈善等活动。公司通过以慈善捐助、灾难救助、困难帮扶、投资教育等为主要形式的社会公益行为，提升了民众的好感度，促进消费者更大可能回购公司产品，供应商更大可能再次与公司合作，员工更积极工作，非利益相关者更大可能间接转述公司的"正"与"义"。即使是受到疫情等不确定因素影响，公司的社会绩效和经济绩效依然在不断增强（见图8）。

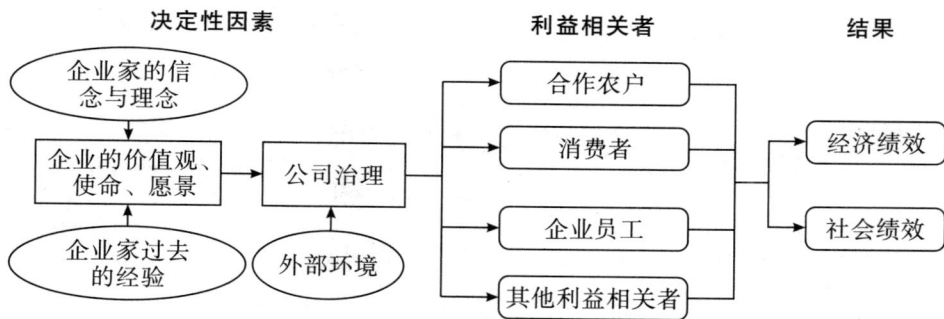

图8　霸王花食品有限公司促进乡村振兴的逻辑框架

参考文献

[1] AGUILERA R V, RUPP D E, WILLIAMS C A. Putting the movements back in corporate social responsibility: a multilevel theory of social change in organization [J]. Academy of management ethical review, 2007, 32 (3): 836 – 863.

[2] BAVIK Y L, TANG P M, SHAO R, et al. Ethical leadership and employee knowledge sharing: exploring dual-mediation paths [J]. The leadership

quarterly, 2018, 29 (2): 322 – 332.

[3] BOWEN H R. Social responsibilities of the businessman [M]. New York: Harper & Row, 1953.

[4] BRALL C, SCHRÖDER-BÄCK P, BRAND H. The economic crisis and its ethical relevance for public health in Europe: an analysis in the perspective of the capability approach [J]. Central European journal of public health, 2016, 24 (1): 3 – 8.

[5] DONALDSON T, PRESTON L E. The stakeholder theory of the corporation: concepts, evidence, and implications [J]. Academy of management review, 1995, 20 (1): 65 – 91.

[6] EISENBEISS S A, KNIPPENBERG D V, FAHRBACH C M. Doing well by doing good? Analyzing the relationship between CEO ethical leadership and firm performance [J]. Journal of business ethics, 2015, 128 (3): 635 – 651.

[7] EISENHARDT K M. Building theories from case study research [J]. Academy of management review, 1989, 14 (4): 532 – 550.

[8] FENG M, WANG X, KREUZE J G. Corporate social responsibility and firm financial performance: comparison analyses across industries and CSR categories [J]. American journal of business, 2017, 32 (3 – 4): 106 – 133.

[9] HAO J, HE F. Corporate Social Responsibility (CSR) performance and green innovation: evidence from China [J]. Finance research letters, 2022, 48: 102889.

[10] HEMINGWAY C A, MACLAGAN P W. Managers' personal values as drivers of corporate social responsibility [J]. Journal of business ethics, 2004, 50 (1): 33 – 44.

[11] INOUE Y, LEE S. Effects of different dimensions of corporate social responsibility on corporate financial performance in tourism-related industries [J]. Tourism management, 2011, 32 (4): 790 – 804.

[12] JIANG Y, XUE X, XUE W. Proactive corporate environmental responsibility and financial performance: evidence from Chinese energy enterprises [J]. Sustainability, 2018, 10 (4): 964.

[13] KOHLBERG L. The child as a moral philosopher [J]. Psychology today, 1969, 2 (9): 25 – 30.

[14] LI D, ZHENG M, CAO C, et al. The impact of legitimacy pressure and

corporate profitability on green innovation: evidence from China Top 100 [J]. Journal of cleaner production, 2017, 141: 41 – 49.

[15] PORTER M E, KRAMER M R. Strategy and society: the link between competitive advantage and corporate social responsibility [J]. Harvard business review, 2006, 84 (12).

[16] NEUBER M, CARLSON D S, KACMAR K M, et al. The virtuous influence of ethical leadership behaviour: evidence from the field [J]. Journal of business ethics, 2009, 90 (2): 157 – 170.

[17] NORRISA G, DWYER B. Motivating socially responsive decision making: the operation of management controls in a socially responsive organisation [J]. The British accounting review, 2004, 36 (2): 173 – 196.

[18] PETTIGREW A M. The character and significance of strategy process research [J]. Strategic management journal, 1992, 13 (2): 5 – 16.

[19] PICCOLO R F, GREENBAUM R, DEN HARTOG D N, et al. The relation-ship between ethical leadership and core job characteristics [J]. Journal of organizational behavior, 2010, 31: 259 – 278.

[20] SHELDON O. The philosophy of management [M]. London: Isaac Pitman Sons, 1923.

[21] UDAYASANKAR K. Corporate social responsibility and firm size [J]. Journal of business ethics, 2008, 83 (2): 167 – 175.

[22] WALUMBWA F O, MAYER D M, WANG P, et al. Linking ethical leadership to employee performance: the roles of leadership-member exchange, self-efficacy, and organization identification [J]. Organizational behavior and human decision process, 2011, 115 (2): 204 – 213.

[23] WANG C, ZHANG Q, ZHANG W. Corporate social responsibility, green supply chain management and firm performance: the moderating role of big-data analytics capability [J]. Research in transportation business & management, 2020, 37: 100557.

[24] YAN S, ALMANDOZ J J, FERRARO F. The impact of logic (in) compatibility: green investing, state policy, and corporate environmental performance [J]. Administrative science quarterly, 2021, 66 (4): 903 – 944.

[25] YOON B, CHUNG Y. The effects of corporate social responsibility on firm

performance: a stakeholder approach [J]. Journal of hospitality and tourism management, 2018, 37: 89-96.

[26] 卞文忠. 别让"人才短板"制约乡村振兴 [J]. 人民论坛, 2019 (1): 76-77.

[27] 陈宏辉, 薛姗, 张麟. 企业承担社会责任对员工情绪耗竭的缓解机制: 一个被调节的中介模型 [J]. 中山大学学报（社会科学版）, 2020, 60 (3): 196-207.

[28] 房莉杰, 刘学. 乡村可持续发展: 四个民营企业的共享价值案例分析 [J]. 学术研究, 2021 (3): 56-62.

[29] 弗里曼. 战略管理: 利益相关者方法 [M]. 王彦华, 梁豪, 译. 上海: 上海译文出版社, 2006.

[30] 高小玲. 产业组织模式与食品质量安全: 基于水产品的多案例解读 [J]. 软科学, 2014, 28 (11): 45-49.

[31] 顾雷雷, 郭建鸾, 王鸿宇. 企业社会责任、融资约束与企业金融化 [J]. 金融研究, 2020 (2): 109-127.

[32] 黄苏萍, 马姗子, 刘军. 霹雳手段还是菩萨心肠? 刻板印象下企业家领导风格与产品质量感知关系的研究 [J]. 管理世界, 2019, 35 (9): 101-115, 194, 199-200.

[33] 姜启军. 企业社会责任与食品质量安全管理的理论和实证分析 [J]. 华东经济管理, 2013, 27 (2): 92-96.

[34] 姜长云. 实施乡村振兴战略的难点和基点 [J]. 农业经济与管理, 2018 (3): 5-9.

[35] 蒋慧. 论我国食品安全监管的症结和出路 [J]. 法律科学（西北政法大学学报）, 2011, 29 (6): 154-162.

[36] 李国祥. 实现乡村产业兴旺必须正确认识和处理的若干重大关系 [J]. 中州学刊, 2018 (1): 32-38.

[37] 李清光, 吴林海, 王晓莉. 中国食品安全事件研究进展 [J]. 食品工业, 2016, 37 (11): 219-224.

[38] 李维安, 王世权. 利益相关者治理理论研究脉络及其进展探析 [J]. 外国经济与管理, 2007 (4): 10-17.

[39] 刘超, 陈春花, 刘军, 等. 组织间信任的研究述评与未来展望 [J]. 学术研究, 2020 (3): 95-104, 177-178.

[40] 刘娟, 张森, 卜斯源. 乡村振兴研究述评与反思 [J]. 中国农业大学学报

（社会科学版），2022，39（4）：5-31.

[41] 刘义强，姜胜辉. 利益与认同：村民政治参与的边界及转换：基于佛山市 4 个村庄村级治理的实证调查 [J]. 华中师范大学学报（人文社会科学版），2019，58（6）：53-59.

[42] 陆益龙. 百年中国农村发展的社会学回眸 [J]. 中国社会科学，2021（7）：44-62，205.

[43] 罗必良. "奥尔森困境"及其困境 [J]. 学术研究，1999（9）：8-11.

[44] 罗兰，安玉发，张红霞，等. 我国食品安全现状与风险来源：以餐饮业为例 [J]. 中国卫生政策研究，2013，6（7）：51-56.

[45] 欧阳桃花. 试论工商管理学科的案例研究方法 [J]. 南开管理评论，2004（2）：100-105.

[46] 孙小丽. 企业社会责任与品牌价值的关系研究：基于食品行业消费者购买意愿的实证分析 [J]. 价格理论与实践，2019（7）：116-119.

[47] 童泽林，黄静，张欣瑞，等. 企业家公德和私德行为的消费者反应：差序格局的文化影响 [J]. 管理世界，2015（4）：103-111，125，188.

[48] 王斌会. 新媒体时代突发公共事件中出版企业社会责任与社会效益契合探析 [J]. 科技与出版，2020（3）：96-98.

[49] 王明杰. 企业家道德资本对绩效管理作用机制分析 [J]. 商业经济与管理，2017（11）：40-48.

[50] 王小锡. 论道德的经济价值 [J]. 中国社会科学，2011（4）：55-66，221.

[51] 王震，许灏颖，杜晨朵. 领导学研究中的下行传递效应：表现、机制与条件 [J]. 心理科学进展，2015，23（6）：1079-1094.

[52] 文晓巍，刘妙玲. 食品安全的诱因、窘境与监管：2002—2011 年 [J]. 改革，2012（9）：37-42.

[53] 辛勤. 利益相关者理论视角下单位争端的化解之道 [J]. 领导科学，2021（2）：91-93.

[54] 徐延辉. 企业家的伦理行为与企业社会资本的积累：一个经济学和社会学的比较分析框架 [J]. 社会学研究，2002（6）：63-71.

[55] 殷红. 媒体监督、媒体治理与企业社会责任：伊利股份产品质量问题案例分析 [J]. 财会通讯，2015（19）：12-15.

[56] 于桂兰，姚军梅，张蓝戈. 家长式领导、员工信任及工作绩效的关系研究 [J]. 东北师大学报（哲学社会科学版），2017（2）：125-129.

[57] 张琰，李国琼，欧丽慧，等. 公共危机中平台型企业的社会责任治理：基于携程的案例研究 [J]. 管理案例研究与评论，2022，15（1）：10-22.

[58] 赵立. 中小企业家的道德影响力：理论与实证检验 [J]. 管理世界，2012（4）：183-185.

[59] 周立，李彦岩，王彩虹，等. 乡村振兴战略中的产业融合和六次产业发展 [J]. 新疆师范大学学报（哲学社会科学版），2018，39（3）：16-24.

[60] 周立. 乡村振兴战略与中国的百年乡村振兴实践 [J]. 人民论坛·学术前沿，2018（3）：6-13.

[61] 周应恒，王二朋. 优化我国食品安全监管制度：一个分析框架 [J]. 南京农业大学学报（社会科学版），2012，12（4）：119-123.

[62] 朱德贵. 新时代中国商业伦理精神 [M]. 北京：社会科学文献出版社，2019.

[63] 朱永跃，马志强，孙颖. 组织信任影响因素的实证研究 [J]. 软科学，2014，28（4）：71-77.

相对贫困背景下农产品加工入户与农村老年人收入相关分析①

　　自新中国成立以来，我国政府一直重视国民的减贫工作，先后实施一系列扶贫政策。2013 年，习近平总书记提出精准扶贫，开始了扶贫历程的攻坚战。经过全国上下多年的努力，至 2019 年，中国贫困人口下降到 551 万人，贫困发生率则是下降到 0.6%。2020 年末，全国 832 个贫困县全部摘帽（李玉山等，2021）。随着脱贫攻坚战取得胜利，我国进入了"后脱贫时代"。这一过程中，两个任务尤为重要：一是我国开始从解决以生存为核心的绝对贫困走向缓解相对贫困的共同富裕历程（罗必良，2020）；二是探寻脱贫人口摆脱生计脆弱性的方式，降低脱贫人口返贫的可能性（李玉山等，2021）。

　　解决相对贫困的关键依旧在农村。《中国住户调查年鉴》2015—2020 年数据显示：尽管 2015—2020 年中国农村居民收入有所增加，而且和城市居民之间的差距有所缩小，但是农村居民收入长期以来远远低于城市居民，直至 2020 年，依旧不足城市居民收入的 40%。更重要的是，农村居民收入中，来自转移支付的占比要高于城市居民，而且近些年这一比例具有明显扩大趋势，导致这两类居民收入中转移支付占比的差距在不断扩大。可见，农村居民的生计来源自生性特征相对不足，生计具有脆弱性特征。因此，一方面，在全面脱贫之后，依旧需要关注农村居民的相对贫困问题；另一方面，则是需要关注农村居民的生计脆弱性问题，预防农村脱贫居民再一次返贫。

---

① 撰稿人：洪炜杰。

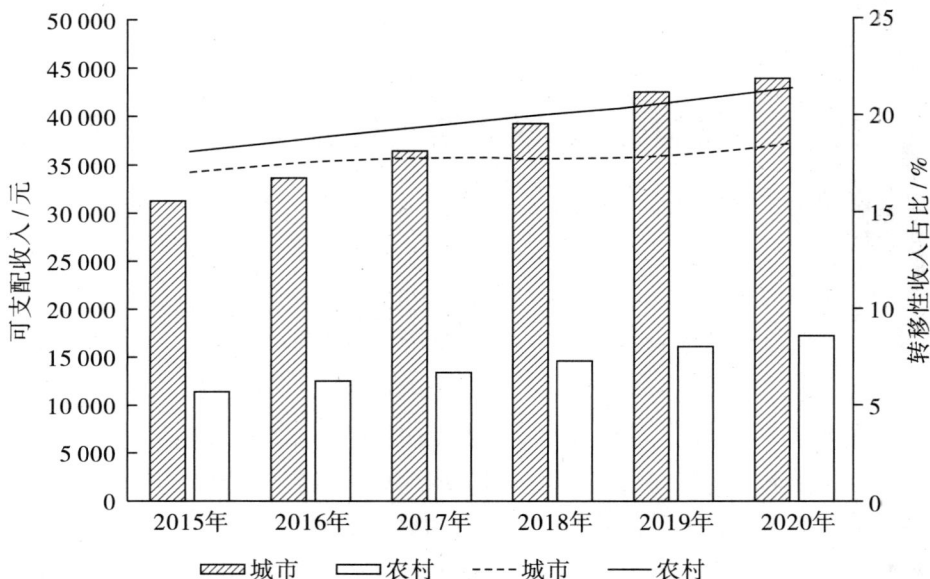

图1 城乡居民收入及其特征(2015—2020年)

数据来源:《中国住户调查年鉴》2015—2020年。

农民的收入主要有四种,分别是工资性收入、经营性收入、财产性收入和转移性收入。其中,工资性收入为农民最重要的收入。《中国住户调查年鉴》的相关数据显示:2020年工资性收入的占比达到40%以上。而经营性收入,尤其是第一产业的经营性收入占比低于25%。非农打工的工资性收入构成了农民收入的主要来源,而农业经营的重要性正在不断下降。

从非农转移的程度看,自改革开放以来,农村居民非农转移的比例在不断提高。《中国农村政策与改革统计年报》的数据表明:至2020年,从事非农工作的农民占比已经达到63.3%,其中,外出务工的占比达到46.6%。随着社会经济的发展,农民工在国家经济建设中作出不可磨灭的贡献,从事非农工作的农民工收入也在不断提高。根据国家统计局的相关数据,2021年全国农民工总数29 251万人,月均工资性收入为4 432元,年均工资性收入为53 184元。相对地,同时期,农村居民全年可支配收入为17 131.5元。不难推算出,即使在农村,不同居民的收入也是不同的,其所处的相对贫困状况也有显著区别。农村居民中,处于相对贫困状况的群体主要是由不具有非农转移能力的人构成,例如劳动能力不足或者年纪偏大的农民。

实际上,随着户籍制度的逐步放开,农村居民在就业市场进行自由流动的限制也逐渐解除,因此,劳动力要素流动的充分性也在不断提高。这意味着,对于具有非农就业能力的农民而言，其完全可以凭借自身的人力资源特征参与劳动力市场的竞争。而改革开放以来，中国经济的快速成长，尤其是城市工业、建筑业的不断发展，对农村劳动力产生了需求，带给其充足的就业机会。因此，对于具有非农就业能力的农村居民而言，其收入水平主要受到宏观的经济周期、行业的就业结构影响，而从长期而言，则是农村居民人力资本的代际传递以及积累问题。

从短期的实际出发，解决农村的相对贫困问题，不断向共同富裕的目标迈进，需要关注的主要群体是农村的老年人群体。第一，对于不具有非农务工经验的老年农民而言，经过多年的务农工作，其人力资本更多是针对农业经营，因此难以在人老的时候改变自己的职业，外出务工。第二，对于老一代农村居民而言，其受教育程度通常较低，因此即使外出务工，也更多是从事建筑业等对体力要求非常高的工作，这显然是大多数老年劳动力难以适应的。第三，很多老年农民不愿意离开农村进行长时间和大范围流动。

《中国老年社会追踪调查》的微观数据分析发现，2018 年农村老年人的平均年收入只有 4 461.6 元，仅仅达到中年农民的月收入水平。因此，在相对贫困背景下，农村的老年人群体的收入依旧是一个值得长时间关注的问题。根据相关研究，目前中国农村老年人收入的主要来源包括子女赡养、养老保险和务农收入。然而，不同收入来源都存在一定的不足。第一，就子女赡养来说，由于现阶段年轻人通常需要抚养小孩和赡养老人，在收入不高的情况下，老人往往成为优先等级靠后的对象（苗海民、朱俊峰，2021）。第二，尽管养老保险已经普及，但对于大多数农村地区而言，养老金不足以覆盖老人的日常生活。第三，随着年龄的不断增大，消耗体力的农业工作所带来的收入难以为继。因此，寻找一种符合老人体力和人力资本特征的收入模式，是缓解农村老年人相对贫困状况的关键。

一、研究背景

（一）历史的转变：从绝对贫困到相对贫困

习近平总书记在 2021 年 8 月主持召开的中央财经委员会第十次会议上强调，共同富裕是社会主义的本质要求，是中国式现代化的重要特征，要坚持以人民为中心的发展思想，在高质量发展中促进共同富裕。2020 年全面打赢脱贫攻坚战，这意味着经过 30 余年的努力，中国的扶贫工作全面解决了绝对贫困问题，绝大多数居民年均收入已经达到温饱线以上。

我国在历史上采用过三种不同的温饱线，分别是"1978 年标准""2008 年标准""2010 年标准"，脱贫的标准也从 1978 年每年每人 100 元，发展为 2008 年每年每人 1 196 元，再到 2010 年每年每人 2 300 元。扶贫的底线也从"果腹"，到"有吃，有穿"，再到"两不愁"（罗必良，2020）。

根据王文棣和曹源洮（2021）对相关政策的总结，中国的扶贫道路目前已经走过四个阶段。第一个阶段为 1978—1985 年。主要任务是解决家庭联产承包责任制确立后各个区域的发展不平衡问题。1982 年，《关于成立三西（河西、定西、宁夏西海固）地区农业建设小组的通知》提出设立专项补助金，促进河西、定西和宁夏西海固的经济发展。1984 年发布的《关于帮助贫困地区尽快改变面貌的通知》则是将 18 个连片的贫困区划为重点扶贫对象，出台了一系列扶贫政策。第二个阶段为 1986—2000 年。1986 年国务院贫困地区经济开发领导小组成立，开始在全国范围内开展大规模的扶贫活动。这个时期扶贫单位从区域向县域转变，1987 年《关于加强贫困地区经济开发工作的通知》将 592 个县划分为重点贫困县。这一时期的重点措施在于：一方面加大公共基础设施、公共医疗教育资源的投资，另一方面通过发展乡镇第二、三产业，加大工业部门对农业就业人口的吸纳。不仅通过转移支付提高贫困人口的收入，还采用一系列措施提高贫困人口的自生能力。第三个阶段为 2001—2012 年。主要是在第二阶段的基础上更加深入，精确界定扶贫范围，从县域层面向村庄层面递进。2001 年发布了《中国农村扶贫开发纲要（2001—2010 年）》，除了进一步加大公共基础设施的投入和强化第二、三产业的发展之外，这一时期政府重点出台了一系列强农惠农措施，其中有两个措施尤为关键：一是取消农业税。取消农业税能够直接减少农民的负担，同时激发农民更高的务农积极性，并间接给予农民更大的流动自主性。二是出台一系列保障制度，例如低保制度、合作医疗制度和养老金制度，从社会层面给予农村居民底层保障，减轻农民在养老、医疗各个方面的负担。第四个阶段为 2013—2020 年，为精准扶贫阶段。自党的十八大以来，党中央提出精准扶贫，进一步将扶贫范围从村层面精细到个人层面。集中力量，有针对性地进行扶贫，为贫困户建档立卡。联合党政机关和企业等全社会的力量，开展驻村帮扶。实事求是，因户而异地开展帮扶政策，将发展生产作为脱贫攻坚的主攻方向，将易地搬迁作为重要补充。

综上，我国扶贫的思路是从区域到县域，再到村庄，进而精确到户，扶贫的对象不断精细化，而且更加具有针对性。经过 40 余年的努力，我国扶贫工作取得重大的胜利，基本上消灭了绝对贫困，扶贫工作也进入后贫困时代。已有文献主要关注区域、城乡以及城乡内部的相对贫困问题，但忽略了农户内部也存在相对贫困问题。在相对贫困时代，贫困的概念更加广化，不仅表现为收入层面的物质能够满足基本的需要，也表现为收入来源能够稳定。而在众多相对贫困的对象中，最容易忽略的则是农村的老年人相对贫困问题。老年人的收入更多来自政府、社会和子女的转移支付，尽管从物质层面上，农村老年人能够满足基本的温饱需求，但是在收入的可持续性、自主性以及个人价值的实现上仍旧面临诸多困境。

（二）养老问题：老年人的收入从何而来

民政部 2017 年第三季度统计数据显示，中国低保受助人口中老年人占比为 33.94%，其中城市贫困老年人占比为 17.86%、农村贫困老年人占比为 39.16%。CHARLS 的调查数据也显示：很多农村老年人的收入接近于 0。张川川 等（2015）的研究发现：年龄在 55—64 岁的农村老年人中，19% 的人口年纯收入不足 1 196 元，30% 的人口年纯收入不足 2 433 元。

收入关系到老年人的独立程度、身心健康、生活质量、价值和尊严甚至家庭和社会的和谐稳定。老年人的收入来源大体可以分为两方面：一是通过自己的劳动（包括农业工作和非农工作）获得收入，二是通过转移支付获得收入。周祝平（2009）研究留守老人的收入发现，中国老年人的最主要收入来自劳动收入，约占 63.7%，而来自各类转移支付的占比约为 34.8%。钱雪飞（2011）对城市老人的收入来源进行比较后发现，城市老人收入主要来源于退休金，约占 61.21%，而农村老人收入来源于退休金的比例只有 21.3%。

对于依靠退休金生活的农村老人而言，不同群体的差异也是巨大的。例如，在农村，对于文化程度较高的老人而言，有 76.47% 是依靠退休金生活，而对于中等文化程度的老人而言，这一比例为 38.71%，低文化程度的老人仅为 13.09%。张楠等（2022）基于 2018 年中国健康与养老追踪调查项目的数据计算发现，老年人转移性收入不平等的基尼系数约为 0.64，而同时期中国居民收入的基尼系数为 0.467。老年人收入的不平等程度要远远高于居民收入不平等的平均水平。

为了帮助农村大多数老年人摆脱无法依靠退休金生活的困境，2009 年国家开始试点新型农村社会养老保险，试图从政府和家庭之外的第三方，即社会的角度，为老年人提供养老保障。相关研究从多个层面展开，例如新农保的实施如何影响老年人的福利水平以及劳动供给等方面。张川川等（2015）利用 CHARLS 基线数据，结合断点回归和双重差分方法研究新农保对收入、贫困、劳动力供给的影响，发现新农保的实施在不同程度上能够提高老年人个人的收入水平，降低其贫困的概率，并在一定程度上增加消费支出和降低劳动供给。陈芮和邓大松

（2022）基于 CHARLS 2015 年的数据同样验证了上述结论。贺立龙和姜召花（2015）发现新农保能够显著提高老年人的消费水平，对于平均年龄在 60 岁的家庭，其促进效果更加明显。李实和杨穗（2011）基于 2002 年和 2007 年城镇住户调查数据发现，社会养老保障对于独居老人的意义更加重大。解垩（2015）利用两期 CHARLS 的数据，采用差分—断点的方法分析新农保对农村老年人消费、劳动力供给和福利水平的影响，并没有发现新农保对老年人的福利水平有显著影响。归其原因在于新农保的补贴力度并不大，在短期内难以对农村劳动力的行为产生明显影响。尽管参加新农保有助于提升生活满意度和对未来生活的信心，但影响效果均较为有限（赵一凡、周金娥，2021）。沈冰清和郭忠兴（2018）甚至认为，对于处于缴费阶段的家庭，新农保使其收入变得更加脆弱。

实际上，新农保给农村老年人每月发放的养老金非常有限。2015 年《关于提高全国城乡居民养老保险基础养老金最低标准的通知》中明确，城乡居民基本养老保险基础养老金最低标准是每人每月 70 元，同时规定，县（市、区）政府应对 65 周岁（含 65 周岁）至 79 周岁的参保居民每人每月加发不低于 3 元的基础养老金，对 80 周岁以上（含 80 周岁）的参保居民每人每月加发不低于 6 元的基础养老金。

部分研究指出，新农保扩大了老年人的收入来源，基于收入效应和替代效应，能够影响老年人的劳动供给，从而改变老年人的闲暇时间。De Carvalho Filho（2008）对巴西的研究表明，养老金使得老年人退出劳动力市场的概率增加。Juarez（2010）对墨西哥的研究则发现了截然不同的结论，指出养老金并没有改变劳动力供给行为。张征宇和曹思力（2021）发现新农保对不同劳动供给人群的影响是不同的，对于低劳动供给主体的劳动供给具有抑制作用，而对于高劳动供给主体的劳动供给具有显著的促进作用。

也有研究指出，新农保的实施尽管从社会层面增加了老年人的收入，但是可能会挤出子女对父母的代际支持，从而使得老年人的收入并没有实质的增加。例如，焦娜（2016）基于 CHARLS 2011/2013 年的数据发现，新农保挤出了农村子女对父母提供的时间和服务支持，同时挤入了参保老年人对孙子（女）的隔代抚育。从这个角度看，新农保可能并没有增加老年人个人的总体收入。陈华帅和曾毅（2013）使用 CLHLS 2008 年和 2011 年的数据发现，新农保在提高老年人收入的同时，也减少了子女的负担。新农保在均值上增加 1 元，则子女对老年人的代际支持将减少 0.808 元，2011 年获得新农保的老年人相对于未参保的老年人，从子女获得的代际支持减少 587.1 元，占同期领取养老金收益的 62.4%。杨瑞龙等（2022）结合 CHARLS 2015 年和 2018 年的数据发现，新农保的实施使得父母进行隔代照料的可能性提高，从而导致子女对父母的代际经济支持也得以增加，但是会挤出子女对父母的陪伴时间。

正式社会支持并没有从根本上改变农村老年人由子女供养的养老模式（尚青松、赵一夫，2022）。中国农村向来具有"养儿防老"的说法，从文化和传统的角度，子女对老年人的代际支持应当成为农村老年人收入的另一个主要来源。但是，实际上，老年人收入来源主要来自子女补贴的占比仅为 29.11%（钱雪飞，2011），子女并不是老年人最为主要的经济来源。也有研究指出，农民子女对父母表现为一种经济理性（苗海民等，2021；苗海民、朱俊峰，2021）。父母从子女那里获取赡养费的前提是父母为子女"做贡献"，例如照看孩子、做家务等（肖富群等，2021）。老年人不得不减少自身的劳动供给时间，以从事家庭的隔代照料。例如，龙莹和袁嫚（2019）基于 CHARLS 2015 年的数据研究隔代照料对中老年人劳动供给的影响，发现隔代照料使得中老年人每周劳动供给减少 20.3%，相当于每周减少的劳动供给时间为 17.98 小时。区分农业劳动和非农劳动发现，隔代照料使得农业劳动的供给减少 32.1%，约为 22.09 个小时，但是对于非农劳动的供给没有显著影响。其可能的主要原因是非农就业通常具有严格的时间限制，上班的灵活性较低。有研究表明，农村家庭养老已经全面弱化，包括精神慰藉和经济支持等各个方面（于长永等，2017），子代对父代养老行为的理性化甚至构成了农村老年人贫困的非经济因素（孙文中，2011）。

尽管政府、社会和家庭在一定程度上给予了老年人经济上的支持，但是由于支持的水平受到各个方面的限制，参与劳动仍旧是老年人获得收入最为主要的途径之一。对于农村老年人而言，收入来源依旧是自己的劳动所得，约占 37.56%。在农村老年人中，60～69 岁年龄段有 48.57% 的老年人收入为自己劳动所得，70～79 岁年龄段这一比例为 25.68%，即使是 80～89 岁年龄段，自己劳动所得也占到 17.07%（钱雪飞，2011）。2013—2018 年《国民经济和社会发展统计公报》的数据显示，16～59 岁劳动年龄人口占全国总人口的比例从 2013 年的 67.6% 连续降低至 2018 年的 64.3%，而 65 岁以上老年人口占比从 2013 年的 9.7% 连续增加至 2018 年的 11.9%。从劳动强度来看，60～69 岁年龄段老年男性的年工作时间长达 2 200 小时左右，折算成日工作时间就是 8 小时左右，而 80 岁以上的高龄老年人年工作时间也达到 800 小时左右（周春芳，2012）。因此，通过发展适合老年人的产业，在一定程度上增加老年人的就业，可能是化解农村老年人相对贫困的一个重要路径。

二、理论框架：农村老年人的福利水平影响因素

（一）老年人的劳动供给决策

如何才能尽可能地提高老年人的收入水平和福利水平呢？本文首先分析老年人的劳动供给问题，进而根据劳动供给和馈赠基本计算老年人的收入和福利水平（效用）。为了方便分析，同样假设老年人的效用来自消费和闲暇，并符合 C - D 函数格式，老年人将最大化自身的效用，其目标函数为：

$$\max U(c,l) = c^{\alpha} l^{\beta}$$

其中，c 是消费，l 是闲暇，且有 $\alpha + \beta = 1$。农村老年人的收入来自两个方面：一是子女的代际支持 y_1，二是自身的劳动收入 y_2。假设单位时间的劳动净工资为 w，则在一定时间内的劳动收入 $y_2 = wt$。需要指出的是，这里的 t 是老年人自由决定的劳动供给时间。因此，老年人面临的第一个约束为：

$$c \leqslant y_1 + wt$$

相较于年轻人，老年人的体力比较有限，随着劳动时间的延长，其工作效率会降低，或者随着长时间的劳作，其身体所承担的代价（成本）可能会更高。因此，假设老年人在每天的劳动时间内，随着劳动时间的延长，其单位时间能够获得的净工资不断下降，即 $\dfrac{\mathrm{d}w}{\mathrm{d}t} < 0$。进一步地，由于劳动决策还受到每天可以自由支配时间 T 的约束，则有：

$$t + l \leqslant T$$

因此，老年人的决策模型为：

$$\max U(c,l) = c^{\alpha} l^{\beta}$$
$$\text{s. t.}\quad c \leqslant y_1 + wt;\ t + l \leqslant T$$

构造拉格朗日方程有：

$$L(c,l,\lambda_1,\lambda_2,t) = c^{\alpha} l^{\beta} - \lambda_1(c - y_1 - wt) - \lambda_2(t + l - T)$$

一阶条件为：

$$\frac{\partial L}{\partial c} = \alpha c^{\alpha-1} l^{\beta} - \lambda_1 = 0$$

$$\frac{\partial L}{\partial l} = \beta c^{\alpha} l^{\beta-1} - \lambda_2 = 0$$

$$\frac{\partial L}{\partial t} = \lambda_1 \left(\frac{\mathrm{d}w}{\mathrm{d}t} t + w \right) - \lambda_2 = 0$$

$$\frac{\partial L}{\partial \lambda_1} = c - y_1 - wt = 0$$

$$\frac{\partial L}{\partial \lambda_2} = t + l - T = 0$$

经过整理可以得到：

$$\frac{\mathrm{d}w}{\mathrm{d}t} t + w = \frac{\beta(y_1 + wt)}{\alpha(T - t)} \tag{1}$$

令 $f(t) = \frac{\mathrm{d}w}{\mathrm{d}t} t + w$，同时令 $g(t) = \frac{\beta(y_1 + wt)}{\alpha(T - t)}$，可知，如果 t^* 使 $f(t) = g(t)$，则 t^* 是方程（1）的解，也是老年人的劳动决策模型。由于 $\frac{\mathrm{d}w}{\mathrm{d}t} < 0$，可知 $f(t)$ 为一条截距为 w，且从左上方向右下方倾斜的直线。而 $g(t)$ 则是截距为 $\frac{\beta y_1}{\alpha T}$，且随着 t 的增大斜率不断变大的曲线。如图 2 所示，当 $t = t_1$ 时，$f(t)$ 和 $g(t)$ 相交，此时老年人的劳动供给为 t_1。可知当 $\left| \frac{\mathrm{d}w}{\mathrm{d}t} \right|$ 越大，$f(t)$ 和 $g(t)$ 越早相交，则 t_1 越小。因此，对于年轻人，净工资收益不随着劳动时间的提高而降低，即 $\frac{\mathrm{d}w}{\mathrm{d}t} = 0$，那么 $f(t) = w$，此时劳动的供给量为 t_2。易知 $t_2 > t_1$。因此，在其他条件不变的情况下，老年人的劳动供给要低于年轻人。

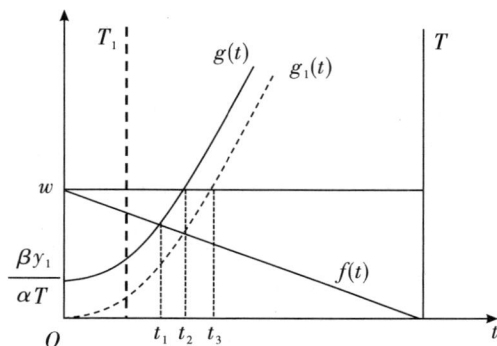

图 2　老年人的劳动供给决策

老年人和年轻人的另一个区别在于是否存在转移支付 y_1。令 $y_1 = 0$，则曲线 $g(t)$ 向下移动 $g_1(t)$ 的位置。从图 2 可知，此时 $g_1(t)$ 和 w 相交于 t_3，且有 $t_3 > t_2 > t_1$。即老年人的劳动供给要远远小于年轻人。此外，还可以发现，在存在转移支付的情况下，老年人的劳动供给 $g_1(t)$ 和 $f(t)$ 的交点更加偏右，因此，在其他条件不变的情况下，如果缺乏转移支付，则老年人的劳动供给要更多，也就是老年人不得不自己提供更多的劳动供给，才能尽可能地提高自己的福利水平。

需要进一步讨论的是，老年人的自由支配时间 T 不一定等于 24 小时。在现实情况下，现阶段，尤其是农村的老年人，其时间分配除了受到经济动机影响外，可能还存在社会因素和情感因素，甚至健康因素，例如生病。由于这些因素对其他时间分配的影响机制非常复杂，因此我们将其他事情对老年人占有的时间假设为外生的。考虑了时间约束之后，可以发现，当外生的时间占用过多时，老年人的劳动供给不一定可以达到 t_1、t_2 或者 t_3，老年人的劳动供给决策不是最优的，因而其收入和福利可能会受损。

（二）基于模型的讨论

接下来进一步讨论在各个参数发生变化时，尤其是老年人可以自由支配时间和获得转移支付的方式如何影响其劳动供给决策，进而影响其收入水平和福利水平。为了方便分析且不失一般性，令 $\dfrac{\mathrm{d}w}{\mathrm{d}t} = -\theta$，即 θ 越大，则老年人工作的净工资损失得越快。对方程（1）进行转换，可以得到方程（2），则有：

$$\theta t^2 - (\theta T + 2w)t + wT - y_1 = 0 \qquad (2)$$

求解可得：

$$t = \frac{(\theta T + 2w) \pm \sqrt{(\theta T + 2w)^2 - 4\theta(wT - y_1)}}{2\theta} \qquad (3)$$

基于方程（3），可以分析随着各个参数的变化老年人的劳动供给情况，并依据劳动供给情况可以得到各种情况下老年人的收入情况，及其效用水平。由于本文讨论的是老年人每天平均的劳动供给，有 $t \leqslant T$，设定 $T = 24$，在这个条件的限制下，可以得到老年人的劳动供给为方程（3a）：

$$t = \frac{(\theta T + 2w) - \sqrt{(\theta T + 2w)^2 - 4\theta(wT - y_1)}}{2\theta} \qquad (3a)$$

情境一：θ 的影响

假设转移支付不变，为 $y_1 = 200$，工资水平为 $w = 50$，并且假设老年人获得转移支付不需要付出任何时间，所有的时间都可以由自己进行支配，即 $T = 24$，进而观察随着 θ 的变化老年人的劳动供给、收入和福利水平（效用）。模拟结果显示，无论是劳动供给、收入还是福利水平，随着净工资递减速度变快，三者都呈现递减态势。即当净工资随着劳动时间延长而减少的速度越快时，老年人的收入会越少，其福利水平也会相应降低。

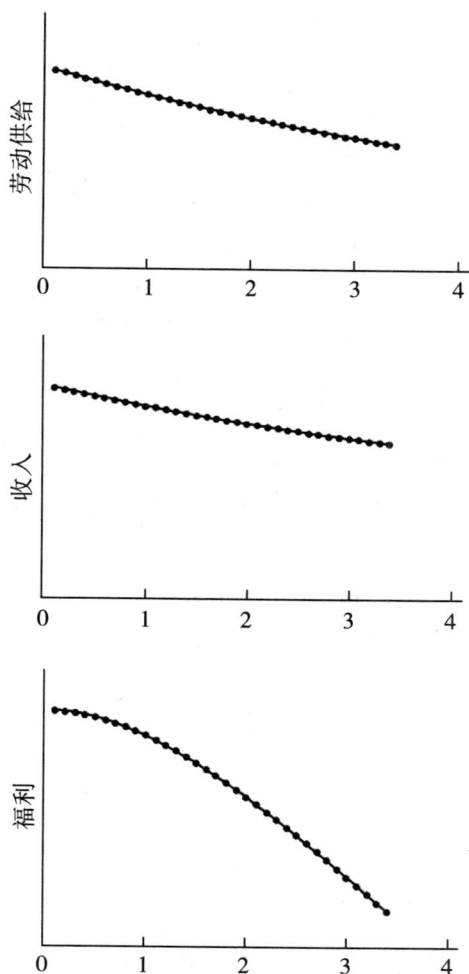

图3　工资递减程度对劳动供给、收入和福利水平的影响①

---

① 纵坐标表示相对水平，下同。

情境二：转移支付 y_1 的影响

假设工资水平为 $w=50$，所有的时间都可以由自己进行支配，即 $T=24$，同时工资以每小时 $\theta=0.1$ 的速度递减，进而分析转移支付 y_1 的改变如何影响老年人的劳动供给、收入和福利水平。模拟结果显示，在其他条件不变的情况下，老年人获得的转移支付越高，则其劳动供给越少，这和原始模型的推导结果是一致的。进而，转移支付越高，则老年人的收入水平越高，其福利水平也会越高。因此，尽管转移支付是无偿的，而且不会改变劳动的边际报酬，但是政府、社会和子女增加对老年人无偿的转移支付，仍然能够有效地减少老年人的劳动时间，提高其福利水平。

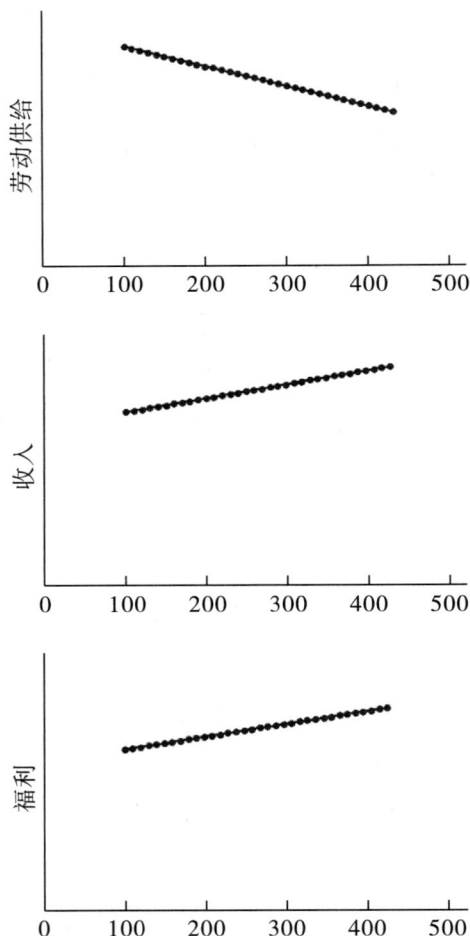

图 4　转移支付对劳动供给、收入和福利水平的影响

情境三：工资水平的影响

假设转移支付 $y_1 = 200$，所有的时间都可以由自己进行支配，即 $T = 24$，同时工资以每小时 $\theta = 0.1$ 的速度递减，进而分析工资水平对老年人劳动供给、收入和福利水平的影响。模拟结果显示，工资水平的提高对老年人的劳动供给具有正向影响，且呈现边际影响递减的特征。工资水平提高后，老年人的劳动供给随之提高，但是提高的幅度逐渐降低。此外，工资水平的提高对于老年人的收入和福利水平都有正向影响。因此，经济社会的发展，或者从事自己更加擅长的行业，均能够提高老年人的收入和福利水平，不过，这是以老年人能够参与劳动力市场为前提的。

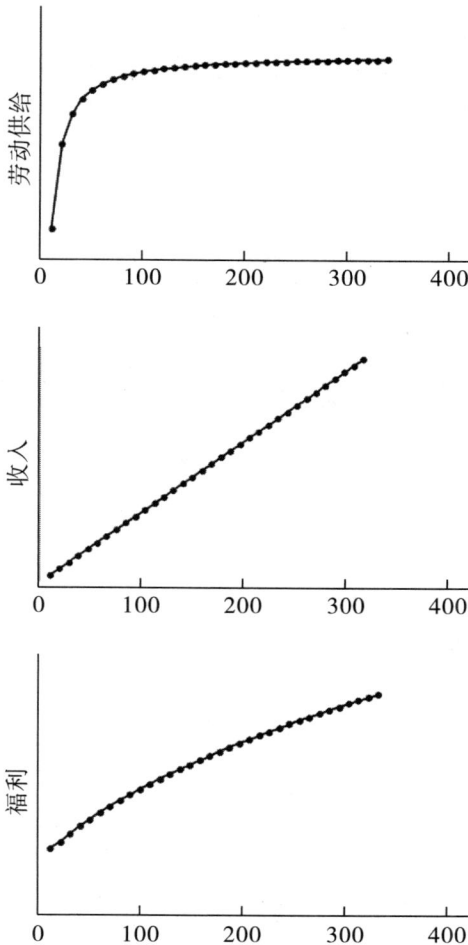

图 5　工资水平对劳动供给、收入和福利水平的影响

情境四：被占用时间的影响

由于种种因素，老年人每天可以自由支配的时间可能会被一些事占用，例如帮助子女照顾小孩，而这些时间很多情况下并不是老年人基于理性所进行的分配。假设转移支付不变，为 $y_1 = 200$，工资水平为 $w = 50$，同时工资以每小时的速度递减，进而分析被占用的时间如何影响老年人的行为。模拟结果显示，随着老年人不能自由支配时间的增加，老年人的劳动供给（自主决定情况下）、收入和福利水平都是下降的。因此，如果我们不考虑其他社会因素对老年人福利的影响，单纯从经济动机的角度考虑，则被他人占用的时间越多，老年人的福利水平越低。

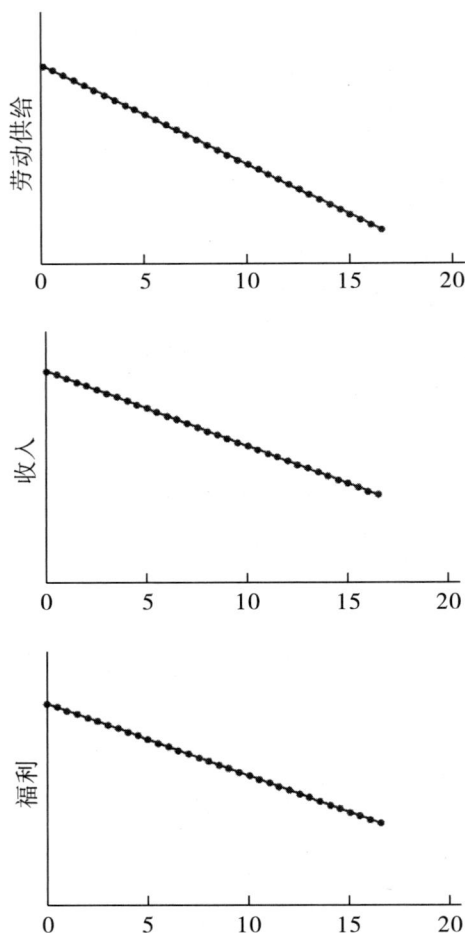

图6 被占用时间对劳动供给、收入和福利水平的影响

情境五：转移支付方式的影响

前文假设老年人获得的转移支付是无偿的，即不需要付出任何劳动，每月都有固定的转移支付 y_1 的收入。现在放宽转移支付的概念，丰富 y_1 的内涵。一方面，y_1 可以来自无偿的转移支付；另一方面，y_1 也可能来自被占用时间所获得的报酬，同时假设所获报酬也是外生的，是由其他主体决定的，或者老年人利用被占用时间能够获得最高回报。基于这种设定，本文主要讨论三种情况：第一种是无偿转移，即老年人可以无偿地从政府、社会和子女处获得一笔收入，这种收入不需要老年人付出任何劳动或者代价，例如老年人不需要为子女带孩子，也不需要做家务。第二种是有偿转移，例如老年人获得转移支付需要帮助子女带孩子、做家务，或者利用被占用的时间从事其他有报酬的工作。第三种是固定的无偿支付加上有偿支付，例如老年人从子女那里每个月获得固定的赡养费，但是需要帮助子女带孩子、做家务，而在帮忙带孩子、做家务的时间内可以从事其他兼职的劳动工作，从而获得其他收入。显然，在现实中，由于社会的文化背景和就业机会不同，这三种情况都有存在的可能性。利用方程（3a），我们分析这三种转移支付方式对老年人的劳动供给、收入和福利水平的影响，并且同时模拟随着兼职时间的增加能够获得的工资率更高的情况。模型设定方面：工资水平为 $w = 50$，同时工资以每小时 $\theta = 0.1$ 的速度递减。无偿转移中设定 $y_1 = 200$；有偿转移中设定 $y_1 = 50 \times$ 被占用时间；两者兼有 I 设定 $y_1 = 200 + 50 \times$ 被占用时间；两者兼有 II 设定 $y_1 = 200 + 20 \times$ 被占用时间。

（1）对劳动供给的影响。不同转移支付方式下，被占用时间对老年人劳动供给的影响基本是相同的，但是影响程度有所区别（见图 7）。集中表现为，随着被占用时间的增加，老年人的劳动供给将不断减少。从减少的速度看，无偿转移的减少速度是最慢的，因此，在这种情况下，当被占用时间相对更多时，老年人的自由劳动供给时间才会变为 0。有偿转移以及两者兼有的减少速度类似，不同的是，有偿转移的初始劳动供给量更高，导致其收敛为 0 劳动供给的时间更长，而两者兼有的初始劳动供给量相对更低，所以更快地收敛为 0 劳动供给。进一步分析被占用时间里的工资水平如何影响劳动供给可以发现，两者兼有 II 的斜率绝对值变小，意味着被占用时间导致劳动力自由支配时间向 0 劳动供给收敛较慢。对比两者兼有 I 和两者兼有 II 可以发现，随着被占用时间内能够获得的工资率越高，其自由的劳动供给越低。

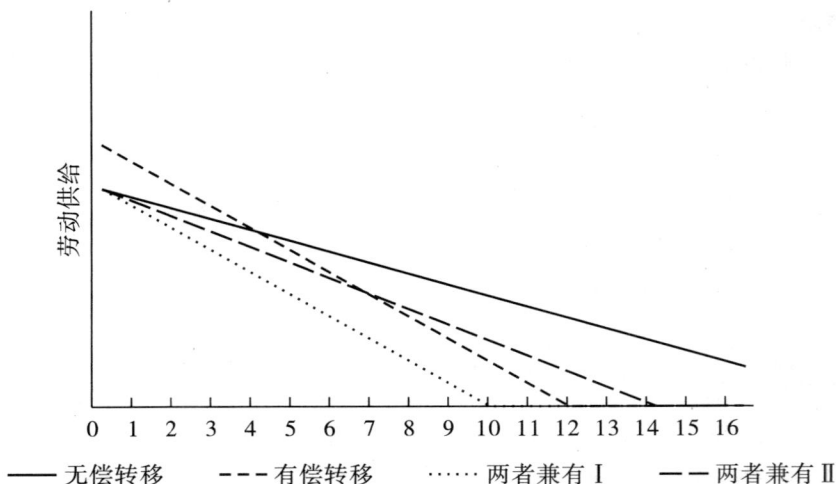

图 7　不同时间占用对劳动供给的影响

（2）对收入和福利水平的影响。在不同转移支付方式下，被占用时间对老年人的收入和福利水平的影响是类似的，因此这两部分一起分析。从图 8 可以发现，在无偿转移的情况下，随着被占用时间的增加，老年人的收入和福利水平不断下降。这意味着，给予父母一次性的赡养费，而要求父母帮忙越多，其福利状态是不断变差的。在有偿转移的情况下，随着被占用时间的增加，老年人的收入水平相对比较稳定，且具有微弱提高的趋势。而福利水平则呈现先增加后减少的态势。即随着被占用时间不断增加，老年人的福利水平先提高后下降，主要原因在于被占用时间过多，会影响到老年人的闲暇时间，从而导致其福利水平下降。在两者兼有Ⅰ的情况下，随着被占用时间的增加，其收入和福利水平的变化情况和有偿转移的情况是类似的。不同的是，当被占用时间相同时，老年人的收入和福利水平都比有偿转移的情况高。在两者兼有Ⅱ的情况下，随着被占用时间的增加，老年人的收入和福利水平都下降。由此可知：第一，只要在被占用时间里的工资率低于自由劳动的工资率，则随着被占用时间的增加，老年人的收入和福利水平都会下降；第二，被占用时间工资率的提高，能够有效地提高在相同被占用时间内老年人的收入和福利水平。

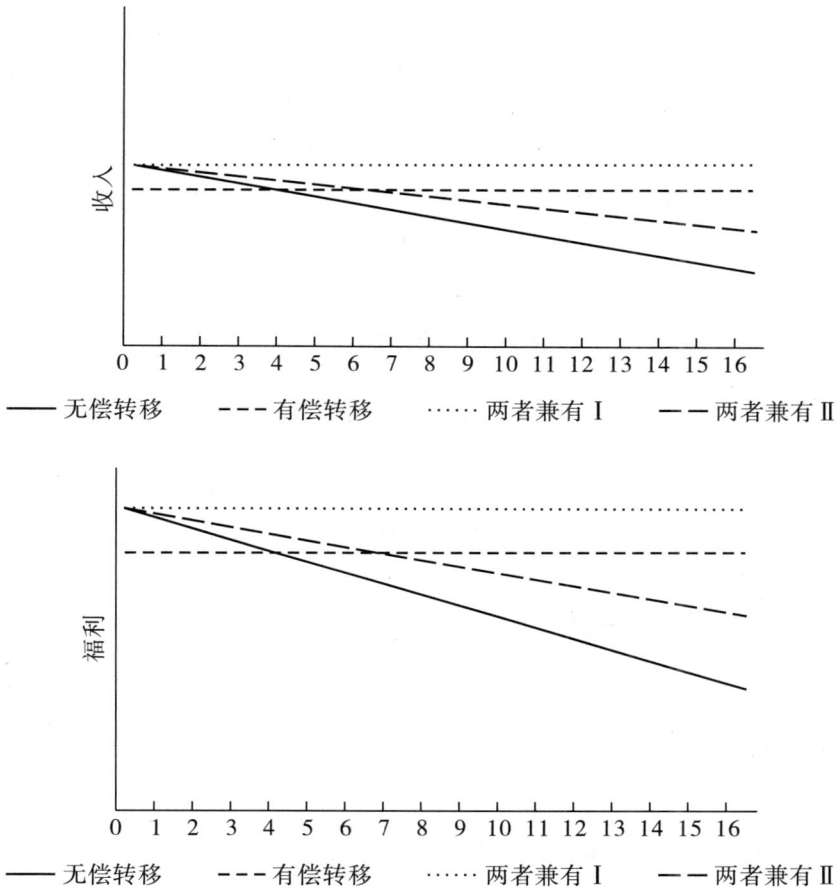

图8　不同时间占用对收入和福利水平的影响

（三）小结：提高老年人收入和福利水平的方式

老年劳动力和年轻劳动力存在本质的不同，最主要体现为两点：第一，老年人由于年纪较大，体力不足，很难像年轻人那样从事对体力要求很高的活动。一方面，老年人对于职业的选择自由度要远远低于年轻人，从而造成其非农工资水平可能相对较低，因此，如何在有限的选择范围内获得更高工资是提高其收入和福利水平的关键。另一方面，老年人的耐力相对不足，无法长时间从事高强度工作，因此，如何获得与其体力特征相匹配的工作也至关重要。第二，基于情感、社会或者子女的需要，老年人可能无法完全支配自己的时间，其时间禀赋受到各个方面的约束，其中，最重要的是有一部分时间是被占用的，即存在外生的约束。不过，被占用的时间也并不是不能从事其他可以获得报酬的工作，只是工作时长不能由自己决定。例如，在带孙子孙女的同时，可能从事农活，或者进行玩具加工而获得收益。但因为需要留出充足时间帮子女带孩子，因此这个时长并不能由自己决定，或者说，这个时长并不是基于经济动机来决定的。所以，在被占用的时间内，如果能够获得更多的收入，则老年人的收入和福利水平会提高。综上，提高农村老年人收入和福利水平的关键在于发展符合老年人体力特征和人力资本特征的产业，同时，需要保持充分的灵活性，使得老年人在被占用的时间里仍然能够从事相关产业。

三、案例分析：农产品加工入户对农村老年人增收的作用

（一）汕头市澄海区玩具行业和老年人的参与情况

汕头市澄海区位于粤东，总面积 345.23 平方千米。截至 2020 年底，澄海区常住人口为 87 万余人。澄海区工业相对比较发达，2020 年，澄海区实现地区生产总值 460.6 亿元，规模以上工业总产值 308.8 亿元，规模以上工业增加值 70.5 亿元，三产比例为 8.8∶51.4∶39.8。其中，当地又以玩具产业最为重要，产值达百亿级，市场主体超过 4.3 万户，其中个体户占比接近 75%。2021 年，澄海有一定规模工业企业 332 家，其中玩具企业占比近半数，拥有上市企业 6 家、新三板挂牌玩具企业 2 家，玩具产业从业人员超 10 万人，不乏像星辉、奥迪这样的大公司。

玩具产业及其衍生的相关行业成为澄海区众多居民的主要收入来源。从事玩具组装业的中青年，每个月能够获得 4 000 元左右的收入。不过，在工厂组装玩具想要获得相对可观的收入需要具备两个条件：第一，具有较高的装配速度。很多玩具企业采用的是"计件工资"模式，做玩具速度快是保证获得可观收入的前提。第二，劳动的时间比较长。玩具厂的工作时间比较长，通常情况下，一天安排上午、下午和晚上三个班，每个班是 4 小时。显然，无论是哪一点，对于老年人而言都是比较大的挑战。因此，很多农村老年人并没有进入工厂组装玩具。

部分个体户或者小作坊，在急需出货的时候，会将部分玩具下放到农户家，由农民在做完农活之后，或者由农村老年人在带孙子孙女的时候进行加工。不过，这种工作机会并不稳定，通常只有当工厂人手短缺时才有。另外，老年人由于速度比较慢，所以获得的工资也比较低，并且通常只能利用闲散的时间进行玩具组装，每天能够获得 20 多元。据一位玩具厂老板介绍："对于很多老年人，做玩具的主要目的是消磨时间。"即使在小商品组装业如此发达的澄海区，老年人也由于种种限制难以参与当地工业发展，从玩具行业中获得直接的收入。而位于澄海区上华镇的 YQ 村，除了玩具，每年夏天全村都从事菱角加工工作，即使是

80 多岁的老年人也在从事农业菱角加工。因此，深入分析菱角加工业如何增加老年人收入，对于相对贫困背景下如何通过发展合适的产业促进农村老年人增收具有重要的意义。

（二）YQ 村的菱角加工业和老年人收入情况

YQ 村位于澄海区西北方向，处于韩江下游，占地面积 0.318 平方千米。该村有农户 150 余户，人口近 700 人，其中 60 岁以上人口约为 200 人，占总人口比例约 34%。全村拥有农地约 100 亩，人均只有 1 分多地，是人地关系高度紧张的地区。随着工业化、城市化的快速推进，YQ 村不同年龄的居民从事的工作也存在明显的不同。据村干部介绍，50 岁以下的居民大部分是进厂工作，主要从事和玩具行业或者服装行业相关的工作，但是服装行业相对不稳定，因此，每年只能从事服装行业 4—5 个月，其他时间主要在玩具厂当临时工。50 岁左右的居民则是从事农产品贸易，简单来说就是到附近市场卖菜。而 60 岁以上的老年人则是一部分依旧从事农业工作，另一部分则在家庭作坊进行玩具加工或者菱角加工。

菱角，是一年生草本水生植物菱的果，由于外表覆盖一层坚硬的壳，因此，农民从水中摘取菱角之后，还需要经他人加工，将外壳剥去，才能售卖。据当地一个菱角加工场的老板介绍，菱角加工在 YQ 村已有 40 多年的历史。在 YQ 村，一共有 4 个菱角加工场，每个加工场雇用的农户有 20～30 家。其操作模式大体如下：每天一大早，菱角农就会到菱角池塘将生的菱角摘取上来，批发给菱角加工场的老板。然后，各个农户会在固定的时间到菱角加工场称取菱角，用箩筐挑回家剥壳加工，完成之后再把菱角肉还给老板。老板再将菱角肉进行冰冻处理，销往其他目的地。菱角剥壳是菱角生产加工过程中的一个重要环节，也是一般的村民在整个生产过程中参与最多的一个环节。为了更加详细地了解这个行业，获得更加可靠的数据，笔者对 YQ 村规模最大的菱角加工场老板进行了访谈，并对所获得的信息进行整理。

1. 菱角的收购情况

菱角加工在 YQ 村已有 40 多年的历史，部分村民会从事菱角种植。但由于菱角主要生长在池塘中，而 YQ 村的池塘并不多，因此，除了 YQ 村的村民外，加工场的老板也会从附近其他村的村民那里收购菱角。据受访老板介绍，其业务范围是整个镇，与 30 多个农户有业务往来。高峰期每天收购的生角（从池塘中摘取未经过加工的菱角）在 1 万斤左右，最低也有 3 000～5 000 斤。每年下来，平均每天收购生角 4 000 多斤。在价钱方面，根据季节的不同，全年价钱略有波动，最高时收购价可以达到 3.2 元/斤，而最低时收购价约为 1.6 元/斤。每亩池塘一年大概能够生产菱角 4 000 多斤，平均而言，每年每亩的总收入为 8 000 多元，在扣除成本之后（除劳动外），能够达到 4 000 元左右的利润。因此，如果种植面积达到 10 亩以上，则每年有 4 万元左右的收入，种植面积达到 20 亩以上，则有 10 万元左右的收入。而一般的农户，在雇用 1~2 个工人的基础上，种植规模可以达到 20 亩以上。考虑到每年菱角的收获期约为 5 个月，因此每个农户在菱角收获季节每个月的收入能够达到大几千元，甚至接近一万元。不过，菱角的摘取非常辛苦，时常凌晨 3~4 点就要开始工作，农户需盘腿坐在一艘小船上，上半身顶着烈日，下半身则是浸泡在水里。"赚的也都是辛苦钱。"

2. 菱角的加工情况

当农户将摘取的生角运载到加工场时，村民会挑着箩筐，到加工场运载菱角回家进行剥壳。对于一些年纪较大的村民，加工场的老板则会用推车帮忙将菱角运到其家里，下午再到其家里将剥完壳的果肉运回加工场。在加工费的计价方式方面，YQ 村是根据生角的重量进行计价，有些地方则是根据剥完壳后的果肉重量进行计价。也就是在 YQ 村，无论一斤生角加工后有多少果肉，都是按照一斤菱角的价格计算人工费。

每年从 4 月开始，一直持续到 9 月，有约 170 天是菱角的收获期，因此村民从事菱角加工的工作也主要在这段时间。随着社会流动性的加强，加上出现更多的非农就业机会，因此留在村里从事菱角加工的主要是老年人。这些人在照顾家庭的同时，能够兼职赚取一些收入。

据受访老板介绍："村里实际上有很多 80 多岁的老人在剥菱角，基本都是50 岁以上的在剥，比如×××，每天不低于 200 斤。80~90 岁的都在剥菱角，一天能够剥近 100 斤。"他还补充道："一个老年妇女如果从早上剥到傍晚，可以加工菱角 100 多斤。如果有家里人帮忙，则每天可以加工 200 多斤。不过对于 80 多岁的老人，一整天只能加工近 100 斤而已。"

当然，由于菱角产业在 YQ 村已经存在 40 多年，这些老人家从年轻的时候就一直在从事菱角加工，因此每天才能加工这么多菱角。"主要是这些人已经剥菱角很多年了，所以每天才能剥近 100 斤。"

受访老板认为，剥菱角对于农村老人有三个好处：一是消磨时间，二是增加收入，三是为子女减轻负担。"这是一种出路，也是一种精神安慰，老人能够支配自己的收入，也能够减轻子女的负担"；"老人一天没事，剥一下菱角，也可以消磨时间，还有收入，一天能有近 100 元也很不错"；"像一些没有劳动能力的人，不能外出打工，也能有机会一天赚个 100 来块钱"。

在加工的价格方面，2022 年加工每斤菱角的工钱涨到了 8 毛，甚至有些加工场开出的价格是 1 元/斤。根据加工的单价可以估算，一个 80 岁以上的熟练村民，一天可以加工菱角 100 斤左右，因此一天能够获得 80～100 元收入，在盛产菱角的两三个月中，每月能有 2 000～3 000 元收入。

为了更加详细地获得工人年龄的分布情况和收入情况，笔者向受访老板了解了 2022 年 6 月 8—15 日每个工人加工菱角量的基本情况，分析结果如下：

（1）菱角加工工人的年龄分布。图 9 是对加工场 19 个工人的年龄进行简单统计。可以发现，加工场工人的年龄基本在 40 岁以上，而年龄最大的达到 82 岁。在 40～50 岁年龄段的人数为 3 人，51～60 岁的有 4 人，61～70 岁的有 7 人，71～80 岁的有 3 人，81～90 岁的有 2 人。可见，YQ 村菱角加工业的工人主要是老年人，其中最主要的是 61～70 岁的老人。

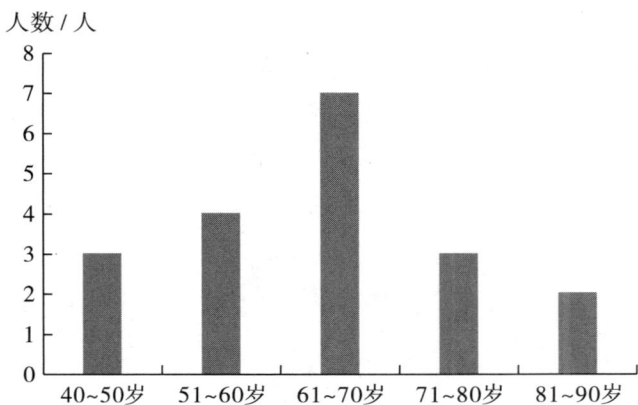

图 9　工人的年龄分布

（2）各个年龄段工人每天从菱角加工中获得的收入。图 10 分析了不同年龄段工人每天从菱角加工中获得的收入情况，需要注意的是，部分工人可能有家人帮忙，但大多数不超过 2 人。从数据看，年龄在 40～50 岁的工人中，平均每天的收入为 130.3 元，51～60 岁的为 97.05 元，61～70 岁的为 141.6 元，71～80 岁的为 60.73 元，81～90 岁的为 79 元。因此，菱角加工对于老年人而言，无疑是一年中最重要的收入来源之一。

收入/元

图 10　各个年龄段工人的每天收入分布

（3）各个年龄段工人每天从菱角加工中获得的最高收入。对上述 8 天的数据进一步分析，提取各人这 8 天最高收入，并根据年龄段进行平均。可以发现，年龄为 40～50 岁的工人这 8 天平均每天的收入为 168.27 元，51～60 岁的为 142.4 元，61～70 岁的为 174.74 元，71～80 岁的为 106.67 元，81～90 岁的为 84 元。而根据受访老板的介绍，80 岁以上的老人高峰期一天可以加工近 100 斤，甚至超过 100 斤，因此其每天可以获得的加工费最高可以达到 100 元左右。由于 YQ 村的菱角加工在附近比较出名，部分外乡老板也会雇用村里的老人进行菱角加工，每斤生角的加工成本更是达到 1 元。

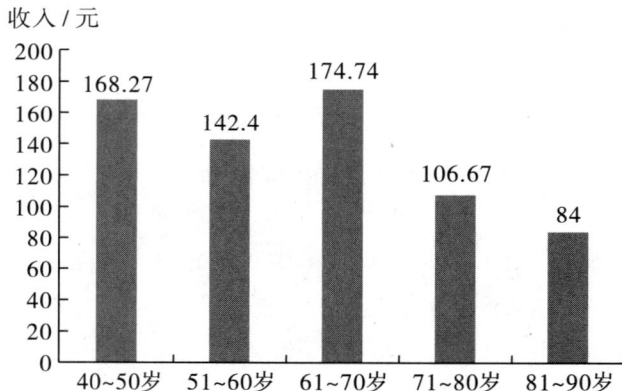

收入/元

图 11　各个年龄段工人的单日最高收入分布

3. 加工单价上升的原因

最近 20 多年来，菱角加工的价钱不断地提高，从 20 世纪 90 年代的 1.5 毛/斤，到 2010 年左右的 3 毛/斤，2015 年左右的 5 毛/斤，2020 年的 7 毛/斤，一直到 2022 年的 8 毛/斤。受访老板认为，加工费这些年一直在涨的原因主要有两点：第一，农村的劳动力流失严重，年轻人有其他的就业机会，因此从事菱角加工的一直都是那群人。但是由于年纪不断增大，而且有些人过世了，劳动力也就越来越少。第二，现在的物流变好了，交通四通八达，因此菱角可以销往全国更多地方，以前菱角只能在汕头本地销售，现在可以批发到深圳、广州等地，甚至省外如武汉等地也是他们重要的销售点。有足够的销售量才能够支撑日益上涨的人工费用。

（三）案例小结

显然，菱角加工是 YQ 村众多老年人一年的主要收入来源。每年菱角加工期约 170 天，对于 80 岁的老年人，即使平均每天只加工 60 多斤，一天 50 元收入，每年也能额外获得 7 000～8 000 元收入。而对于 60～70 岁年龄段的老年人而言，每天平均收入约 100 元，那么一年从菱角加工中获得的收入也可以达到 15 000 元以上。实际上，在 YQ 村，除了菱角加工外，还有一些小玩具组装的工作机会，但是每年 4—9 月，大多数人都会选择菱角加工，因为菱角加工的收入更多、更稳定。

老年人和年轻人的劳动特点和生活约束存在明显不同。老年人的体力较弱，不能从事对体力要求高的工作，而且老年人需要照顾孙子孙女，只能利用空闲时间从事具有报酬的工作。因此，对于老年人而言，理想的工作应该是其熟悉且能够利用空闲时间完成的。而菱角加工业正好具有这个特点。第一，菱角加工业在 YQ 村具有悠远的历史，每个村民对菱角加工都非常熟悉，因此加工菱角的效率是非常高的，这使得单位时间能够加工的菱角数量较多。第二，菱角所需要耗费的体力较小，因而老年人也可以上手，工作效率不会因为时间因素而呈现断崖式下降。第三，YQ 村的菱角加工业在附近非常出名，而且专业程度非常高，经过多年经营，形成了一套完整的加工链，因此该村村民在菱角加工方面的专业程度不是其他村可以比拟的。随着劳动力的紧缺以及菱角加工业市场范围的扩大，工人的劳动报酬也随之增加。第四，随着数字互联网的兴起和中国基础设施的不断完善，菱角的市场也越来越大，这为这个行业的发展提供了新的机遇，也为劳动报酬率的提高奠定了基础。

四、结论与讨论

随着脱贫攻坚战取得重大胜利，中国的扶贫历程从解决以温饱为主要目标的绝对扶贫阶段，进入实现共同富裕的相对贫困阶段。在相对贫困阶段，农村依旧是主要的挑战所在。而在城乡流动不断加速的背景下，农村青壮劳动力能够参与经济发展，在为城市发展做出贡献的同时，也实现收入的提高。因此，农村老年人才是需要重点关注的对象。尽管对农村老年人的收入和养老问题的研究众多，但是大多数依旧从政府、社会和家庭如何通过转移支付增加老年人收入的角度出发。显然，已有研究更多地将注意力集中在分配性协调方面。相关研究显示，通过转移支付的方式并不能为老年人带来长期稳定的收入，能够实现的福利水平是相对较低的，大多数农村老年人的收入依旧是来自自身的劳动。

农村老年人的劳动决策和年轻人相比存在诸多限制。一方面，老年人的体力较弱，流动性也较差，因此难以在全国范围内寻找最好的就业机会。另一方面，老年人需兼顾子女家庭，因此其时间并不是自由支配的，而是存在被占用的外生约束。这决定了老年人可能难以离开自身生活的村庄，因此，通过发展乡镇产业，甚至将工作送到老年人家里，让其利用被占用的时间进行劳动，是增加老年人收入的最理想方式。

本研究根据老年人的劳动特征，考虑相关约束，构造老年人劳动供给模型，分析在各种约束下老年人的劳动供给、收入和福利水平，进而对广东省汕头市澄海区 YQ 村庄的案例进行研究。分析表明，通过乡村产业振兴，发展农业轻加工业对于农村老年人收入水平提高具有重要的作用。主要原因在于：第一，农村老年人大半辈子都在从事与农业相关的工作，因此，发展农业轻加工业能够最大化地发挥老年人的相对优势，提高其劳动回报率。第二，农业轻加工业更加符合老年人的劳动特点，不会因为过度消耗体力而使其工作效率快速下降。第三，发展农村产业有利于农产品加工入户，使得老年农民在被占用的时间里能充分利用闲散的时间，充分利用被占用的时间获得劳动收入，提高福利水平。

参考文献

[1] DE CARVALHO FILHO I E. Old-age benefits and retirement decisions of rural elderly in Brazil [J]. Journal of development economics，2008，86（1）：129－146.

［2］JUAREZ L. The effect of an old-age demogrant on the labor supply and time use of the elderly and non-elderly in Mexico ［J］. The B. E. journal of economic analysis & policy, 2010, 10 (1)：1 – 27.

［3］陈华帅, 曾毅. "新农保"使谁受益：老人还是子女？ ［J］. 经济研究, 2013, 48 (8)：55 – 67, 160.

［4］肖富群, 李雨, 王小璐. 带孙子幸福吗：基于全国五个城市问卷调查的研究 ［J］. 社会科学, 2021 (12)：81 – 93.

［5］陈芮, 邓大松. 隔代照料对中老年人劳动供给的影响 ［J］. 当代经济, 2022, 39 (4)：101 – 106.

［6］贺立龙, 姜召花. 新农保的消费增进效应：基于 CHARLS 数据的分析 ［J］. 人口与经济, 2015 (1)：116 – 125.

［7］焦娜. 社会养老保险会改变我国农村家庭的代际支持吗 ［J］. 人口研究, 2016, 40 (4)：88 – 102.

［8］解垩. "新农保"对农村老年人劳动供给及福利的影响 ［J］. 财经研究, 2015, 41 (8)：39 – 49.

［9］李实, 杨穗. 养老金收入与收入不平等对老年人健康的影响 ［J］. 中国人口科学, 2011 (3)：26 – 33, 111.

［10］李玉山, 卢敏, 朱冰洁. 多元精准扶贫政策实施与脱贫农户生计脆弱性：基于湘鄂渝黔毗邻民族地区的经验分析 ［J］. 中国农村经济, 2021 (5)：60 – 82.

［11］龙莹、袁嫚. 隔代照料对中老年人劳动参与的影响：基于中国健康与养老追踪调查的实证分析 ［J］. 南京财经大学学报, 2019 (4)：58 – 67.

［12］罗必良. 相对贫困治理：性质、策略与长效机制 ［J］. 求索, 2020 (6)：18 – 27.

［13］苗海民, 张顺莉, 朱俊峰. 农民工家属选择性迁移对土地流转的影响：基于中国流动人口动态监测调查数据的经验分析 ［J］. 中国农村经济, 2021 (8)：24 – 42.

［14］苗海民, 朱俊峰. 从乡土中国到城乡中国：农村劳动力选择性流动抑制了土地流转吗 ［J］. 世界经济文汇, 2021 (6)：72 – 95.

［15］钱雪飞. 城乡老年人收入来源的差异及其经济性影响 ［J］. 华南农业大学学报 (社会科学版), 2011, 10 (1)：104 – 113.

［16］沈冰清, 郭忠兴. 新农保改善了农村低收入家庭的脆弱性吗：基于分阶段的分析 ［J］. 中国农村经济, 2018 (1)：90 – 107.

[17] 孙文中. 场域视阈下农村老年贫困问题分析：基于闽西地区 SM 村的个案调查 [J]. 华中农业大学学报（社会科学版），2011（5）：67 – 73.

[18] 王文棣，曹源洮. 中国扶贫开发经验总结与展望 [J]. 西北农林科技大学学报（社会科学版），2021，21（2）：26 – 35.

[19] 杨瑞龙，任羽卓，王治喃. 农村养老保险、代际支持与隔代抚育：基于断点回归设计的经验证据 [J]. 人口研究，2022，46（3）：44 – 59.

[20] 于长永，代志明，马瑞丽. 现实与预期：农村家庭养老弱化的实证分析 [J]. 中国农村观察，2017（2）：54 – 67.

[21] 张川川，JOHN G，赵耀辉. 新型农村社会养老保险政策效果评估：收入、贫困、消费、主观福利和劳动供给 [J]. 经济学（季刊），2015，14（1）：203 – 230.

[22] 张楠，林志建，杨琳. 老年人多层次转移性收入差距研究：基于中国健康与养老追踪调查数据的发现 [J]. 学习与实践，2022（5）：60 – 69.

[23] 张征宇，曹思力. "新农保"促进还是抑制了劳动供给：从政策受益比例的角度 [J]. 统计研究，2021，38（9）：89 – 100.

[24] 赵一凡，周金娥. 新农保是否使中老年人生活更幸福：基于中国家庭追踪调查数据的实证研究 [J]. 中国经济问题，2021（6）：105 – 122.

[25] 周春芳. 经济发达地区农村劳动力非农劳动供给的性别差异分析 [J]. 农业经济问题，2012，33（3）：43 – 49，111.

[26] 周祝平. 农村留守老人的收入状况研究 [J]. 人口学刊，2009（5）：32 – 37.

中国数字农业技术的市场化应用模式

——四川崇州例证[①]

一、引言

（一）问题提出

中国是以小农户经营为主的国家。数字技术对发展中国家的小农户有许多好处，例如提高市场透明度（Jensen，2007；Svensson and Yanagizawa，2009；Aker，2010；Fafchamps and Minten，2012；Tadesse and Bahiigwa，2015）、提升农业生产率（Lio and Liu，2006；Beuermann et al.，2012；Al-Hassan et al.，2013；Ogutu et al.，2014）、提升物流效率（Karippacheril et al.，2011；Jack and Suri，2014）。尤其是面临新冠疫情这种公共卫生危机时，数字农业有助于发展中国家抵御其对粮食生产和供应链的不利影响（Willy et al.，2020；Fernando，2020）。在联合国看来，数字化可以促进农业粮食体系中所有参与者的互联互通，帮助农民获得技术信息、更优质的种子、作物实时数据，并提高食品的可追溯性，提升农场的竞争力，因而被认为是解决全球食品安全问题的创新性解放方案（FAO[②]，2020）。例如，在撒哈拉以南非洲和印度通过移动技术传输农业信息使产量提高了4%，采用推荐农用化学品的概率提高了22%（Fabregas et al.，2019）。因此，农业向数字化转型是发展中国家的重要议题。

或许和传统的技术比起来，某些数字农业技术的应用对小农户更为友好（King，2017），但是，我们可能仍然要注意数字技术给小农户经营带来的负面效应：在带来农业生产率提升的同时，农业数字化可能会导致小型农场与大型农场之间出现"数字鸿沟"。一个典型的表现是，与大型农场相比，小农户难以承受

---

① 撰稿人：谢琳。

② FAO：联合国粮食及农业组织。

数字技术的大额投资，以及由这些投资带来的风险（FAO，2020）。最后的结果是，数字农业的提供商难以直接与小农户达成合作。现有研究也表明，随着技术的商业化，小农户越来越难以获得现代农业技术的支持（FAO，2015）。有研究报告显示，发展中国家的数字农业发展较为滞后（FAO，2019a）。实践表明，发展中国家的数字农业应用仍然处于相对较低的层次，例如，以非洲为对象的研究关注的主要议题是一些通信工具的作用，如手机对获得投入品和农产品信息的影响（Baumüller，2017；Klerkx et al.，2019）。然而，更先进的数字技术如大数据应用相关研究，则主要出现在以欧洲和北美为研究对象的文献里（Wolfert et al.，2017）。这意味着，发展中国家尤其是最不发达国家的农业系统，往往无法胜任向数字化转型（FAO，2019a）。

作为发展中国家，中国大力推动互联网、大数据、人工智能与农业农村的融合发展，大力发展数字农业（FAO，2019b）。早在2015年，农业部就在《关于推进农业农村大数据发展的实施意见》中提出，到2025年，要实现农业产业链、价值链、供应链的联通，大幅提升农业生产智能化、经营网络化、管理高效化、服务便捷化的能力和水平，全面建成全球农业数据调查分析系统。2019年，中共中央办公厅、国务院办公厅印发《数字乡村发展战略纲要》，明确提出要推进农业数字化转型，如加快推广云计算、大数据、物联网、人工智能在农业生产经营管理中的运用，促进新一代信息技术与种植业、种业、畜牧业、渔业、农产品加工业全面深度融合应用，打造科技农业、智慧农业、品牌农业，以及建设智慧农（牧）场，推广精准化农（牧）业作业等。很显然，作为以小农户经营为主的发展中国家，找到一条合适的推进数字农业技术市场化应用道路，让小农户分享由数字技术带来的利益，是一个非常重要的问题。

2013—2021年，我们对四川省崇州市进行了长期而广泛的实地调查和非结构化访谈，注意到该地区正通过构建社会化服务体系，利用市场配置资源，帮助小农户间接获得数字农业服务。本研究利用案例研究方法，从分工理论出发，分析通过社会化服务体系实现数字农业技术市场化应用的内在逻辑框架，试图为数字农业发展及其规制提出可行的方案。本研究的结构如下：①研究背景：介绍中国数字农业技术发展的背景。②研究设计：介绍研究方法、研究区域及资料收集方式。③案例分析结果。④讨论：重点阐述本研究对发展中国家小农户卷入数字农业的意义。⑤研究结论。以下择要介绍。

（二）研究背景

数字化是指应用数字创新的社会技术的过程，已成为日益普遍的趋势

（Klerkx et al.，2019）。农业同样在向数字化转型，即"利用数字技术、创新和数据改变整个农业价值链的商业模式和实践"（Tsan et al.，2019）。人工智能、机器人技术、大数据、物联网、基因编辑和无人机等新兴技术正用于解决与粮食生产相关的挑战（Benke and Tomkins，2017；Rose et al.，2020）。粮食系统中数字技术的出现给农民带来了许多好处，例如，数字地图给出的土壤数据可以帮助农民有针对性地施用农用化学品（Sanchez et al.，2009；Basso and Antle，2020）；传感器可用于检测植物和地块的土壤湿度、肥料投入、杂草和疾病（Faulkner and Cebul，2014）；天气预报数据可以帮助农民调整其生产决策（Alley et al.，2019；Basso and Antle，2020）；从卫星上拍摄的图像可以提供丰富的作物生长数据，改进对农业生产率的测量（Burke and Lobell，2017）；大数据可用于为农业运营提供预测分析，推动实时经营决策（Wolfert et al.，2017）。

发达国家在数字农业方面进行了大量投资，例如，英国政府 47 亿英镑的"产业战略挑战基金"将人工智能和数据作为四个挑战领域之一，具体计划聚焦于精准农业（Rotz and Duncan，2019）；加拿大以 5 030 万加元承诺支持包括数字农业在内的农业战略优先计划；欧盟计划 2018—2020 年提供 1 亿欧元，用于资助数字农业的发展和应用（European Commission，2017）。数字技术的应用范围快速扩大，2015 年，数字技术被用于管理荷兰全国 65% 地区的可耕种农田，在 2007 年这个数据只有 15%（Carolan，2017）；2015 年，美国 20% 的农业服务提供商使用了远程信息处理，而 2013 年只有 13%（Erickson and Widmar，2016）。麦肯锡的报告指出，如果在农业中成功实现互联互通，到 2030 年，该行业将为全球 GDP 增加 5 000 亿美元的额外价值（Goedde et al.，2020）。

作为发展中国家，中国虽然在数字农业方面的投资要低于发达国家，但是在数字农业技术与经济的发展方面已经具备一定基础。在网络宽带方面，截至 2018 年底，中国行政村通光纤比例达到 96%，农村宽带全年净增 2 364 万户，达到 1.17 亿户；农村网民规模达到 2.22 亿人，农村互联网普及率达到 38.4%（李道亮，2020）。图 1 给出了 2014—2018 年中国农村网民规模和农村互联网普及率的增长情况。

在移动网络方面，截至 2018 年底，中国移动电话用户总数达到 15.66 亿户，移动电话普及率达到 112.2 部/百人，其中，4G 移动电话用户 11.65 亿户，3G 移动电话用户 1.40 亿户。即便在农村地区，行政村的 4G 服务覆盖率也达到 95%，为农村居民提供了较为稳定的高速移动网络服务（李道亮，2020）。

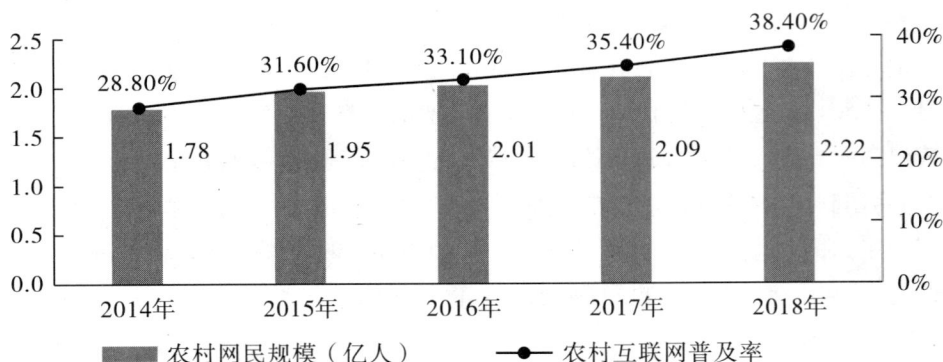

图1　2014—2018年中国农村网民规模和农村互联网普及率

数据来源：李道亮. 中国农村信息化发展报告：2019［M］. 北京：机械工业出版社，2020.

考虑到数字技术改造农业的巨大潜力，近年来，中国政府很重视农业向数字化转型。2019年12月，中国农业农村部发布《数字农业农村发展规划（2019—2025年)》，全力推进中国农业生产经营向数字化转型，包括种植业信息化、畜牧业智能化、渔业智慧化、种业数字化、新业态多元化以及质量安全管控全程化等。图2给出了2006—2017年中国国务院政策文件中相关关键词的出现频次。可见，自2006年以来，中国政府越来越重视发展农村地区的互联网接入和应用；自2012年以来，中国政府还努力推进农村地区电子商务的发展；自2010年以来，农业物联网的发展也得到了越来越多的关注（IFPRI et al.，2019）。

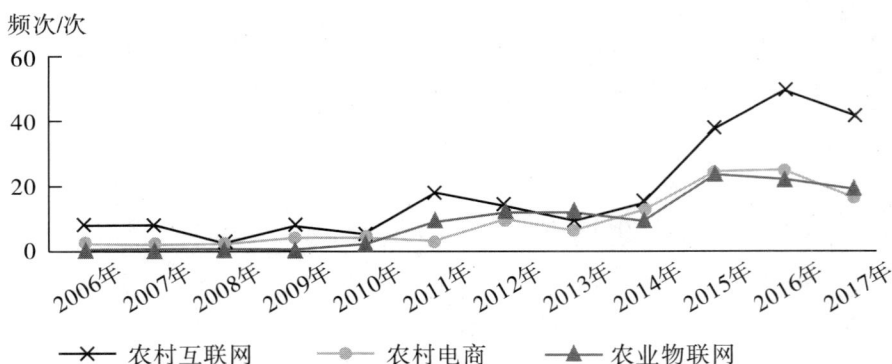

图2　中国国务院政策文件中相关关键词的出现频次（2006—2017年）

数据来源：IFPRI，CCAP，ADB. Information and communication technology for agriculture in the people's Republic of China［EB/OL］. Manila, Philippines：Asian Development Bank（ADB），http://dx. doi. org/10. 22617/TCS190500 – 2. 2019.

目前，中国数字农业的发展重点在两个方面：第一，消费端的农村电子商务，通过网络平台拓宽农产品的销售市场。据统计，2018 年中国农村电商市场规模达到 17 050 亿元，2019 年上半年达到 1 873.6 亿元，同比增长 25.3%（中国农业农村部信息中心课题组，2020）。第二，生产端的智慧农业将物联网、遥感等现代数字技术应用于传统农业生产中，运用传感器和软件，通过移动终端或电脑平台实现对农业生产的控制，从而实现农产品生产的数字化、网络化和智能化。2020 年中国智慧农业的市场规模估计达到了 268 亿美元（中国信息通信研究院，2020）。不过，需要注意的是，中国农业数字化与制造业、服务业以及电力、金融、水利、气象等行业和领域相比，仍然处于较低水平。2018 年中国农业数字经济仅占农业增加值的 7.3%，远低于工业 18.3%、服务业 35.9% 的水平，而且存在技术与中国农业现实不匹配等问题（中国农业农村部信息中心课题组，2020）。以上为本案例研究的背景。

二、研究设计

（一）方法选择

本研究聚焦于中国情境下数字农业技术的市场化应用模式，是一个探索性问题。案例研究比较适合具有探索性的问题（Eisenhardt and Graebner，2007），因此本研究采用案例研究方法是合适的。案例研究的主要目的是借助案例提炼出一些概念，并阐述这些概念之间的关系，因此需要不断地筛选、收集案例数据，并对这些案例数据进行整合、比较分析，从而在新领域中发现理论（Eisenhardt and Graebner，2007）。作为一种重要的理论研究方法，案例研究通过"复制逻辑"来提升研究的信度与效度（Yin，1984）。

案例研究过程通常包括启动、案例抽样、案例设计、数据收集、数据分析、假设形成与文献对话和研究成果这几个阶段（Eisenhardt and Graebner，2007）。案例研究主要收集的是定性数据，研究过程中一般可以通过图、表等工具使数据可视化，并通过编码来有效避免原始数据被破坏（Miles and Huberman，1984）。在对所收集的数据进行深入分析之后，我们可以抽象出变量与变量之间的关系，画出体现变量之间关系的框图，并提出理论命题。

（二）案例选择

四川省一直以来都是中国最重要的粮食产地之一。县级市崇州位于四川省省会成都市的郊区，土地面积 1 089 平方千米，其中，平原区占总面积的 52%，山区占总面积的43%，丘陵区占总面积的5%。2021年，崇州市农业总产值32.4亿元，同比增长4.0%。

崇州是农业大市，也是农村劳动力的主要输出地区之一。2019年，崇州农村人口446 603人，但农业从业人员仅86 772人，大量农村劳动力流入工业和服务业。不过，崇州实现了非常高的农业机械化水平。2019年，崇州农业机械总动力达42.08万千瓦，拥有大中型拖拉机70台、小型拖拉机6 363台、联合收割机967台；全年机耕作业面积42 802公顷，机电灌溉作业面积45 287公顷，机播面积34 602公顷，机收面积38 402公顷，全市农机化率达96%。在中国小农经营的大背景下，崇州对现代农业生产技术的采纳引起了研究者的注意，如Zhang等（2020a、2020b）讨论了崇州成立合作社对现代农业技术采纳产生的影响，Wu等（2020）讨论了如何通过组建合作社的方式将小农生产纳入现代农业。

随着农业社会化服务的不断发展，崇州部分服务商开始打造集聚各种服务的平台，并引入数字技术改造平台，以引导崇州农业向数字化转型。崇州所在的成都市农业农村信息化基础设施较好，其行政村光纤覆盖率和无线通信网络覆盖率均达100%，移动通信4G网络覆盖规模居全国第二，入选中国首批5G城市名单。农业产业化龙头企业、农民专业合作社、家庭农场等新型农业经营主体计算机应用率、网络覆盖率、从业人员智能手机覆盖率等指标均达到99%（Yang et al.，2020）。这也是我们将崇州作为研究样本的重要原因。

（三）数据收集

本研究采用定性研究方法，以深入实地访谈、文献和档案研究为主。2013—2020年，我们对崇州涉及数字农业技术应用的组织及个人进行了长期而广泛的实地跟踪调查，包括县、镇级官员，数字农业平台公司，合作社，农业服务组织，以及普通农民。实地访问进行了5次，每次平均持续4天。实地工作主要涉及非结构化访谈、小组讨论、参与者观察、材料和信息选择以及合作社案例分析。

本研究跟踪访谈了20余个县、镇级官员，2个数字农业平台公司联络员，5个合作社经理人，3个农业服务组织负责人，以及30多个普通农民，总人数超过60人。在调查的过程中，我们查阅或获得的资料主要有三种：①访谈记录；②合作社的档案，如合作社2015—2020年的财务账目等；③从县、镇政府收集的统计年鉴、合作社公报等。

三、研究发现

（一）农业组织化：合作社的组建与土地集中经营

作为历史上以小农经营为主的农业区，崇州的农业生产难以应用先进的农业技术，生产效率低下。为了解决这一问题，2010 年，隆兴镇黎坝村 15 组 33 户中的 30 户以每亩作价 900 元注册成立了崇州首家土地股份合作社，即杨柳土地承包经营股份合作社（下称"杨柳合作社"）。杨柳合作社通过工商部门注册成立，按照入社自愿、退社自由、利益共享、风险共担的原则，让农户以拥有的土地作价折股。杨柳合作社通过选举产生理事会、监事会，承担决策和监督功能。在成立之初，杨柳合作社的入股土地为 101.27 亩，虽然远远无法与美国等国家的大农场相比，但在以小农为主的中国四川，其规模已经非常可观。

没有规模化种地经验的合作社成员的能力难以匹配 100 亩以上规模的土地，于是合作社聘请崇州农村发展局技术员担任经理人。类似于企业的 CEO，经理人负责合作社的经营活动。经理人为合作社带来了稀缺的、应用于经营管理的人力资本，提高了合作社的经济效益，如粮食增收和开发经济作物种植等（许茹，2012）。经过多年的发展，到 2018 年底，崇州的小农户通过联合组建了土地股份合作社 246 个，经营土地面积 31.6 万亩，社均经营面积 1 284.6 亩，农户参与合作社的比重超过 80%。表 1 给出了 2010—2018 年崇州农业生产合作社发展情况。

表 1　崇州农业生产合作社发展情况（2010—2018 年）

年份	数量/个	入社农户数/户	社均农户数/户	入社总面积/亩	合作社平均面积/亩	占当地耕地面积百分比/%
2010 年	2	78	39	300	150.0	0.05
2011 年	43	6 589	153	9 100	211.6	1.57
2012 年	142	43 613	307	82 500	581.0	14.22
2013 年	186	63 452	341	226 000	1 215.1	38.97
2014 年	206	78 920	383	180 600	876.7	48.38
2015 年	218	84 013	385	299 600	1 374.3	51.66
2016 年	224	86 963	388	310 660	1 386.9	53.56

（续上表）

年份	数量/个	入社农户数/户	社均农户数/户	入社总面积/亩	合作社平均面积/亩	占当地耕地面积百分比/%
2017 年	246	94 909	385	316 000	1 284.6	54.48
2018 年	246	94 909	385	316 000	1 284.6	54.48

数据来源：ZHANG S，WOLZ A，DING Y. Is there a role for agricultural production cooperatives in agricultural development? Evidence from China ［J］. Outlook on agriculture，2020b，49（3）：256 - 263.

（二）农业分工深化：农业社会化服务与农业机械的应用

有研究表明，由于经营规模过小，小农经营阻碍了现代农业技术的应用（Feder and O'Mara，1981；Wu et al.，2018）。崇州合作社的建立在一定程度上扩大了经营规模，但规模仍然不够大，购买机械并不划算：农业机械的生产率较高，意味着可以在短时间内完成作业，那么机械就存在资产闲置的问题。

Young（1928）指出，应从产业的角度去思考新技术的应用，而不能仅从组织内部思考。在崇州的合作社发展起来后，经理人发现土地面积扩大后已经不可能像以前那样主要由人工来种田，也不可能完全依靠自己完成所有的生产环节，于是有了农业社会化服务需求。以崇州第一家合作社杨柳合作社为例，在成立之初，经理人就在市场上寻找农业社会化服务商来提供农机服务，使杨柳合作社实现种田机械化，如当地的耘丰农场购置了多批农业机械。截至 2012 年，该农场拥有价值 200 万元的机器设备，能够为 4 000 ~ 5 000 亩地提供机械化服务。

合作社通过雇用社会化服务来实现农业机械化，刺激了市场对农业服务的投资，由此形成了分工的深化和自我繁殖。随着农业社会化服务商的发育与发展，社会化服务逐渐拓展到农业技术咨询、农业机械化、农资配送、专业育秧（苗）、病虫统治、田间运输、粮食代烘代贮等领域，为农业经营主体提供农业生产全程"保姆式"服务等。截至 2019 年，崇州农业社会化服务生产全程服务面积达到 30 万亩，农户覆盖率达到 98%。①

（三）农业数字化转型：数字农业技术服务平台

随着社会化服务需求的不断增长，崇州的农业社会化服务交易出现了需求和

---

① 数据来源：2019 年崇州市国民经济和社会发展统计公报。

供给不匹配的现象：农业的季节性特征非常明显，往往一个农业服务提供商会在短时间内获得远远超出自己能力的订单。这些获得超出自己能力的订单的农业服务提供商会将这些生意介绍给其他有剩余生产能力的农业服务提供商。随着农业服务交换活动频率的增加，有一部分服务商逐渐放弃农业服务的生产，转而专门从事农业服务的交换服务，成立了专门提供农业服务中介服务的超市。

2012年3月，成都蜀农昊农业有限公司成立服务超市，构建了一个平台整合各服务商。服务超市明码标价，为服务对象提供一站式农业服务。服务超市的出现，大幅降低了经营主体的搜索成本：只要一个电话，服务超市就为客户协调，并以最快的速度实现农业服务上门。截至2013年8月，成都蜀农昊农业有限公司在崇州桤泉镇、隆兴镇和济协乡等片区已建成服务超市6个，整合大中型农机服务商22个，拥有大中型农机具320套、专业从业人员662人；整合劳务服务商6个，从业人员1 000多人；整合植保专业服务商16个，拥有植保机械700余台（套）。另外还整合了专业育秧服务商2个，建成库容2 000吨的粮食干燥仓库，探索"粮食银行"服务（中共崇州市委、崇州市人民政府，2013）。

限制分工深化最重要的因素是协调成本（Becker and Murphy，1992）。服务超市的创立是一次革命，大大降低了崇州开展农业服务的协调成本，极大地扩大了市场范围，推动了农业分工的进一步深化。随着数字技术的应用，崇州开始利用数字技术改造升级服务超市：2019年，中化集团联合北斗卫星、中国气象等，建成集农场管理系统、精准种植系统、数字运营系统、品控溯源系统为一体的"空天地"数字农业服务平台，通过遥感监测、精准气象、AI识别、线上直播等技术，实现病虫害及时诊断、农事作业精准服务，在选种、配肥、植保、检测粮食收储、市场信息等服务方面进行数字化改造。

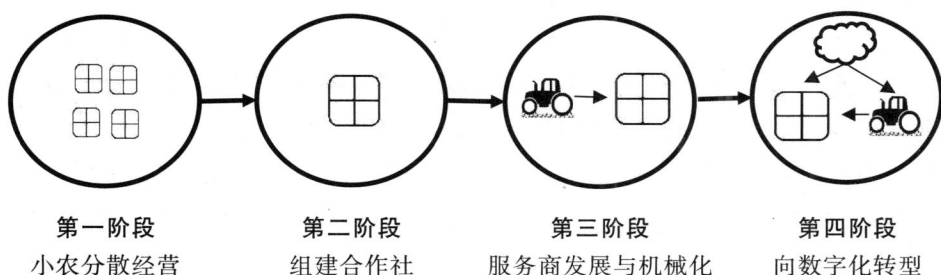

| 第一阶段 | 第二阶段 | 第三阶段 | 第四阶段 |
| 小农分散经营 | 组建合作社 | 服务商发展与机械化 | 向数字化转型 |

图3　崇州小农经营向数字化转型的四个阶段

崇州的数字农业服务平台运作模式如图4所示。在这个系统里，数据平台可获得金融、投入品、农产品销售的市场数据，卫星的遥感数据，以及服务商的智能农机、智能无人机的作业数据，合作社农地里土壤传感器、天气监测站的检测数据，并基于大数据运算，为服务商提供任务指派服务，为合作社提供技术指导服务。服务商在获得平台派单后，根据平台指令为合作社提供作业服务。到 2019 年底，崇州数字农业服务平台已为四川省 7 个市州 18 个县的服务商和合作社提供服务，辐射 17 万亩农地。

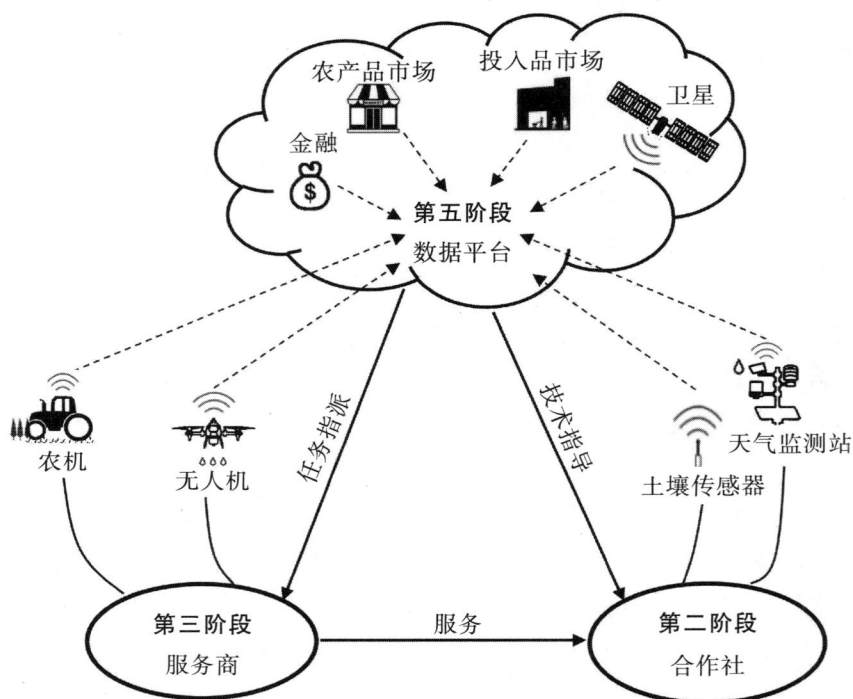

图 4　崇州数字农业服务平台示意图

注：虚线代表信息流。

数字农业服务平台将资金、技术、品牌、信息等要素融合渗透，提高资源配置效率，将合作社、服务商都纳入一个庞大的数据系统，建立起一个以平台为中心的紧密的农业经营组织联盟。该平台有助于撮合合作社与服务商之间的交易，降低农业服务的交易成本，也能够大大提升合作社的巡田效率，并节省成本。如前文提到的杨柳合作社，到 2019 年其土地经营面积已经达到 3 850 亩，经理人可以通过数字农业服务平台开发的 App 查苗情、查病情、查虫情。尤其是在新冠疫情期间，合作社的经理人通过 App 就可以实现对农场作物生长情况进行监控，保证了农业生产活动的正常进行。这意味着通过复杂的社会化分工体系，数字农业技术实现了市场化应用，并取得了较好的效果。

图 5　数字农业服务平台 App 界面

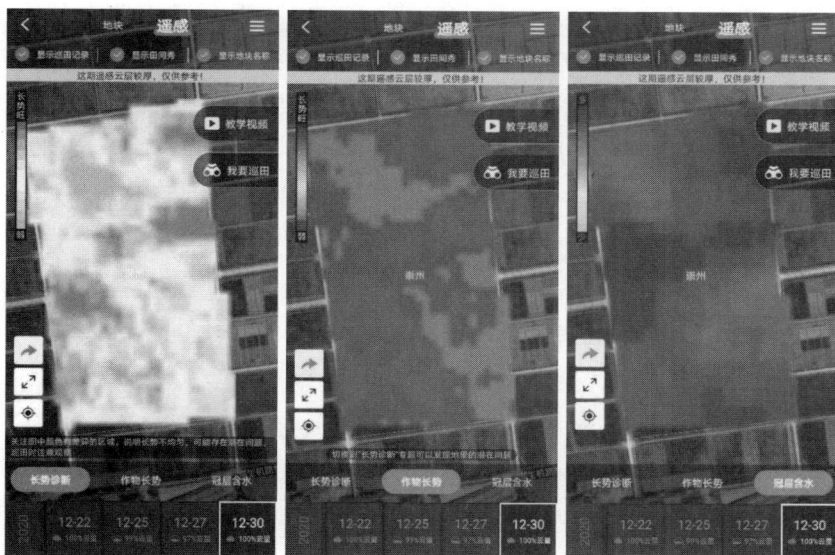

图 6　通过数字农业服务平台 App 查看作物生长情况

四、结论与讨论

（一）结论

由于数字农业技术对大规模农场更为友好，发展中国家的数字农业技术市场化应用面临较大挑战。本研究利用中国四川崇州的案例，讨论了数字农业技术的市场化应用模式。在崇州的这个案例中，小农户通过组建合作社获得相对较大的土地规模，并由社会化服务商为农户提供机械化服务。在此基础上，部分服务商发展出了交易平台，并进一步数字化，形成集农场管理系统、精准种植系统、数字运营系统、品控溯源系统为一体的数字农业服务平台，对农业生产的全链条进行数字化改造。

本研究对发展中国家小农户经营实现数字化转型的启发在于：第一，应从关注土地规模经营转向关注社会化服务体系的培育与发展；第二，当很难实现包容性数字技术进步时，应着力进行包容性组织创新，通过市场力量实现数字技术对小农户经营的改造。本研究还有以下总结：崇州农业向数字化转型存在改变农业生产形态、农业劳动力被替代、数据隐私和安全等问题，以及由此引发的政治、社会问题。

（二）讨论

许多发达国家的农业实现了规模经营，例如，2019 年美国的农场平均面积达到了 444 英亩（USDA，2020）。这些大规模农场在应用数字技术方面有着天然的优势，而开发对小农户具有包容性的数字技术难度较大（Zhao，2020），针对小农户的数字技术市场化非常艰难，容易导致小农户的"数字鸿沟"问题。在全球大约 5.7 亿个农场中，超过 4.75 亿个是小于 2 公顷的小农场（Nature Editorial，2020）。在农业向数字化转型的背景下，"数字鸿沟"将扩大以小农户为主的发展中国家与发达国家在农业生产率方面的差距（FAO，2019b）。探索一条对小农户友好、包容的数字农业技术市场化之路，具有全球性意义。

或许是因为数字技术的发展方向让小农户感到沮丧，为了提高农业生产率，一些发展中国家农业政策的出发点往往是引导小农户向大规模农场发展。例如，有观点认为要提高中国农业的竞争力，就必须通过土地流转推动土地的规模化经营（北京天则经济研究所《中国土地问题》课题组，2010）。然而，和美国比起来，中国农业人口多，社会保障体系还有完善空间，这决定了现实中国的农业生产不可能走以大规模农场为主的道路。实际上，在 2011 年中国的全部流转农地中，流入农户的比例占到 67.20%，而有利于规模经营的企业主体只占 8.40%（国务院发展研究中心农村经济研究部课题组，2013），这也说明通过土地流转扩大土地经营规模的做法在短期内难以实现。

不过，在对中国四川崇州案例的讨论中我们发现，在以小农户经营为主的大背景下，仍然可以通过社会化分工的方式实现数字农业技术的市场化推广，并由此将小农户卷入数字经济。我们的研究表明，小农户可以组成合作社，获得比小农户经营规模更大的合作社农场，并通过发展数字农业服务平台和社会化服务商来实现数字农业技术的广泛应用，让小农户也享有数字农业发展带来的收益。因此，来自崇州的案例为我们提供了一条发展中国家小农户如何通过组织化方式实现包容性数字农业发展的路径：①通过建立合作社，实现土地的适度集中经营。②通过扶持农业服务提供商，实现农业机械化。③通过构建数字农业服务平台，形成数字农业经营组织联合体，并进一步向健康的数字生态演进。在此基础上，实现农业生产率的提升。这意味着，为了帮助小农户向数字化转型，实现包容性数字农业发展，相关政策重点应遵循"两个转向"：①从土地规模经营转向服务规模经营。②从包容性技术进步转向包容性组织创新。据中国农业农村部网站消息，到 2020 年底，中国农业社会化服务组织数量超 90 万个，农业生产托管服务面积超 16 亿亩次，其中服务粮食作物面积超 9 亿亩次，带动小农户 7 000 万户。这已经说明，"两个转向"有着全国性的普遍意义，而不仅是崇州特有的现象，中国通过社会化分工体系实现数字农业技术的市场化推广有着巨大的潜力。

当然，在数字农业的市场化推广上可能会出现一系列问题与挑战。首先，发展数字农业虽然可以减少体力劳动，改善农业生活，但是，体力劳动、传统的农场生活方式和丰富的农业生产经验对于农民了解其土地和周围环境具有重要意义（Carolan，2008）。数字技术的使用可能会导致农业生产经验的边缘化以及农民与农业之间脱节（Lobley et al.，2018），将给传统的农业文化传承带来挑战（Burton et al.，2008）。其次，在农业数字化背景下，机器无需人工干预即做出基于大数据的自主决策，使得劳动力被机器替代。但在中国，农业不仅为 19 445 万人提供了就业岗位[①]，还为进城失败的农民保留了退路（He，2014）。那么，农业向数字化转型带来的政治和社会影响将值得我们关注。最后，数字化往往意味着利用大量数据，因此必须对数据隐私和安全进行充分保护。数字农业所需的联机设备可能暴露在网络威胁之下，如果网络安全防火墙设置存在漏洞，第三方就有可能访问敏感数据、窃取资料，甚至摧毁设备。而在中国，绝大多数农民并

---

① 数据来源：中国国家统计局《按三次产业分就业人员数》（2019 年）。

未意识到这个问题。对于小农户等维护自身利益能力较弱的群体来说，相关数据往往由更有谈判能力的大公司整合并进行信息决策（Bronson，2019；Lioutas et al.，2019；Regan，2019）。

参考文献

［1］ REGAN Á. "Smart farming" in Ireland：a risk perception study with key governance actors ［J］. NJAS – Wageningen journal of life sciences，2019，90 – 91.

［2］ AKER J. Information from markets near and far：mobile phones and agricultural markets in Niger ［J］. American economic journal：applied economics ，2010，2（3）：46 – 59.

［3］ AL-HASSAN R，EGYIR I，ABAKAH J. Farm household level impacts of information communication technology（ICT）：based agricultural market information in Ghana ［J］. Journal of development economics，2013，5（4）：161 – 167.

［4］ BASSO B，ANTLE J. Digital agriculture to design sustainable agricultural systems ［J］. Nat sustain，2020，3：254 – 256.

［5］ BAUMÜLLER H. The little we know：an exploratory literature review on the utility of mobile phone：enabled services for smallholder farmers ［J］. Journal of international development ，2017，30：134 – 154.

［6］ BECKER G S，MURPHY K M. The division of labor，coordination costs，and knowledge ［J］. The quarterly journal of economics，1992，107（4）：1137 – 1160.

［7］ BENKE K，TOMKINS B. Future food-production systems：vertical farming and controlled-environment agriculture ［J］. Sustainability science practice policy，2017，13：13 – 26.

［8］ BEUERMANN D，MCKELVEY C，VAKIS R. Mobile phones and economic development in rural Peru ［J］. Journal of development studies，2012，48（11）：1 – 12.

［9］ CAROLAN M. "Smart" farming techniques as political ontology：access，sovereignty and the performance of neoliberal and not-so-neoliberal worlds ［J］. Sociologia ruralis，2017，57（2）：745 – 764.

［10］ LIOUTAS E D, CHARATSARI C, LA ROCCA G, et al. Key questions on the use of big data in farming: an activity theory approach ［J］. NJAS – Wageningen journal of life sciences, 2019, 90 – 91.

［11］ ERICKSON B, WIDMAR D A. Precision agricultural services dealership survey results ［D］. West Lafayette, Indiana: Purdue University. Accessed June, 2016.

［12］ European Commission. European union funds digital research and innovation for agriculture to tackle societal challenges ［EB/OL］. 2017. Available at www. ec. europa. eu/info/news/european-union-funds-digital-research-and-innovation-agriculture-tackle-societal-challenges_ en. Accessed July, 2018.

［13］ FABREGAS R, KREMER M, SCHILBACH F. Realizing the potential of digital development: the case of agricultural advice ［J］. Science, 2019, 366 (6471): 3038.

［14］ FAFCHAMPS M, MINTEN B. Impact of SMS: based agricultural information on Indian farmers ［J］. World bank economic review, 2012, 26 (3): 383 – 414.

［15］ FAO. A data portrait of smallholder farmers ［R］. 2015.

［16］ FAO. China shares its approaches and experiences in digital agriculture and e-commerce transformation for its rural communities ［R］. 11. 10. E-Agriculture (fao. org). 2019b.

［17］ FAO. Realizing the potential of digitalization to improve the agri-food system: proposing a new international digital council for food and agriculture. A concept note ［R］. Rome. 2020.

［18］ FAULKNER A, CEBUL K. Agriculture gets smart: the rise of data and robotics ［M］. São Francisco: Cleantech Group, 2014.

［19］ FEDER G, O'MARA G T. Farm size and the diffusion of green revolution technology ［J］. Economic development and cultural change, 1981, 30: 59 – 76.

［20］ FERNANDO A J. How Africa is promoting agricultural innovations and technologies amidst the COVID-19 pandemic ［J］. Molecular plant, 2020, 13 (10): 1345 – 1346.

［21］ GOEDDE L, KATZ J, MÉNARD A, et al. One of the oldest industries must embrace a digital, connectivity-fueled transformation in order to overcome increasing demand and several disruptive forces ［EB/OL］. https://www. mckinsey. com/industries/agriculture/our-insights/agricultures-connected-futurehow-technology-can-yield-new-growth#. 2020.

［22］IFPRI, CCAP, ADB. Information and communication technology for agriculture in the People's Republic of China ［EB/OL］. Manila, Philippines: Asian Development Bank（ADB）, http://dx. doi. org/10. 22617/TCS190500 – 2. 2019.

［23］JACK W, SURI T. Risk sharing and transaction costs: evidence from Kenya's mobile money revolution ［J］. American economic review, 2014, 104（1）: 183 – 223.

［24］JENSEN R. The digital provide: information（technology）, market performance, and welfare in the South Indian fisheries sector ［J］. Quarterly journal of economics, 2007, 122（3）: 879 – 924.

［25］BRONSON K. Looking through a responsible innovation lens at uneven engagements with digital farming ［Z］. NJAS – Wageningen journal of life sciences, 2019, 90 – 91.

［26］KARIPPACHERIL T G, RIOS L D, SRIVASTAVA L. Global markets, global challenges: improving food safety and traceability while empowering smallholders through ICT ［R］. ICT in Agriculture Sourcebook. World Bank, Washington D. C. , 2011.

［27］KING A. Technology: the future of agriculture ［J］. Nature, 2017, 544（S21 – S23）.

［28］KLERKX L, JAKKU E, LABARTHE P. A review of social science on digital agriculture, smart farming and agriculture 4. 0: new contributions and a future research agenda ［J］. NJAS – Wageningen journal of life sciences, 2019, 90 – 91.

［29］LIO M, LIU M C. ICT and agricultural productivity: evidence from cross-country data ［J］. Agricultural economics, 2006, 34（3）: 221 – 228.

［30］LOBLEY M, WINTER M, WHEELER R. The changing world of farming in Brexit UK: perspectives on rural policy and planning ［M］. New York: Routledge, 2019.

［31］BURKE M, LOBELL D B. Satellite-based assessment of yield variation and its determinants in smallholder African systems ［J］. Proceedings of the national academy of sciences of the United States of America, 2017, 114: 2189 – 2194.

［32］CAROLAN M S. More-than-representational knowledge's of the countryside: how we think as bodies' sociol ［J］. Ruralis, 2008, 48（4）: 408 – 422.

［33］ MILES M B, HUBERMAN A M. Drawing valid meaning from qualitative data: toward a shared craft ［J］. Educational researcher, 1984, 13 (5): 20 – 30.

［34］ Nature Editorial. Ending hunger: science must stop neglecting smallholder farmers ［J］. Nature, 2020, 586: 336.

［35］ OGUTU S O, OKELLO J J, OTIENO D J. Impact of information and communication technology-based market information services on smallholder farm input use and productivity: the case of Kenya ［J］. World development, 2014, 64: 311 – 321.

［36］ SANCHEZ P A, AHAMED S, CARRÉ F, et al. Digital soil map of the world ［J］. Science, 2009, 325: 680 – 681.

［37］ ALLEY R B, EMANUEL K A, ZHANG F. Advances in weather prediction ［J］. Science, 2019, 363: 342 – 344.

［38］ BURTON R J F, KUCZERA C, SCHWARZ G. Exploring farmers' cultural resistance to voluntary agri-environmental schemes sociol ［J］. Ruralis, 2008, 48: 16 – 37.

［39］ ROSE D C, WHEELER R, WINTER M, et al. Agriculture 4.0: making it work for people, production, and the planet ［J］. Land use policy, 2020, 100: 104933.

［40］ ROTZ S, DUNCAN E, SMALL M, et al. The politics of digital agricultural technologies: a preliminary review ［J］. Sociologia ruralis, 2019, 59 (2): 203 – 229.

［41］ SVENSSON J, YANAGIZAWA D. Getting the prices right: the impact of market information service in Uganda ［J］. Journal of the European economic association, 2009, 7 (2): 435 – 445.

［42］ TADESSE G, BAHIIGWA G. Mobile phones and farmers' marketing decisions in Ethiopia ［J］. World development, 2015, 68: 296 – 307.

［43］ TSAN M, TOTAPALLY S, HAILU M, et al. The digitalisation of African agriculture report 2018—2019 ［R］. Wageningen, Netherlands, CTA, 2019, 238: 5.

［44］ USDA. The number of U. S. farms continues to decline slowly ［EB/OL］. (2020 – 11 – 10). https://www. ers. usda. gov/data-products/chart-gallery/gallery/chart-detail/? chartId = 58268

［45］ WILLY D K, YACOUBA D, HIPPOLYTE A, et al. COVID-19 pandemic in

Africa: impacts on agriculture and emerging policy responses for adaptation and resilience building [Z]. 2020.

[46] WOLFERT S, GE L, VERDOUW C, et al. Big data in smart farming: a review [J]. Agricultural systems, 2017, 153: 69 – 80.

[47] WU B, WANG X, ZHANG S, et al. Cooperative ecosystem to empower small farmers in the poor areas of China: case studies of Sichuan [R]. CIDGA report, 2020.

[48] WU Y, XI X, TANG X, et al. Policy distortions, farm size, and the overuse of agricultural chemicals in China [J]. Proceedings of the national academy of sciences of the United States of America, 2018, 115: 7010 – 7015.

[49] YIN R K. Case study research: design and methods [M]. Beverly Hills, C. A.: Sage, 1984.

[50] YOUNG A A. Increasing returns and economic progress [J]. The economic journal, 1928, 38 (152): 527 – 542.

[51] ZHANG S, SUN Z, MA W, et al. The effect of cooperative membership on agricultural technology adoption in Sichuan, China [J]. China economic review, 2020a, 62: 101334.

[52] ZHANG S, WOLZ A, DING Y. Is there a role for agricultural production cooperatives in agricultural development? Evidence from China [J]. Outlook on agriculture, 2020b, 49 (3): 256 – 263.

[53] ZHAO C. Digital agricultural in China. Digital Agriculture Forum, co-organized by FAO [C]. 2020.

[54] EISENHARDT K M, GRAEBNER M E. Theory building from cases: opportunities and challenges. Academy of management journal, 2007, 50 (1): 25 – 32.

[55] 国务院发展研究中心农村经济研究部课题组. 稳定与完善农村基本经营制度研究 [M]. 北京：中国发展出版社, 2013.

[56] 贺雪峰. 改革语境下的农业、农村与农民：十八届三中全会《决定》涉农条款解读 [J]. 人民论坛·学术前沿, 2014 (3)：72 – 95.

[57] 李道亮. 中国农村信息化发展报告：2019 [M]. 北京：机械工业出版社, 2020.

[58] 北京天则经济研究所《中国土地问题》课题组. 土地流转与农业现代化 [J]. 管理世界, 2010 (7)：66 – 85, 97.

[59] 许茹. 成都崇州市：农民种田有了"职业经理人" [DB/OL]. https://

news. ifeng. com/c/7fbNKuYiMBJ.

[60] 杨坤，胡川江，罗永. 县域数字农业农村发展路径探析：以成都市为例 [J]. 中国建设信息化，2020（15）：61 - 63.

[61] 中共崇州市委，崇州市人民政府. 崇州市"1 + 4"新型农业经营体系简介 [Z]. 2013.

[62] 中国农业农村部信息中心课题组. 数字农业的发展趋势与推进路径 [N]. 经济日报，2020 - 04 - 02.

[63] 中国信息通信研究院. 中国数字经济发展与就业白皮书（2019） [Z]. 2020.

[64] FAO. 农业和农村地区数字技术 [R]. 2019a.

"科技+金融"数字普惠金融模式创新
——茂名市数字链农产业联合体的启示[①]

  2021年的中央一号文中首次提出数字普惠金融战略，要求大力"发展农村数字普惠金融，支持市县构建域内共享的涉农信用信息数据库……大力开展农户小额信用贷款、保单质押贷款、农机具和大棚设施抵押贷款业务，并鼓励开发专属金融产品支持新型农业经营主体和农村新产业新业态，增加首贷、信用贷"。2022年的中央一号文要求各类金融机构"探索农业农村基础设施中长期信贷模式，深入开展农村信用体系建设，发展农户信用贷款。加强农村金融知识普及教育和金融消费权益保护。积极发展农业保险和再保险，优化完善'保险+期货'模式，强化涉农信贷风险市场化分担和补偿，发挥好农业信贷担保作用"。

  中央网信办、农业农村部等十部委2022年印发的《数字乡村发展行动计划（2022—2025年）》也进一步明确鼓励金融机构加强对"智慧农业、农村电商、乡村新业态等领域建设项目的信贷、融资支持，持续深化农村普惠金融服务，促进小农户和现代农业发展"。中国社会科学院农村发展研究所发布的《中国县域数字普惠金融发展指数研究报告2021》数据表明，近4年来，中国县域数字普惠金融发展呈现快速上升趋势。其中，县域数字贷款和数字授信发展最为显著，2020年数字信贷服务广度得分较2017年增加8倍以上。数字信贷已成为继数字支付在县域和农村持续普及后，县域数字普惠金融发力的重点领域。

  2022年2月召开的中央全面深化改革委员会第二十四次会议审议通过的《推进普惠金融高质量发展的实施意见》进一步强调要"有序推进数字普惠金融发展"。

  这些接连出台的数字普惠金融政策进一步明晰了农村金融领域支农支小、纾困合作社和小微农业企业的目标。互联网、人工智能、区块链、云计算和大数据等数字技术快速发展后，金融服务与数字技术逐渐交叉融合，普惠金融数字化程

---

① 撰稿人：赵汴。

度不断提升，数字普惠金融结合数字技术与普惠金融，创新性弥补了传统普惠金融的不足，助力我国脱贫攻坚和乡村振兴。

全国各省各地积极开展普惠金融创新，数字普惠金融案例也是各有特色。华南农业大学根据新形势下茂名农业高质量发展的需求，结合学校的资源优势不断创新，开展从种植、加工、销售到金融的全产业链的农业科技服务，打造集产学研创为一体的校地合作新模式，助力乡村振兴。该模式具体表现为：在农业全产业链持续开展农业技术创新，集合华农智慧为政府提供普惠金融模式创新建议，整合企业和金融机构资源，促进可操作、可复制、可推广的数字普惠金融实践落地茂名。它是推动创新链、产业链和资金链有机结合的茂名样板，也是探索农业"科技＋金融"产学研校地合作模式的新样板，可服务县域经济发展和乡村振兴。

一、文献综述

联合国 2005 年率先提出"普惠金融"一词，旨在通过金融服务手段为农民和小微企业等有需要的群体提供帮扶性的储蓄、贷款等金融帮助。受惠于政府政策的专业性引导和金融科技的大力支持，我国普惠金融的发展迈入了爆发期。结合我国本土的实际发展情况，普惠金融的具体形式变得更加丰富。

（一）普惠金融研究

白钦先（2006）指出，普惠金融发展有利于打破制度惯性，将金融资源向偏远地区、低收入人群拓展，促使资源合理流动，提高资源配置效率；金融的财富再分配衍生功能使金融服务门槛降低，让传统金融中无法获得正常金融服务的农村享受到了基本金融服务，在帮助农民保护财富的同时又增加其收入来源，所以普惠金融发展有利于缓解相对贫困，逐步达到共同富裕，实现社会公平稳定。而且，普惠金融发展有利于促进文化振兴、产业振兴、生态振兴和人才振兴（李丽丽，2022）。在支持乡村振兴层面上，张贺（2021）指出，普惠金融主要通过其信息优势延长产业链，使得金融支持能够精准定位需求，以此来优化农村的产业结构与资源布局，从而实现农村生活富裕与产业兴旺。

另外，普惠金融往往附带绿色金融的特点，能够减少资源消耗，使得金融能够辐射影响到社会效益，实现农村生态宜居（蔡雪雄等，2021）。随着普惠金融逐渐扎根于农村，其信息化特征能够带动农民的文化素质提升，从而无形之中增加了农村的人力资本；普惠金融会带来很大程度的技术提升，通过产业振兴吸引更多人才，实现农村的良性内生发展，由此形成乡村振兴的乡风文明与治理有效

（蔡兴等，2019）。普惠金融的终极目标被认为是实现全社会的共同富裕（李丽丽，2022）。普惠金融也被称为包容性金融，旨在为被传统金融所忽视的农村地区、低收入群体提供必要的金融服务。普惠金融的本质是为了缩小贫富差距，它的发展有利于缓解低收入群体和小微企业受到的信贷歧视，为其提供持续且必要的金融支持，促进城乡发展机会的平等（张东玲、焦宇新，2021）。

乡村振兴需要大量的资金支持，而普惠金融机构在农村地区的布局能够有效发挥金融部门的纽带作用，为乡村振兴提供各类金融服务（孙璐璐，2019）。熊正德等（2021）指出，普惠金融有利于解决城乡之间发展机会不平等的难题，为农村经济增长、农村产业发展和农民收入增加创造良好的外部环境。现有文献多从理论上研究了普惠金融对农村经济发展的促进作用，如支持乡村振兴、缩小贫富差距，但是，普惠金融在农村的发展难度较大，深入研究可持续发展的普惠金融案例较少。

（二）数字普惠金融研究

数字普惠金融从来没有脱离金融的本质，它只是以信息化技术手段改造传统金融，并纠正其发展偏差（白钦先等，2005）。顾宁、张甜（2019）认为，数字普惠金融不仅能够为农村地区提供资金支持，还能够运用大数据技术参与农村产业生产和销售过程，提高农业生产的精准度。张婷婷、孟颖（2019）指出，数字普惠金融是新兴商业模式，其结合金融科技，实现了普惠金融发展与数字化信息的有效融合，占据普惠金融发展的主流地位。

1. 数字普惠金融的功能

数字普惠金融具有基础功能（服务、中介）、核心功能（资源配置）、扩展功能（经济调节、风险规避）、衍生功能（信息传递、财富再分配引导消费、区域协调）。这四个功能不是截然分开的，金融的主导功能包括核心功能和扩展功能，具有极大的重叠性（白钦先等，2005）。张贺（2022）指出，数字普惠金融具有金融的基础功能（服务、中介），它为经济活动提供交易、结算、汇兑等服务以及为简单的资金融通充当信用中介，最终实现便利价值运动。

2. 数字普惠金融的特征

低成本是数字普惠金融的最显著特征。张婷婷、孟颖（2019）认为，数字普惠金融不仅在金融服务的覆盖面和服务性方面有广泛的提升，在降低时间与空间成本方面也有长足的进步，能够让客户更加方便简捷地得到所需要的金融服务。张贺（2022）认为，金融服务的边界得以拓展、成本得以降低，单笔操作成本远低于传统商业银行操作成本。

普惠性也是数字普惠金融的重要特征，数字普惠金融超越了地理上的限制，使得身处不同地区的人在任何时间都能享受到相同质量的金融服务，进一步在形式上增强了普惠金融的普惠性（张婷婷、孟颖，2019）。张贺（2022）认为互联网的大数据、云计算等技术，将散落于网络的购物、支付、缴费等海量信息进行加工、聚合、建模后构建立体的征信画像，做到客户的资信可记录、可追溯、可验证，从而提高客户获得信贷的概率，非自愿被金融机构排斥的农村地区低收入人群、弱势群体得以共享金融的包容性。

3. 数字普惠金融在农村快速发展的原因

随着乡村振兴战略的实施，农业产业发展对资金的需求量大，传统的金融服务覆盖面窄，服务农村的成本居高不下，金融机构普惠金融服务意愿低，金融产品的可获得性低。传统普惠金融产品资金成本高，农业产业的微薄利润不能支撑，农户、合作社等贷款意愿低，最终形成传统普惠金融业务供需双冷。

数字普惠金融在农村的快速发展缓解了农村金融供需总量矛盾，融合现代数字科技与传统金融的数字普惠金融，拓宽了其服务半径、覆盖范围和服务对象等，新增客户的边际成本、总体运营成本降低（董翀、冯兴元，2022），能够将农村金融供给主体的积极性充分调动起来，大幅增加农村地区金融供给总量，并能较为充分地满足农户、合作社的资金需求（潘周平，2022）。

数字化的运营模式可以积累用户日常交易数据，通过深入分析运营数据即可得出用户的金融需求画像，能够更准确地把握农村金融需求变化趋势，减少信息不对称以降低贷款风险，还可以开发设计满足不同客户需求的个性化金融产品，带动农业产业发展（潘周平，2022）。

（三）数字普惠金融与供应链金融

近年来，普惠金融和供应链金融风险都是学术界关注的热点，数字和金融科技应用在供应链金融领域，为普惠金融提供了更丰富的应用场景，使普惠金融与供应链金融两者结合成为可能。

孙国茂、邢之光（2022）提出了普惠金融框架下的供应链金融模式，即"普惠金融＋供应链金融"生态圈模式：利用可广泛复制的、有助于中小微企业融资的数字技术和金融科技开展金融创新，以数字技术为支撑，通过普惠金融平台赋能构建金融生态圈，以彻底改造传统供应链金融模式。金融生态圈还将疏通资产、信贷、基金、理财、保险、担保等行为，构建金融全产业链互助生态。蒋惠凤、刘益平（2021）认为，数字普惠金融通过大数据、云计算等为供应链金融信息获取提供了便利，降低了商业银行的信息处理成本，从而使商业银行的信用评级等活动更好地开展，有助于进一步完善供应链金融模式，扩展金融服务对象。余得生、杨礼华（2022）从供应链金融的视角考察了数字普惠金融与企业全要素生产率之间的关系及作用机制。其研究表明，数字普惠金融对企业全要素生产率有显著的促进作用，随着数字普惠金融的发展，企业全要素生产率会有一定的提高，但是这种促进作用会受企业所处地区的经济发展状况、市场化进程、制度环境等因素的影响。同时，数字化程度等也对企业全要素生产率有积极作用；数字普惠金融可以通过带动供应链金融发展、促进企业创新等路径提高企业全要素生产率。供应链金融可以激活各类需求主体对数字普惠金融服务的深层次需求，支持农业供应链上的农户、合作社的发展，提升现金流管理能力，提高农业供应链金融的效率（董翀、冯兴元，2022）。

（四）普惠金融与乡村振兴

金融是经济发展的血脉，乡村振兴的发展离不开金融服务的支持。传统金融机构在农村地区吸收存款到城市发放贷款，加剧了城乡发展资金的不平衡。而普惠金融的发展则被认为能够有效改善农村金融生态，促进乡村振兴，进而实现共同富裕。

顾宁、张甜（2019）认为，数字普惠金融不仅能够为农村地区提供资金支持，还能够运用大数据技术参与农村产业的生产和销售过程，提高农业生产的精准度。孙璐璐（2019）则认为，乡村振兴需要大量的资金支持，而普惠金融机构在农村地区的布局能够有效发挥金融部门的纽带作用，为乡村振兴提供各类金融服务。在共同富裕目标驱动下，普惠金融为乡村振兴注入了金融活水。李丽丽（2022）从实证分析的角度检验普惠金融对乡村振兴的边际影响及其作用机制，证明了普惠金融的发展有利于促进乡村振兴。

在市场经济条件下，乡村振兴需要大量的资本作为基础。普惠金融的发展有利于改变传统农村金融的服务理念，加快农村内生金融的发展，这有利于为乡村振兴提供持续的资金支持。这种市场化手段将会加快乡村振兴的可持续发展，提高乡村振兴的发展质量。

普惠金融的发展可推动共同富裕，能为乡村振兴提供持续的助力。其在产业领域能为农产品的生产和加工提供资金支持，以资金带动生产效率的提高，从而减少环境污染，实现生态振兴和产业振兴（李丽丽，2022）。韩亮亮等（2022）使用30个省份2011—2019年的数据开展实证检验，证明了数字普惠金融发展对共同富裕具有显著正向作用，而且这种作用具有边际效应递增的非线性特征。

数字普惠金融对共同富裕的影响程度在不同地区有着明显的差异。东部地区数字普惠金融的发展对共同富裕的影响强于中西部地区，而且金融活水有助于推动创业进而实现共同富裕，通过促进数字普惠金融发展和提高创业活跃度可以加快实现共同富裕。创业活跃度在数字普惠金融发展与共同富裕的关系中发挥了中介作用，而且创业活跃度能够调节数字普惠金融的非线性溢出效应（韩亮亮等，2022）。同时，韩亮亮等（2022）的研究表明，普惠金融能够降低金融服务门槛，缓解农民暂时性的资金压力，带来消费水平的提升，间接促进文化和人才振兴。

（五）普惠金融与农村电商的融合

李丽丽（2022）指出，要促进普惠金融与农村电商的融合，应在普惠金融的供给侧，基于大数据技术，建立和完善农村信用体系，降低农村普惠金融的经营风险，为农村电商产业的发展提供资金支持。何铁林（2021）从普惠金融的需求侧视角指出，普惠金融能为农民消费提供临时性的信贷支持，刺激农民选择电商消费模式。

农村普惠金融有利于促进农村电商的发展。普惠金融的发展不仅能够满足农民暂时性的资金需求，而且便利了农民的支付方式，有利于鼓励其进行线上消费。同时，普惠金融能为农村电商产业提供持续的金融服务，丰富农村电商的发展模式，改变农民传统的消费理念（陈高，2020）。

农村电商作为产业振兴的突破口，为乡村振兴提供了平台支持，可以推动农村电商在产业、人才、生态等领域的渗透，逐步减少城乡之间发展机会的不平等，为乡村振兴和共同富裕目标的完成提供持续的动能支持；引导农村产业结构不断升级，以规模化和集约化的经营方式保障农村生态安全。通过农村电商创业的方式吸引农民返乡，可实现人口在城乡之间的合理流动，为乡村振兴提供人才支持（李丽丽，2022）。

现有的文献研究集中在数字普惠金融的概念、功能和作用等方面，并从不同视角分析了数字普惠金融与电商、供应链金融和乡村振兴等的关系，但是，从全产业链视角研究数字普惠金融的文献较少，也很少关注农业技术与普惠金融的融合，缺少数字普惠金融的广东案例。现有的数字普惠金融案例集中在商业银行提供的服务，缺少融资担保公司和保险公司提供服务的案例。

二、研究设计

（一）案例选择

本案例选取茂名数字普惠金融作为研究对象，先介绍茂名普惠金融支持产业园发展的基本情况，研究茂名数字普惠金融实践的两个试点样板——数字链农产业联合体和金叶兴农乡村振兴产业联盟，并分析"科技＋金融"的数字普惠金融创新，系统地收集数据和资料，探讨数字普惠金融和农业产业的深入结合。

（二）茂名普惠金融发展案例

1. 金融支持现代农业发展：以茂名荔枝国家现代农业产业园为例

茂名金融积极参与荔枝国家现代农业产业园创建，为该产业园企业提供金融服务，服务内容主要包括农房风貌贷、流动资金贷款和固定资产贷款，截至 2021年 3 月底，共发放农房风貌贷 60 笔，贷款余额 700 多万元。时任广东省委常委叶贞琴同志充分肯定茂名的这项金融工作，认为值得各地学习借鉴，为全省其他地区全面拓展乡村金融业务提供了可复制、可推广的"茂名经验"。

一是创新金融产品，服务产业园企业。2020 年 9 月 4 日，人民银行高州市支行与广东电网有限责任公司茂名高州供电局联合举办了高州市银电信用建设合作框架协议签署仪式暨金融支持稳企业保就业工作推进会。邮储行高州支行、高州农商行结合企业的用电量、电费缴交的及时性等用电信息，针对企业融资面临的各种难题，创新银电信贷产品，分别与用电量大、用电记录良好的荔枝国家现代农业产业园企业代表进行授信签约，支持该产业园企业发展。

二是普惠金融助力荔枝出口换汇。新冠疫情防控期间，中国建设银行茂名河东支行工作人员登门摸排受疫情影响产业园企业的紧急融资需求，2 天内就为企业发放 150 万元"云义贷"，产业园龙头企业泽丰园适时增加一条冷链生产线，实现茂名 2020 年首批 61 吨出口荔枝运往加拿大、澳大利亚，为 2020 年度茂名荔枝出口逆势增长提供了资金保障。

2. 金融支持茂名荔枝国家现代农业产业园发展面临的问题

一是信贷投入占比与产值占比不匹配。由于荔枝产业链经营主体有效抵押担保品不足，茂名荔枝产业贷款余额占全市各项贷款余额比例相对较低。荔枝产业经营主体中规模企业较少，也导致单户企业融资规模有限。截至 2022 年底，销售收入超过 3 000 万元的荔枝国家现代农业产业园企业有 30 余户。

二是金融产品相对单一，不能有效支撑全产业链发展。茂名荔枝收购季主要在 5—7 月，产业园企业的季节性流动资金需求时间急、金额大、用款期限短，而且对信贷审批速度和要求也较高，与传统信贷融资模式不匹配，导致金融机构针对性信贷产品较少。传统产业信贷产品种类相对单一，对抵押物要求高，难以满足产业园企业的产业化经营需求。

三是企业实力弱，不能有效利用资本市场。截至 2022 年底，茂名荔枝国家现代农业产业园只有一家企业挂牌高质量发展板，三家正在申报高质量发展板，没有上市公司。茂名荔枝龙头企业实力较弱，不能进入资本市场直接融资。

四是普惠金融需求主体分散。茂名荔枝国家现代农业产业园辐射范围广，还涵盖利益联结机制中的大多数农户，涉及主体众多。普惠金融需求主体分散在各个县区，开展普惠金融的难度大。

3. 茂名普惠金融改革的思考

茂名普惠金融改革和发展要以产业振兴为中心，大力推动岭南特色优势产业的发展，辐射农业、农村，让农民真正受益，提供普惠金融服务乡村振兴的茂名经验。要通过茂名荔枝全产业链普惠金融试点，有效整合优势资源，以实现茂名荔枝的全产业链发展。

第一，从荔枝小切口发展茂名普惠金融。根据茂名"1＋1＋2＋8"现代农业新格局（1 个荔枝国家现代农业产业园、1 个国家农业科技园区、2 个国家级田园综合体、8 个省级现代农业产业园），以农业产业园建设为抓手，围绕茂名荔枝开展全产业链普惠金融创新，通过普惠金融改革形成荔枝特色产业集群，加快第一、二、三产业融合发展，发挥普惠金融茂名样板的示范和引领作用。

第二，坚持数字普惠金融改革特色。《荔枝高质量发展三年行动计划（2021—2023 年）》要求茂名荔枝产业进行数字化转型，这为有效开展数字普惠金融改革和创新奠定了基础。农业大数据基础支撑数字普惠金融，从种植端的天气、水肥、土壤等数据，到加工环节的生产数据，再到销售环节的流通数据，为开发普惠金融产品提供了大数据基础。建立在荔枝大数据基础上的安全、创新的服务乡村振兴的普惠金融体系，可以极大地推进数字普惠金融在茂名整个农业产业的应用。

第三，普惠金融要重点优化农业产业链。普惠金融应该聚焦茂名的优势产业，选择一批影响力大、带动力强、产业基础好的农业龙头企业和农民专业合作社，强基础、补短板，用资金支持引导建成一批基础好、技术水平高、产业带动力强的特色产业全产业链标准化基地，充分发挥基地示范带动作用，提升新型农业经营主体标准化生产能力，加大对农产品加工、物流环节的金融支持力度，同时辐射带动一批小农户提升生产水平。

第四，发挥茂名农业产业发展基金的引导作用。茂名农业产业发展急需开拓直接融资渠道，拓宽乡村振兴资金的供给渠道。目前，茂名农业企业还需要茂名农业产业发展基金的培育才能达到资本市场的要求。茂名农业产业发展基金支持农业龙头企业开展农业产业链整合和转型升级，引导风险投资资金加大对现代农业企业的支持，推动农业企业的规模扩张，每个特色产业培育 1 ~ 2 家涉农企业在本地股权交易市场挂牌融资，未来力争在主板上市。

第五，深入开展供应链金融服务。为推动茂名农业的高质量发展，应结合农业产业发展需求，提供多元化的供应链金融产品。各金融机构尝试通过积分商城和自有网上商城开展茂名特色农产品的销售，探索"电商＋金融"的供应链服务新模式，为农户、合作社和龙头企业提供集采购、销售、网络支付、信贷等为一体的综合性金融服务，创新供应链金融产品和服务。

第六，提供政策性农业发展资金的支持。农业的整体利润率低，农业企业承担不了过高的融资成本。普惠金融改革应整合政策性资金，接入政府贴息或低成本资金，服务乡村振兴。加强与政策性农担基金、广东农业供给侧改革基金、中国农业发展银行和世界银行贷款等政策性支农资金的合作，撬动更多金融资本支持广东茂名普惠金融服务乡村振兴改革试验区的发展。

第七，完善农业保险体系，降低普惠金融风险。加大力度推进政策性农业保险普及，力争实现种养物化成本保险全覆盖，提升保险深度和保险密度，开展价格保险、收入保险和天气指数保险等创新，降低农业企业、合作社和农户的经营风险。建立巨灾风险分散机制，减少自然灾害对农业经营的冲击，构建稳健的普惠金融体系。

（三）数字普惠金融模式创新：茂名市数字链农产业联合体

1. 组建茂名市数字链农产业联合体

华南农业大学茂名现代农业研究院先后为中国邮政储蓄银行茂名市分行、中国邮政集团有限公司茂名市分公司开展全系统乡村振兴培训，建议其充分利用邮银协同优势，加快农业产业链的乡村市场布局，推动茂名农业提质增效，并在充分调研茂名荔枝产业数字化现状后，联合实施高州贡园智慧荔枝果园项目的中国航天科工集团，动员为荔枝贷款提供担保的广东省农业融资担保公司和为荔枝提供风险保障的阳光互助农业保险公司，构建可操作、可复制、可推广的数字普惠金融的茂名模式。

2021年7月12日，茂名市数字链农产业联合体正式在化州市新安镇新塘村成立。该产业联合体整合各单位资源，创新成立全国首个服务乡村振兴数字化产业联合体国家队，打造"农业科技＋数字金融＋物流"的全产业服务模式，链接农业新型经营主体和广大农户，以数字普惠金融推动化州农业全产业链发展，带动农户全面增收，助推乡村振兴。

茂名市数字链农产业联合体由中国邮政集团有限公司茂名市分公司、中国邮政储蓄银行茂名市分行、岭南现代农业科学与技术广东省实验室茂名分中心、华南农业大学茂名现代农业研究院、中国航天科工集团慧农科技总体部、阳光农业相互保险公司、广东省农业融资担保有限责任公司7家龙头企业、研究机构联合成立。

2. 茂名市数字链农产业联合体数字普惠金融运行机理

茂名市数字链农产业联合体以农业科技支撑茂名农业发展，数字农业赋能茂名农业体系，以构建新的茂名农产品流通体系为抓手，大力发展农村电商，助力茂名农产品上行，链接茂名农业新型经营主体和广大农户，以"科技＋金融"双轮驱动的数字普惠金融推动茂名农业全产业链发展，带动农户全面增收，打造乡村振兴的茂名样板。

茂名市数字链农产业联合体以数字赋能农业产业，将普惠金融和数字平台、供应链、科技、产业主体等结合起来，将农户种什么（怎么种）、如何卖个好价钱、产品卖给谁、如何运出去等关键环节一体打通，以新业态、新市场、新科技、新动力，解决"怎么种，卖给谁，多少钱，怎么运"等"农民致富四问"，创新打造"数字农业科技＋农村电商＋物流＋数字金融"的全产业服务模式，实现农业生产、经营、服务一体化，推动茂名农业全产业链发展，带动农户全面增收，推动乡村产业振兴。

3. 茂名市数字链农产业联合体服务内容

一是提供农业技术服务——怎么种？华南农业大学从育种、种植、加工、储运到金融提供科技支撑，实现科学种植、智慧农业，以农业技术保证稳产增产，为数字普惠金融打下坚实的产业基础。以荔枝为例，华南农业大学的国家荔枝龙眼体系团队专家长期服务茂名荔枝产业，开展种植技术培训，研究克服大小年的"卡脖子"问题，开展荔枝物流保鲜和加工的科研攻关，思考荔枝季采购资金不足和荔枝保险创新等问题。信宜三华李产业发展也是农业受益于科技支撑的典范，何业华教授耗时近18年研究选育出"云开一号"（获得"中国优质李"金奖），并为种植户提供种植、电商和文创培训。岭南现代农业科学与技术广东省实验室茂名分中心围绕茂名粮食生产、生猪畜禽、沉香、化橘红等特色产业开展农业技术基础研究，服务茂名农业高质量发展。

二是打通农产品上行渠道——卖给谁？通过对接渠道助力茂名特色农产品销售，线上、线下协助金融客户打开销路。中国邮政集团有限公司茂名市分公司通过集团邮乐网电子商务销售渠道采购茂名荔枝，利用销售大数据找到茂名荔枝的细分市场，精准定位目标。华南农业大学茂名现代农业研究院对接沃尔玛、广州供销社小鲜驿站等超市采购示范基地的优质茂名农产品。

三是科技支撑产品溢价——多少钱？农业科技提升茂名农产品品质，实现优质优价，可以大力开拓中高端市场。中国航天科工集团慧农科技总体部的智慧农业系统，为种植端、养殖端溯源数据提供技术支撑，有助于茂名打造优质农产品品牌，大力推广可溯源的茂名地标产品，让农民获得产业链增值部分和品牌溢价。

四是冷链物流助力农产品上行——怎么运？中国邮政集团有限公司茂名市分公司建成茂名市农村三级物流体系，深入乡村农业基地的田间地头，利用智慧物流合理规划物流路线，提升效率，降低成本，大力发展冷库冷链配套设施建设，做好"最初一公里"的保鲜，降低生鲜农产品的损耗。

五是金融活水浇灌特色农业产业——数字普惠金融。中国邮政储蓄银行茂名市分行在解决"农民致富四问"时运用数字普惠金融工具提供融资支持，广东省农业融资担保有限责任公司通过担保使农户可以获得无抵押信用贷款，阳光农业相互保险公司茂名分公司提供的农业保险提升了农户应对自然灾害的能力，为农户融资增信。

4. 数字普惠金融模式扩展："金叶兴农"乡村振兴产业联盟

近年来，茂名市烟草专卖局（公司）（以下简称"茂名烟草"）发挥企业优势，为助力乡村振兴不断进行探索。茂名烟草为深入贯彻落实烟草行业推进农村网络建设的要求，提出了"1+6"农网建设工程。"金叶兴农"乡村振兴产业联盟采用针对茂名烟草"农网建设+农产品上行"需求设计的数字普惠金融模式，在解决茂名农副产品上行问题的同时，还为茂名烟草农网客户提供普惠金融服务。

"金叶兴农"乡村振兴产业联盟加强党政、社会资源、金融机构协同，让茂名的农副产品通过茂名烟草的"二十支"连锁经营系统上行，引入中国邮政储蓄银行、中国建设银行、中信银行和中国银联等，聚合各方金融力量，共同助力茂名乡村振兴发展大局，以联盟为纽带，建立健全沟通协调、资源共享机制，推动联盟成员金融赋能茂名烟草农网客户。"金叶兴农"乡村振兴产业联盟充分利用产业、技术、资金、物流等方面优势，凝聚茂名市产业振兴力量，共同打造产业融合的普惠金融合作新模式，为建设乡村振兴茂名样板贡献力量。

中国邮政储蓄银行茂名市分行推出联盟专属金融产品"金叶兴农贷"，首批在电白区发放 480 万元贷款，支持茂名烟草的"二十支"连锁经营店。

（四）数据收集

本课题组为具体分析茂名市数字链农产业联合体的运营情况，深入中国邮政集团有限公司茂名市分公司、中国邮政储蓄银行茂名市分行第一线调研和访谈，了解了数字普惠金融贷款发放和服务的基本情况。相关人员在设计茂名市数字链农产业联合体运行模式的同时，参与了荔枝季的运转，随时为联合体提供农业技术资源支持、农村电商和农村金融智库服务，针对茂名市数字链农产业联合体出现的困难提供专业支撑。

1. 中国邮政全网推进农产品上行助农增收

截至 2021 年 6 月末，全国邮政累计实现自营农产品交易额 42 亿元，同比增长 33.1%；累计完成农产品基地交易额 6.7 亿元。据介绍，自农产品"万单拼团"活动启动以来，邮乐小店分享活跃度显著提升，日均活跃小店数从 1 月的 6.4 万个增加到 6 月的 9.4 万个，增幅达 46.8%。到 2021 年 6 月 26 日，全国打造万单农产品突破 100 种。

2021 年上半年，广东通过中国邮政渠道销售荔枝近 500 万斤，实现销售额 3 040 万元，寄递荔枝 20 多万件，发运冷链运输 456 车次。三华李寄递约 150 万斤，助果农增收超过 3 亿元，助农增收最高峰达到每天 2 000 万元。在荔枝销售过程中，为进一步在全国推广广东荔枝，中国邮政组织全国各地邮政开展"美荔邮你"万人拼团活动，在北京、上海、浙江、江苏、安徽、湖南、山东、四川、黑龙江、宁夏、河南、江西、甘肃、山西、河北 15 个省级行政区拓展"网点＋社区"营销场景，推广"预售＋落地配"运营模式，组织万人拼团活动，助力茂名荔枝销售。据统计，通过全国邮政网点开展的预售拼团，广东荔枝上架 3 天销量就突破 50 000 单。截至 2021 年 6 月 20 日，"直运＋寄递"荔枝订单累计 71.81 万件，销售额达到 3 039.64 万元。该模式帮助荔枝农户将茂名荔枝销往全国 20 个省市，有效推动农产品进城，助力乡村振兴，得到了政府和群众的认可。

在 2021 年三华李销售中，实现了寄递不出村。邮政在钱排、茶山等三华李主要产区布设 370 个乡镇水果邮件收寄点，方便农户足不出村即可交寄邮件。2021 年投入使用的邮政物流分拣配送中心成为信宜钱排三华李流向全国的最重要集散地。高峰期每天经过邮政物流分拣配送中心运输到全国各地的三华李超过 6 万件。当地还为果农提供金融政策支持，中国邮政储蓄银行针对性推出了农场贷款、农民专业合作社贷款、三华李邮李贷、农村电商贷款等一系列贷款业务，为 10 多个果农发放了邮李贷 1 200 万元。

2. 数字普惠金融服务为农业高质量发展注入金融活水

2021 年上半年，中国邮政储蓄银行茂名市分行发挥全市 126 个邮政储蓄网点贴近农村的优势，线上、线下双向赋能，打通涉农贷款服务"最后一公里"，2021 年新增发放贷款 10. 20 亿元，涉农贷款结余 51. 25 亿元。主要举措：一是聚焦普通种养殖农户。推行信用村建设，建立农业农村数据库，以整村授信的方式评定信用户，推出信用户专属信用贷款（单户最高 50 万元），解决农户担保不足贷款难题，提高农户获得贷款的便利性。已评定信用村 625 个、信用户 7 672 户，新增发放信用户专项贷款 4 292 万元。二是聚焦合作社、家庭农场、农业企业。丰富担保方式，采取"抵押＋补充担保"组合方式，引入农担公司、保险公司作为增信措施，推出农担贷、保险贷等大额授信业务（单户最高 3 000 万元），累计发放农担贷款 2. 29 亿元、保证保险贷款 0. 72 亿元。三是聚焦农产品电商客群。根据电商销售大数据，提供专属网商贷产品，扩大电商农产品销售，累计发放电商贷款 831 笔，金额 9 463 万元。四是聚焦返乡创业农村青年。积极支持返乡农村青年创业致富，累计发放创业担保贷款 1. 93 亿元，为农村青年等群体创业注入资金源头活水。五是聚焦服务效率提升。积极推广乡村振兴"极速贷"，实现贷款全流程数字化、纯线上办理，秒批秒放，累计发放"极速贷"超过 15 亿元，全力支持各类经营主体乡村振兴贷款资金需求。六是践行"三个优先"服务承诺。对涉农贷款做到"三个优先"，包括优先安排额度、优先审批、优先放款，全力支持农业农村发展。

3. 县乡村三级物流体系建设提升农产品上行时效

加大乡村综合物流服务供给力度，加快县乡村三级快递物流体系建设。主要举措：一是高州根子柏桥电商产业园、信宜钱排三华李电商物流园和高州金山电商物流园投入皮带机、自动打包机等设备，进一步提升农村地区物流网络处理能力。二是将电白区乡镇支线邮路调整到茂名市处理中心直发，实现了电白区乡镇邮件快进快出，提升了农村物流市场时限，加强物流"最后一公里"建设。三是在荔枝、三华李、龙眼等水果旺季，高州根子、大井，信宜钱排、茶山，电白旦场等产地设立临时直运中转处理场地，大大提升农产品进城时限。四是在电白马踏等区域建立多个红薯等农产品种植销售寄递一条龙服务基地，打通了农村特色农产品出口渠道。五是全面推广应用新能源车辆，完善新能源车辆配套设备设施，使农村地区物流网络运输车辆向低能耗、高环保方向绿色发展。

（五）2020—2022年数字链农产业联合体数据分析

以中国邮政储蓄银行电白支行为例，电白支行于2008年开始获批贷款权限，在电白全区共设立9个金融分支机构，定位是服务三农、服务社区、服务中小企业。中国邮政储蓄银行电白支行坚持普惠原则，发放的大部分为30万元左右的普惠贷款，小部分贷款面向家庭农场、农民专业合作社，授信额度是300万元以下。2020年组建茂名市数字链农产业联合体后，普惠金融贷款增速快，2020年和2021年分别保持电白全区金融机构贷款增速第一名和第二名，助力电白区农业高质量发展。

表1　中国邮政储蓄银行电白支行2020—2021年普惠贷款发放情况

年份	年发放笔数/笔	年发放金额（未含项目贷）/万元	年净增金额（未含项目贷）/万元	备注
2020年	7 133	149 341.18	92 232.71	本年项目贷发放4亿元，结余4亿元
2021年	10 555	184 581.56	69 111.46	本年项目贷结余1亿元

资料来源：根据中国邮政储蓄银行电白分行调研访谈数据整理。

2022年1—6月，中国邮政储蓄银行电白支行已发放5 744笔普惠贷款，共计10亿元，内含乡村振兴贷款放款2 347笔，共计42 011万元，年净增金额2 361万元。其中：信用贷款放款925笔，共计9 540万元；信用村信用户放款431笔，共计4 849万元，沉香行业放款205笔，共计2 665万元。除荔枝产业链贷款外，中国邮政储蓄银行电白支行还围绕电白罗非鱼和电白沉香创新数字普惠金融产品。

三、研究发现

全产业链金融服务推动荔枝产业发展，茂名市数字链农产业联合体从种植、加工、销售到金融全产业链服务茂名。

（一）茂名市数字链农产业联合体的模式

茂名市数字链农产业联合体的设计初衷是打造可操作、可复制、可推广的数字普惠金融的茂名样板，以"一体两核三链四流服务五大振兴"为模式，把茂名农业的创新链、产业链和资金链有机结合起来，以荔枝小切口推动茂名农业产业的高质量发展，并复制推广到其他特色农产品和相关农村金融领域。

1. 一个产业联合体

一体就是建立一个产业联合体服务乡村振兴，集合高等院校、科研机构和央企的力量，建立数字链农产业联合体，从生产、加工、销售到金融实现集团化、全产业链地高效服务茂名农业高质量发展。

2. "科技＋金融"两核双轮驱动

两核是指科技、金融两个核心，联合体成员单位用自身最先进的科技和金融资源支持茂名农业发展，应用到茂名农业产业领域。科技为茂名农业提质增效，同时为茂名农业引来金融活水。

3. 三链融合发展产业

三链是指创新链、产业链和资金链互相交织融合，产业链为创新链提供沃土，创新链提升产业链发展水平，资金链助推创新链、产业链发展和融合。

4. 四流合一服务农业

四流是指商流、物流、资金流和信息流四流合一。产业联合体智慧农业种植端和养殖端以及农业技术专家体系提供农业基础信息，产业联合体通过电子商务线上销售和产销对接活动汇聚原产地商流，借助中国邮政快递数字化物流信息，中国邮政储蓄银行为农业龙头企业、农民专业合作社、农户授信和贷款引入资金流，产业联合体内部汇聚大量的农业全产业链的信息流，为决策提供依据。

（二）茂名市数字链农产业联合体的特点及作用

1. 全产业链模式创新

茂名市数字链农产业联合体通过整合央企、科研机构和高等院校的资源，降低全产业链金融风险。通过提升农业技术降低生产风险；农业产业数字化为普惠金融提供客户生产经营数据支撑；以电商手段打通农产品上行通道，提供还款来源和保障，降低农业生产经营主体的市场风险；通过数字物流信息和监管为普惠金融保驾护航。茂名市数字链农产业联合体模式创新整合各环节的优质资源服务产业链，以降低风险，为金融机构培育优质客户，同时也在各个环节提供金融创新机会，逐步建立农村信用体系，推动金融机构愿贷、敢贷，形成信贷业务的良性循环。

2. 提升普惠金融的可获得性

数字普惠金融发展助力荔枝产业提质增效，以"农业科技＋数字金融＋物流"的服务模式数字化赋能荔枝产业。中国航天科工集团慧农科技总体部提供了茂名荔枝数字化解决方案；中国邮政集团有限公司茂名市分公司开展"美荔邮你"万人拼团活动，仅 2021 年 6 月电商销售额就达到 3 039.64 万元，有效推动了茂名荔枝出村进城。"基于数字农业的普惠金融"模式创新，将荔枝普惠金融和农业科技、数字农业平台、供应链打造和荔枝产业经营主体结合起来，以农业大数据为基础支撑数字普惠金融，从种植端的天气、水肥、土壤等数据，到加工环节的生产数据，再到销售环节的流通数据，为开发普惠金融产品夯实大数据基础。建立基于荔枝果园种植大数据、流通大数据的数字普惠金融创新机制，破解抵押难、抵押品不足的问题，带动荔枝全产业链补链、强链。以 2021 年荔枝季为例，数字链农产业联合体提供了 6.57 亿元的贷款资金，为荔枝产业发展注入金融活水。

3. 推动普惠金融的数字化转型

从产业数字化的经济内在需求来看，为了降低金融成本，金融的数字化转型是一个趋势。作为支农支小的重要一环，数字普惠金融有效扩大了服务客户的半径，是未来普惠金融持续深入发展的重要手段。茂名市数字链农产业联合体探索一种荔枝产业的可操作、可复制、可推广的数字普惠金融模式，真正把技术、产业和资金深度融合，实现商流、信息流、物流和资金流四流合一。这次成功试点还不断扩展到罗非鱼、沉香等其他特色农业产业，真正让普惠金融覆盖产业链上的更多农户、合作社和小微农业企业经营者。

4. 多元化综合金融服务全面助力荔枝产业高质量发展

中国邮政储蓄银行茂名市分行为荔枝产业提供融资，广东省农担公司为荔枝贷款提供融资担保，阳光农业相互保险公司为荔枝产业提供风险保障。创新小额贷保证保险（银行＋保险）、政银保（政府＋银行＋保险）、农担贷（银行＋省农担）等融资业务，助力解决荔枝产业融资难题。阳光农业相互保险公司创新开发的荔枝农产品质量安全保险为大井木广峒桂味品牌保驾护航。广东省农担公司为曹江荔枝贷款提供融资担保，破解了合作社抵押品不足的难题。

四、结论

以普惠金融改革试验区建设为契机，茂名市聚焦特色农业产业发展，以"农业科技＋数字物流＋金融"为起点，逐渐形成全产业链的数字普惠金融模式。茂名市数字链农产业联合体的实践，从荔枝品种选育、种植技术、荔枝电商、荔枝物流到普惠金融的实践，推动了茂名荔枝产业的发展，优化了茂名荔枝供应链，带动了银保担共同服务乡村振兴。

茂名市数字普惠金融模式为农业产业链初步清除了影响普惠金融的障碍，推动茂名市农业数字化，形成可操作、可复制、可推广的数字普惠金融。数字链农产业联合体模式可以结合茂名市"五棵树、一条鱼和一桌菜"的农业发展战略，围绕每一个农产品品类的产业链定制数字普惠金融产品和服务；数字链农产业联合体模式也可以推广到其他地区的农业产业，不断提升信贷、担保和保险的普惠金融产品和服务水平。

参考文献

[1] 蔡雪雄，苏小凤，许安心. 基于 AHP - 熵值法的乡村生态宜居评价研究：以福建省为例 [J]. 福建论坛（人文社会科学版），2021（9）：86 - 94.

[2] 蔡兴，蔡海山，赵家章. 金融发展对乡村振兴发展影响的实证研究 [J]. 当代经济管理，2019，41（8）：91 - 97.

[3] 董翀，冯兴元. 县域数字普惠金融的发展与供求对接问题 [J]. 农村经济，2022（3）：49 - 59.

[4] 顾宁，张甜. 普惠金融发展与农村减贫：门槛、空间溢出与渠道效应 [J]. 农业技术经济，2019（10）：74 - 91.

[5] 郭峰，王靖一，王芳，等. 测度中国数字普惠金融发展：指数编制与空间特征 [J]. 经济学（季刊），2020，19（4）：1401 - 1418.

[6] 郭峰，熊云军. 中国数字普惠金融的测度及其影响研究：一个文献综述 [J]. 金融评论，2021，13（6）：12 - 23，117 - 118.

[7] 何超，董文汇，宁爱照. 数字普惠金融的发展与监管 [J]. 中国金融，2019（23）：66 - 67.

[8] 蒋惠凤，刘益平. 数字金融、供应链金融与企业融资约束：基于中小企业板上市公司的经验证据[J]. 技术经济与管理研究，2021（3）：73－77.

[9] 刘亦文，丁李平，李毅，等. 中国普惠金融发展水平测度与经济增长效应[J]. 中国软科学，2018（3）：36－46.

[10] 李丽丽. 共同富裕下普惠金融、农村电商与乡村振兴：作用机理与实证检验[J]. 商业经济研究，2022（8）：178－181.

[11] 宋俊. 普惠金融对农村电子商务发展的影响[J]. 经济研究导刊，2021（30）：7－9.

[12] 孙国茂，邢之光. 普惠金融框架下的供应链金融模式研究：基于微商零售生态圈理念[J]. 济南大学学报（社会科学版），2022，32（2）：78－89.

[13] 孙继国，赵俊美. 普惠金融是否缩小了城乡收入差距：基于传统和数字的比较分析[J]. 福建论坛（人文社会科学版），2019（10）：179－189.

[14] 乔继红，董睿，王建军. 农村普惠金融改革路径探索[N]. 金融时报，2021－10－25（10）.

[15] 徐诺金. 普惠金融的兰考实践及思考[J]. 中国金融，2019（20）：36－38.

[16] 薛继芳. 农村普惠金融可持续发展问题思考[J]. 时代金融，2020（9）：14－15.

[17] 星焱. 农村数字普惠金融的"红利"与"鸿沟"[J]. 经济学家，2021（2）：102－111.

[18] 杨伊，高彪. 互联网金融推动农村普惠金融发展实证研究：以江西省为例. [J]. 武汉金融，2017（8）：18－22.

[19] 余得生，杨礼华. 数字普惠金融、供应链金融与企业全要素生产率：以制造业为例[J]. 武汉金融，2022（4）：21－28.

[20] 张贺. 全面推进乡村振兴背景下数字普惠金融对我国西部经济增长的影响[J]. 云南民族大学学报（哲学社会科学版），2021，38（5）：55－62.

[21] 周思莹，孙成昊，边文静，等. 山东省数字普惠金融的发展现状、问题与对策研究[J]. 中国市场，2022（8）：181－183.

[22] 王林. 我国农村普惠金融可持续发展问题研究[J]. 中国商论，2019（21）：54－55.

金融助力闽北山区经济发展

——福建省南平市例证[①]

2016 年，由中国人民银行、国家发展改革委、扶贫办等部门联合印发的《关于金融助推脱贫攻坚的实施意见》强调，要瞄准脱贫攻坚的重点人群和重点任务，精准对接金融需求，扎实创新完善金融服务体制机制和政策措施，发挥好各类金融机构助推脱贫攻坚的主体作用，拓宽贫困地区企业融资渠道，以发展普惠金融为根基，全力推动贫困地区金融服务到村到户到人。2018 年中央一号文《乡村振兴战略规划 2018—2022 年》指出，要加快形成财政优先、金融倾斜、社会参与的多元投入格局。2019 年，由中国人民银行等五部门联合印发的《关于金融服务乡村振兴的指导意见》强调，要紧紧围绕乡村振兴战略的总体部署，坚持以市场化运作为导向、以机构改革为动力、以政策扶持为引导、以防控风险为底线，聚焦重点领域，深化改革创新，建立完善金融服务乡村振兴的市场体系、组织体系、产品体系，促进农村金融资源回流，把更多金融资源配置到农村重点领域和薄弱环节，以更好地满足乡村振兴多样化、多层次的金融需求，推动城乡融合发展。

2021 年 3 月，习近平总书记在福建考察时强调，要加快推进乡村振兴，立足农业资源多样性和气候适宜优势，培育特色优势产业。福建省南平市是典型的山区，乡村人口占主体，经济发展水平亟待提高。山区经济发展离不开金融支持。2003 年，福建省出台的《中共福建省委、福建省人民政府关于加快县域经济发展的若干意见》提及："改善金融服务。改进信贷管理。商请各商业银行总行或省级分行，对其设在部分具备条件的县（市）的支行赋予设区的市分行的信贷审批权限。适度提高县级银行信贷存贷比，下放流动资金贷款审批权限，按信贷规模和经营管理水平完善信贷授信管理。"各级政府多措并举，不断出台金融支持政策，力图通过包括金融举措在内的各项举措，发挥市场和政府的协同效应，促进落后地区经济振兴。

---

① 撰稿人：彭东慧、张楚倩。

本研究通过分析金融对山区经济发展的影响，运用数据实证分析金融支持与经济发展的关系，为乡村振兴背景下闽北经济发展提供理论支持。

一、文献综述

（一）金融与经济相互促进，形成良性循环

金融发展理论认为，金融与经济发展相互促进，形成良性循环（Shaw，1973）。金融发展理论是随着发展经济学的产生而产生的，主要探讨金融在经济增长中的作用。金融体系可以改进现有资本的构成，有效地配置资源，刺激储蓄和投资，在欠发达国家，需要采用金融优先发展的货币供给带动政策。与需求推动的金融发展政策不同，金融不是在经济发展产生对金融服务的需求以后再考虑发展，而是在需求产生以前就超前发展金融体系，即金融发展可以是被动和相对滞后的，也可以是主动和相对先行的（Patrick，1966）。金融相关率与经济发展水平正相关的基本结论（Goldsmith，1969），为此后的金融研究提供了重要的方法论参考和分析基础。经济发展阶段越高，金融的作用越强（Gurley and Shaw，1955）。金融是推动经济发展的动力和手段（Gurley and Shaw，1967）。

一方面，健全的金融体制能够将储蓄资金有效地动员起来并引导到生产性投资上，从而促进经济发展；另一方面，发展良好的经济同样可以通过国民收入的提高和经济活动主体对金融服务需求的增长来刺激金融业的发展，由此形成金融与经济发展相互促进的良性循环（Shaw，1973）。

后续的经验研究应用新近发展起来的计量分析技术对更为全面的数据集进行计量分析，结果表明，金融发展是经济长期稳定增长的原因之一（Fry，1980）。从金融运动的角度研究经济发展中的金融作用可以发现，金融不仅对经济运行有影响，而且影响经济增长和发展，完善的金融体系促进经济的发展与稳定，金融政策应当成为保证经济稳定和发展的重要工具（白钦先，1997）。

因此，发展经济要创新和完善金融调控，健全现代金融企业制度，完善金融市场体系，推进构建现代金融监管框架，加快转变金融发展方式，健全金融法治，保障国家金融安全，促进经济和金融良性循环、健康发展（习近平，2017）。

（二）金融对区域经济发展的作用方式

金融支持在区域经济发展中的实践表明，金融发展对区域经济发展有显著的促进作用（谈儒勇，1999；赖明勇等，2002）。在金融对经济的影响机制研究方面，金融通过集聚或扩散效应、升级产业结构、吸引外商投资影响区域经济增长

（韩雨琴等，2021）。金融支持与经济发展存在长期稳定的关系，金融机构存贷款金额越大、地方政府对金融的支持力度越大，地区经济发展越好（周天芸，2020）。金融支持是指政府以及相关部门通过金融政策、金融手段促进当地经济的发展（徐夕湘等，2017）。中国各省份新型城镇化水平和金融支持的空间依赖性是客观存在的，而这种空间依赖性表现出鲜明的区域差别。金融规模的扩大对新型城镇化水平产生正向影响，说明金融规模在新型城镇化建设中的影响很大（熊湘辉和徐璋勇，2015）。

（三）简要述评

国内外学者关于金融发展与经济增长关系的研究成果颇丰，为金融支持经济发展提供了很好的理论指导。已有文献主要在宏观层面和一般区域经济发展角度研究金融发展对经济增长的影响，为将来的研究提供了很好的理论和方法借鉴。但已有研究对典型的山区发展研究不足，本研究通过分析山区经济发展的特点，运用实证方法，从乡村振兴视角对山区金融发展的经济促进作用进行研究，能够为不发达区域尤其是山区经济的发展提供理论支持。

二、南平市经济与金融发展现状

（一）南平市经济社会发展概况

南平市地处福建省北部、闽江源头，俗称"闽北"，下辖二区三市五县，包括延平区、建阳区、邵武市、武夷山市、建瓯市、顺昌县、蒲城县、光泽县、松溪县、政和县，面积2.63万平方千米，是福建省面积最大的设区市。南平市经济发展相对落后，长期处于福建省各设区市的末位。南平市经济社会发展具有典型的山区、老区、经济不发达地区的特点。

1. 文化底蕴深厚

南平市有建制的历史长达1 700多年，是闽越文化、朱子文化、武夷茶道文化、齐天大圣文化、太极文化的发源地，被誉为"闽邦邹鲁"和"道南理窟"。

2. 山区自然经济资源匮乏

南平市具有中国南方典型的"八山一水一分田"地形特征，位于闽、浙、赣三省交界处，距离省会城市和经济发达的沿海城市厦门市都比较远，地理位置和大山环境决定了当地工业薄弱以及主要依靠武夷山景区的旅游业发展单一。

3. 经济发展水平相对落后

截至 2020 年 12 月末，南平市户籍人口 3 168 684 人。其中：城镇人口 1 150 273 人，占比 36.3%；乡村人口 2 018 411 人，占比 63.7%。2021 年全年实现地区生产总值 2 117.58 亿元，在全国所有城市中排名第 144 名，城镇居民人均可支配收入 39 353 元①，远低于 2021 年全国城镇居民人均可支配收入 47 412 元②。

南平市的经济发展水平较低，GDP 长期在福建排名倒数第一。但近年来，随着改革开放政策的落实，当地经济发展迅速，GDP 大幅增长。邓小平南方谈话之后，南平市 GDP 从 1993 年的 86.77 亿元增长到 2021 年的 2 117.58 亿元，增长了 23.4 倍（见图 1）。

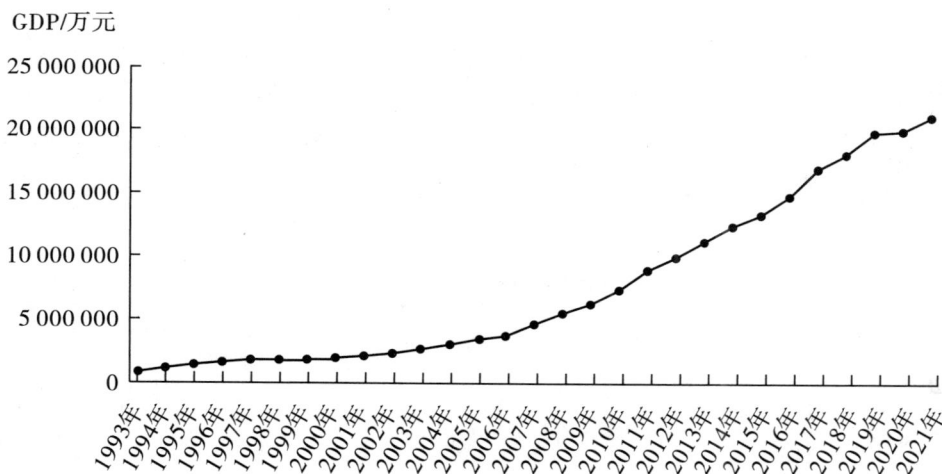

图 1　南平市 1993—2021 年 GDP

资料来源：整理自历年南平市统计年鉴。

（二）南平市金融发展状况

1. 金融发展状况良好，各金融机构数量明显增加

南平市的商业性金融机构主要是银行和保险公司。截至 2021 年底，南平市有银行业机构 30 家、保险业机构 40 家（见表 1）。

---

① 资料来源：南平市统计局官网，http://tjj.np.gov.cn/。
② 资料来源：国家统计局官网，http://www.stats.gov.cn/xxgk/sjfb/zxfb2020/202201/t20220117_1826442.html。

表1　2021年末南平市金融机构概况

名称		数量/家	
银行业机构	内资大型银行机构	12	30
	农信社	10	
	村镇银行	8	
保险业机构	财产保险公司	15	40
	人寿保险公司	15	
	保险中介机构	10	

资料来源：南平市银保监局。

南平市金融机构存款和贷款余额增长迅速。如表2所示，2021年存贷款余额分别为2 321.70亿元和1 873.55亿元，为2015年的1.74倍和1.72倍。2021年，为扶持经济发展，金融机构贷款增幅明显提高，达到11.9%。金融业有效保障了新冠疫情之下山区经济的发展。

表2　南平市金融机构存款和贷款余额概况

年份	存款余额/亿元	存款余额增长率/%	贷款余额/亿元	贷款余额增长率/%
2015年	1 337.38	—	1 091.15	—
2016年	1 484.97	11.0	1 192.33	9.3
2017年	1 692.61	14.0	1 303.20	9.3
2018年	1 782.53	5.3	1 397.26	7.2
2019年	1 950.96	9.4	1 533.00	9.7
2020年	2 173.95	11.4	1 674.56	9.2
2021年	2 321.70	6.8	1 873.55	11.9

资料来源：南平市银保监局。

南平市金融业经营情况整体稳健，金融业增加值近年来呈现上涨趋势。如图2所示，2021年达到150.26亿元，为2015年的2.16倍，年均增长率为13.7%。

增加值/亿元

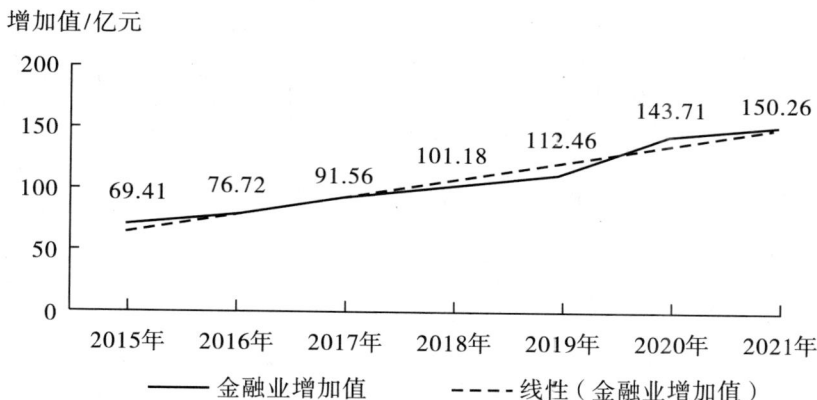

图2　南平市金融业增加值

资料来源：南平市银保监局。

2. 基本实现银行网点全区域覆盖，但各县域金融机构分布不平衡

南平市银行网点深入基层，农村信用合作社、中国农业银行、中国邮政储蓄银行在中心镇有网点187家①，基本覆盖全市。全市10个区县的金融机构数量分布与经济发展水平大体相当，经济最好的延平区有90家银行类机构和42家保险类机构，这两项指标分别是经济最不发达的松溪县的3.6倍和4.2倍，金融机构分布不平衡（见图3、表3）。

数量/家

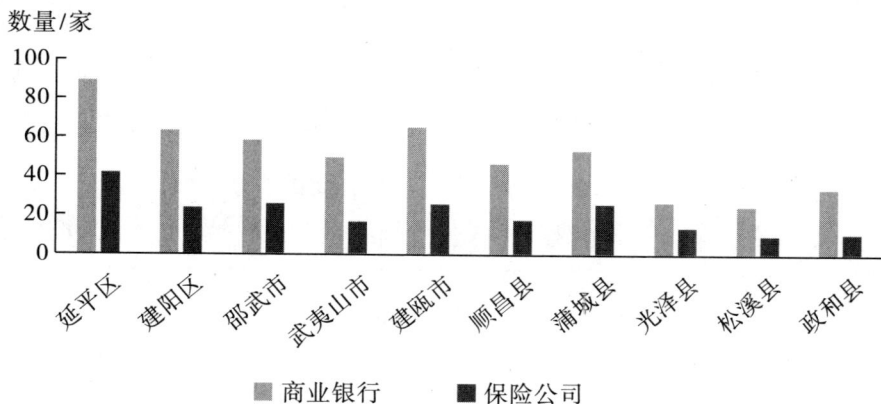

图3　南平市商业银行和保险公司数量比较

资料来源：南平市银保监局。

---

① 资料来源：南平市银保监局。

表3　2021年南平市金融机构网点分布情况

地区	银行类		保险类		在乡镇的自助终端	
	机构数量/家	从业人数/人	机构数量/家	从业人数/人	ATM机数量/台	POS机数量/台
延平区	90	1 118	42	7 428	57	801
建阳区	64	778	24	1 480	52	179
邵武市	59	706	26	2 181	43	302
武夷山市	50	621	17	1 220	55	1 540
建瓯市	66	816	26	1 326	57	368
顺昌县	47	463	18	716	54	594
蒲城县	54	605	26	1 215	37	524
光泽县	27	347	14	786	28	257
松溪县	25	347	10	789	—	—
政和县	34	414	11	616	—	—

资料来源：南平市银保监局。

3. 金融支持农业发展力度逐年增强

南平市人口分布以乡村人口为主，农村地域广阔，农业发展对南平市经济社会发展有重要意义。

（1）支农再贷款金额总体增加。当地金融机构对"三农"的支持力度逐年增强。其中，申请和发放支农再贷款金额于2020年达到近年来最大金额105 911万元，2021年由于新冠疫情影响经济下滑，支农再贷款金额也有所下降（见表4）。

表4　中国人民银行南平市中心支行支农再贷款情况

单位：万元

年份	申请支农再贷款金额	发放支农再贷款金额
2016年	6 000	6 000
2017年	6 500	6 500
2018年	2 700	2 700
2019年	3 600	3 600
2020年	105 911	105 911
2021年	61 650	61 650

资料来源：南平市银保监局。

（2）金融机构涉农贷款增长迅速，农信社全力扶持农业发展。如表5所示，金融机构涉农贷款由2015年的491.44亿元增长到2021年的739.84亿元，年均增长率为7.1%。其中，农信社作为最主要的基层金融机构，在南平市"三农"发展中作用明显，相比其他金融机构，农信社的贷款中涉农贷款占绝大部分。即便如此，农信社的贷款管理水平仍然向好，经营稳健，不良贷款率逐年下降，2021年不良贷款率低至1.66%。

表5　南平市金融机构涉农贷款情况（2015—2021年）

年份	金融机构			农信社			
	总贷款余额/亿元	涉农贷款余额/亿元	涉农贷款比例/%	总贷款余额/亿元	涉农贷款余额/亿元	涉农贷款比例/%	不良贷款率/%
2015年	1 091.15	491.44	45.0	164.15	148.73	90.6	2.27
2016年	1 192.33	511.07	42.9	177.14	167.53	94.6	3.02
2017年	1 303.20	522.33	40.1	193.65	183.80	94.9	3.68
2018年	1 397.26	550.30	39.4	220.93	210.05	95.1	2.49
2019年	1 533.00	606.59	39.6	266.27	225.58	84.7	1.92
2020年	1 674.56	650.88	38.9	310.8	235.79	75.9	1.92
2021年	1 873.55	739.84	39.5	314.07	251.64	80.1	1.66

资料来源：南平市银保监局。

（3）普惠金融发展水平相对较低，但逐年上涨。根据北京大学数字金融研究中心公布的数据，南平市的数字普惠金融指数、数字金融覆盖广度和数字金融覆盖深度与福建省平均水平相比相对较低，而且二者的差距在扩大（见图4）。但从2011—2020年数据来看，这三个指数呈现上涨趋势，说明南平市的金融发展水平有很大的提升空间（见表6）。金融发展水平的提升，势必对当地的经济发展有所帮助。

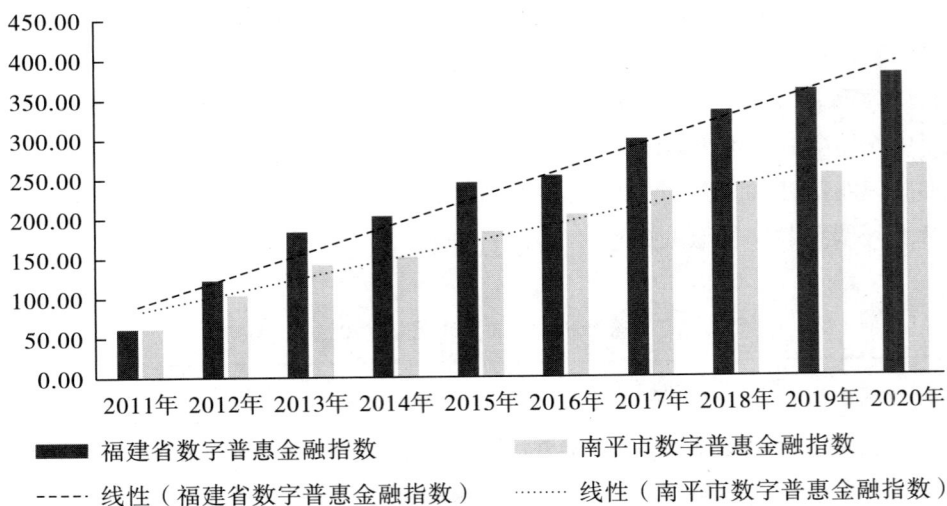

图4　南平市与福建省数字普惠金融指数比较（2011—2020年）

资料来源：北京大学数字金融研究中心。

表6　南平市数字金融概况（2011—2020年）

年份	数字普惠金融指数	数字金融覆盖广度	数字金融覆盖深度
2011年	60.77	67.69	66.56
2012年	103.97	102.28	112.75
2013年	142.51	131.92	145.88
2014年	151.9	162.09	134.43
2015年	183.49	177.89	162.83
2016年	204.16	185.24	214.60
2017年	231.95	205.67	264.22
2018年	243.41	222.85	253.43
2019年	254.06	238.25	260.37
2020年	263.85	253.64	267.17

资料来源：北京大学数字金融研究中心。

三、南平市支持山区经济发展的金融举措

　　南平市是典型的山区县域，其经济发展一方面要保证第二、三产业的高速发展，另一方面要注重通过乡村振兴缓解农村经济发展动力不足的问题。南平市立

足辖区资源禀赋，引导辖内金融机构积极发挥"地"的优势，做出"创"的特色，下"绣花功"，施"精准策"，走出一条具有南平特色的高质量山区经济振兴之路。

（一）主要做法

1. 利用金融市场，推动企业上市

2022年，南平市政府出台《推进企业上市支持实体经济发展五项措施》，推动企业对接多层次资本市场，助力经济绿色高质量发展。这五项措施包括：①股改补助。企业股改同时满足以下条件的，一次性补助改制费用100万元：与证券公司、会计师事务所、律师事务所等中介机构签订改制辅导服务协议；完成股份有限公司改制及工商变更登记；进入省重点上市后备企业名单。②挂牌奖励。对在省区域性股权市场挂牌、"新三板"挂牌的企业分别奖励10万元和200万元。③上市奖励。对企业上市过程的不同阶段给予10万~100万元奖励。④再融资奖励。对企业上市或实现"新三板"、省区域性股权市场挂牌交易后，通过配股、增发、发行优先股、可转换债券，发行企业债券、公司债券、中期票据、集合票据、私募债等，均有奖励。⑤其他举措。对企业上市过程中出现的土地问题和税收、财务问题都给予一定的财政金融支持。

2. 多角度金融支持乡村振兴

一是"借天时"，政策制度强扶持。①强化监管引领。印发《2022年南平市金融服务乡村振兴高质量发展工作方案》，引导机构围绕农业增效、农民增收、农村增绿倾斜信贷资源。截至2022年6月，南平市全口径涉农贷款余额792亿元，相比年初增速高于各项贷款平均增速2.45个百分点。②强化政策衔接。持续做好巩固拓展脱贫攻坚成果同乡村振兴有效衔接的金融服务工作，扎实做好过渡期脱贫人口小额信贷工作。辖区脱贫小额信贷余额4 032.02万元，存量贷款覆盖面13.76%，提前完成省定存量贷款覆盖率不低于10%的目标。③强化资金保障。实施资金外流县存贷比提升工程，引导机构加大信贷资源倾斜力度，满足县域有效金融需求。南平市已连续2年超额完成省定资金外流县存贷比提升计划。

二是"修地利"，发挥优势大发展。围绕南平"五个一"生态优势产业，将生态优势转化为经济发展胜势。①做美"一座山"。积极对接支持武夷山国家公园环线内白莲、葡萄、橘柚等特色产业，发放相关产业贷款5 846笔，金额32.63亿元，辐射带动环线范围内的乡镇、建制村全面振兴。②做香"一片叶"。

为茶产业"种、收、制、销"全链条提供支持，有效推进"茶产业、茶科技、茶文化"融合发展。截至 2022 年 3 月末，全辖区共发放"三茶"贷款 55.3 亿元，同比增长 15.45%。③做全"一只鸡"。大力支持以圣农集团为龙头的鸡产业，做深、做长、做全鸡产业链。截至 2022 年 3 月末，全辖区为支持鸡产业共发放贷款 821 笔，金额 55.26 亿元。农发行为圣农集团总体授信从 1 000 万元扩大至 11.5 亿元。④做深"一根竹"。围绕竹材加工、笋加工、木质活性炭和炭加工，为竹产业链提供全方位的金融支持。截至 2022 年 3 月末，全辖区机构共为竹产业发放贷款 23 036 笔，金额 26.05 亿元。⑤做活"一瓶水"。农行支持福矛窖酒等多家白酒酿造企业快速发展，酒产业贷款余额 7 640 万元；工行为武夷山市"水美城市项目"PPP 项目发放贷款 10.66 亿元。①

三是"聚人和"，创新驱动谱新篇。①农村生产要素"变现"单项发力。积极探索金融助力农村土地制度改革新路径，指导建行联合顺昌县政府打造"农村产权交易平台"，发挥土地经营权定价、土地流转、土地经营权质押担保等功能。截至 2022 年 3 月末，该平台已录入 130 个行政村、21.65 万亩农田等基础信息，为试点乡镇办理了首笔 365 亩土地经营权交易，交易金额 33.28 万元。②"科技 + 金融"双轮驱动。大力推广"科特贷""科特保"，为科技特派员及其领办、创办、服务的企业发放贷款 43.09 亿元；落地全省首单"科特保"，为市政府重点扶持的 20 个科技项目提供 2 000 万元研发费用风险保障，为 176 名科技特派员提供 1.85 亿元意外事故风险保障。③农业保险"增品、扩面、提标"三步到位。创新"保险 + 期货"模式，推动"生猪价格期货保险""猪饲料成本价格保险"全省首单落地南平；农险业务从单一自然灾害扩大到涵盖种、养、林三大类、39 小类，灾害起赔点从 50% 降至 30% 或 20%，业务范围覆盖所有县（市、区）；水稻种植、奶牛、能繁母猪等保险实现提标，如水稻种植保险从每亩 200 元提高至每亩 400 元。②

3. 利用金融抓手，促进产业转型

为加快南平市产业转型升级，市委、市政府多措并举，特别是在投融资体制创新方面做出了许多尝试。一方面，引入更多金融资本和社会资本支持产业发展，解决企业融资难问题；另一方面，运用产业和股权基金做好存量企业和新引

---

① 资料来源：南平市银保监局：《金融支持乡村振兴的南平实践和思考》。
② 资料来源：《南平市人民政府办公室关于印发推进企业上市支持实体经济发展五项措施的通知》，南平市人民政府官网，https://www.np.gov.cn/cms/infopublic/publicInfo.shtml? id = 430564787563240004&siteId = 340328840390080000。

进企业的轻资产工作，促进老企业转型升级和新企业快速落地。依托资产运营管理公司，通过园区贷、代建回租或融资租赁等方式为园区内企业提供增信服务，改善融资环境。为促进总部经济发展，从 2017 年起，南平市本级财政每年安排财政预算资金 1 000 万元，设立现代物流业发展资金，主要用于支持物流公共信息平台建设、物流设施建设、制造业（商贸业）与物流联动发展、大中型物流企业发展、国内外知名物流业企业引进、冷链物流、电商物流、甩挂运输、共同配送等项目。2020 年，南平市政府出台《南平市进一步促进总部经济发展若干措施》，为金融支持总部经济提供制度保障。[①]

（二）主要成效

1. 多家企业成功上市

南平市企业积极利用资本市场融资取得一定成效，除已经上市的福能股份、中闽能源、绿康生化、太阳电缆、圣农发展、青松股份、元力股份、龙竹科技外，远翔新材也于 2022 年 8 月在深圳证券交易所上市。

2. 乡村振兴取得明显成效

2012—2021 年，南平市农村居民人均可支配收入年均增长约 8%，2021 年全市农村居民人均可支配收入达到 20 431 元，农民的钱袋子越来越鼓。2021 年全市粮食总产量达 118.30 万吨，蔬菜播种面积 116.56 万亩、总产量 152.87 万吨，生猪出栏 158.03 万头、主要家禽出栏 5.77 亿只、肉蛋奶总产量 119.71 万吨，保障了市场的农产品供给。全市拥有规模以上农产品加工企业 501 家、农民专业合作社 7 821 家、家庭农场 4 087 家；拥有 1 个国家级现代农业示范区、2 个国家级产业集群、5 个国家级产业强镇、2 个省级产业强镇；创建 1 个闽台农业融合发展产业园、1 个闽台农业发展示范县和 27 个闽台农业融合发展示范基地。[②]

3. 产业转型向绿向新做强做优

南平市规模工业总产值从 2012 年的 1 120 亿元增长到 2021 年的 1 868 亿元，工业经济综合实力显著增强。全市规模以上企业数量从 2012 年底的 860 户增加

---

① 资料来源：《南平市加快总部经济发展九条措施（试行）》，南平市人民政府官网，https://www.np.gov.cn/cms/interview/interview.shtml? id = 100411953816710002&siteId = 340328840390080000。

② 资料来源：南平市人民政府官网，https://www.np.gov.cn/cms/siteresource/article.shtml? id = 4305715248158700004&siteId = 340328840390080000。

到 2021 年底的 967 户，一批高成长、富有创新力的规模企业"破茧成蝶"，成为工业经济稳增长的生力军。南平市共培育国家级技术中心 2 家、省级制造业创新中心 1 家，省级技术中心 27 家、市级技术中心 51 家；共培育省级专精特新中小企业 58 家、国家级专精特新"小巨人"企业 7 家、省级以上制造业单项冠军企业（产品）10 家（种）。①

四、金融助力南平市山区经济发展实证分析

（一）变量选择与模型设定

1. 变量选择

（1）被解释变量。借鉴邹薇和樊增增（2018）的做法，以地区生产总值（GDP）作为被解释变量。GDP 是一个国家或地区所有常驻单位在一定时期内生产的全部最终产品和服务价值的总和，是衡量国家或地区经济整体发展状况的综合性指标。可通过 GDP 总量对经济体量进行基本判断，从静态角度测度经济总体实力。

（2）解释变量。金融发展变量是模型的解释变量。关于金融发展的衡量方法众多，出于不同研究目的而有所不同。本研究参考王树华和方先明（2006）、刘姣华和李长健（2011）、刘降斌等（2017）的研究方法，使用金融机构存贷款和财政收入来衡量金融发展状况。①金融机构存款余额（deposit）。采用南平市统计年鉴的金融机构本外币各项存款余额这一指标衡量城市的资金总量，能反映城市的经济活跃度，代表着金融发展的实力和潜力。②金融机构贷款余额（loan）。经济增长在很大程度上是依靠投资拉动的，在投资对我国经济增长仍发挥重要作用的背景下，金融机构贷款余额在很大程度上反映了一个地区的资金需求程度和金融运行情况。③财政收入（revenue）。政府可以通过对市场的干预和调节机制，提高资金运用效率，通过政策手段引导金融资源流向实体经济，支持实体经济发展。政府的这种能力需要一定财政收入的支撑，所以将地区财政收入也作为金融支持的衡量指标之一。

2. 模型设定

本研究通过计量模型研究金融支持对山区经济发展的影响，参考郭刚和王雄

---

① 资料来源：南平市人民政府官网，https://www.np.gov.cn/cms/siteresource/article.shtml? id=430569517047580007&siteId=340328840390080000。

（2012）、邹薇和樊增增（2018）的研究方法，设定以下实证方程：

$$gdp_it = a_0 + a_1 deposit_{it} + a_2 loan_{it} + a_3 revenue_{it} + u_t$$

其中：i 和 t 分别表示城市和年份，gdp 表示地区生产总值，$deposit$ 表示金融机构存款余额，$loan$ 表示金融机构贷款余额，$revenue$ 表示财政收入。为了在实证分析中消除异方差并减少数据波动，对所有变量进行对数处理，设定模型如下：

$$\ln gdp_it = a_0 + a_1 \ln deposit_{it} + a_2 \ln loan_{it} + a_3 \ln revenue_{it} + u_t$$

3. 数据来源及说明

本研究所使用的数据——南平市二区三市五县地区生产总值、金融机构存款余额、金融机构贷款余额和财政收入，全部来自 2010—2021 年南平市统计年鉴和《南平市国民经济和社会发展统计公报》。数据不包含南平市本级财政。

（二）实证分析

1. 数据描述性统计

本研究首先对面板数据进行统计描述，具体结果见表 7：

表 7　描述性统计

变量	均值	标准差	最小值	最大值
gdp/万元	1 460 318	894 272.7	302 607	4 386 900
$deposit$/万元	1 529 066	1 210 379	279 008	6 430 800
$loan$/万元	1 182 203	1 186 258	116 771	5 594 100
$revenue$/万元	88 204.9	48 499.4	3 527	201 200
$\ln gdp$	14.009 89	0.622 927 3	12.620 19	15.294 13
$\ln deposit$	13.988 69	0.703 373 9	12.539	15.676 61
$\ln loan$	13.600 53	0.864 574	11.667 97	15.537 22
$\ln revenue$	11.194 05	0.710 391 7	8.168 203	12.212 05

2. 单位根检验

为规避伪回归现象，首先对各变量进行单位根检验，对数据平稳性进行一系列分析。为避免检验方法带来的误差，本研究采用 LLC 检验、HT 检验及 IPS 检验，采用 stata 进行面板数据的单位根检验，结果见表 8。从中可以看出：数据序列 $\ln gdp$ 在 1% 的显著性水平下接受原假设，说明该组数据是不平稳的，而

ln$deposit$、ln$loan$、ln$revenue$ 这三组数据在 1% 的显著性水平下拒绝原假设，即数据是平稳的。为了保证实验结果更加准确，本研究再次将这四个数据进行一阶差分，随后再进行单位根检验。结果表明，一阶差分后的序列 Δlngdp、Δln$deposit$、Δln$loan$、Δln$revenue$ 均在 1% 的显著性水平下拒绝原假设，为平稳序列。

表 8   单位根检验结果

变量	LLC 检验		HT 检验		IPS 检验		平稳性
	t 统计量	P 值	统计值	P 值	统计值	P 值	
lngdp	−2.904 1	0.001 8	0.566 3	0.847 9	−0.744 2	0.228 4	不平稳
ln$deposit$	−2.563 8	0.005 2	0.012 7	0.000 0	−2.308 9	0.010 5	平稳
ln$loan$	−2.259 8	0.011 9	0.155 9	0.000 9	−2.097 0	0.018 0	平稳
ln$revenue$	−4.204 7	0.000 0	−0.155 6	0.000 0	−4.369 0	0.000 0	平稳
Δlngdp	−2.713 0	0.003 3	0.285 5	0.096 5	−3.800 5	0.000 1	平稳
Δln$deposit$	−2.991 9	0.001 4	−0.404 9	0.000 0	−3.881 1	0.000 1	平稳
Δln$loan$	−3.330 6	0.000 4	−0.324 6	0.000 0	−3.982 0	0.000 0	平稳
Δln$revenue$	−5.837 0	0.000 0	−0.507 9	0.000 0	−5.616 9	0.000 0	平稳

3. 协整检验

从表 8 的检验结果可知，lngdp、ln$deposit$、ln$loan$、ln$revenue$ 经过一阶差分后都是平稳序列，即这四组数据是一阶单整，因此可以检验其是否具有协整关系。为确保协整检验结果的可信度，本研究采用 Kao 检验、Predroni 检验以及 Westerlund 检验，使用 stata 进行协整检验，结果见表 9。从中可以看出：五个检验统计量都在 1% 的显著性水平下，可知 lngdp、ln$deposit$、ln$loan$、ln$revenue$ 存在协整关系，因此可以推断金融支持与经济发展变量之间存在长期均衡关系。

表 9   协整检验结果

检验方法		统计量	P 值
Kao 检验	ADF	−3.046 9	0.001 2
Predroni 检验	mpp−检验	3.373 7	0.000 4
	pp−检验	−5.097 9	0.000 0
	ADF 检验	−2.613 1	0.004 5
Westerlund 检验	ADF 检验	2.854 7	0.002 2

4. 回归结果分析

本研究以福建省 10 个城市 2010—2021 年的平衡面板数据为样本，利用 Stata16 通过固定效应模型回归，结果见表 10。从中可以看出：回归模型的拟合程度为 95.41%，F 统计量为 14.39，这两个数据较好地说明了该模型拟合效果较好，与实际情况相符，具有现实意义。这说明南平市的金融机构存款对地区经济发展有着明显的正向促进作用，金融机构的存款余额每增加 1%，地区 GDP 就增加 0.837%；lnloan 的回归系数为负，说明金融机构贷款余额对地区经济增加具有较小的负作用，这可能是由于近年来存款机构频繁产生贷款问题，出现了部分不良资产扩张的情况，从而导致地区经济下滑。lnrevenue 的回归系数显著为正，说明地方财政收入对地区经济发展具有正向的促进作用，收入每增加 1%，地区 GDP 就增加 0.06%。从总体上看，南平市的金融支持对地区经济发展有较强的促进作用。

表 10　模型估计结果

项目	ln*deposit*	ln*loan*	ln*revenue*	*Constant*	*R-squares*	*F* 统计量
系数	0.836 891 8	− 0.011 263 4	0.060 273 2	1.781 355		
标准误	0.062 683 9	0.057 666 3	0.024 237	0.273 413 5	0.954 1	14.39
T 值	13.35	− 0.20	2.49	6.52		

五、结论与建议

（一）主要结论

通过上述理论和实证分析可知，总体上，南平市的金融支持对地区经济发展有较强的促进作用。南平市的金融机构存款对地区经济发展有着明显的正向促进作用；金融机构贷款余额对地区经济增加具有较小的负作用，这可能是由于近年来存款机构频繁产生贷款问题，出现了部分不良资产扩张的情况，从而导致地区经济下滑；地方财政收入对地区经济发展具有正向的促进作用。

（二）建议

1. 把握时代契机，大力支持金融业发展

应正确认识和把握实现共同富裕的战略目标和实践途径。在乡村振兴背景下，金融体系迎来了自身发展的良机，也承载着促进经济发展的历史使命。应深化金融科技应用，促进金融行业创新，构建互联互通的金融环境，助力山区经济发展。

2. 增强金融服务实体经济能力，提高直接融资比重

党的十九大报告指出，我国要增强金融服务实体经济能力，提高直接融资比重。南平市经济发展正处在产业转型升级的关键时点，应利用好主板、创业板、"新三板"、债券等直接融资市场，借力直接融资来支持产业结构升级。

3. 建设科技金融合作平台，培育中介机构，设立科技创投基金

应加快发展科技担保机构、创业投资机构和科技企业孵化器等机构，为科技型中小微企业融资提供服务。

4. 完善公共财政体系，建立健全财政性科技投入保障机制

南平市政府应采取多种科技金融扶持方式，强化财政投入的引导作用，逐步形成以财政投入为引导、企业投入为主体、银行贷款为支撑的科技研发稳定增长机制。推进科技与金融结合，支持各类金融机构创设金融新产品。

5. 构建"绿色产业＋金融服务＋金融产业"的绿色金融示范体系

应大力推进高质量建设省级绿色金融改革创新试验区，引导更多社会资金投向绿色信贷、绿色债券、绿色基金、绿色租赁、绿色信托、绿色保险、林业金融、碳金融八大绿色产业，构建"绿色产业＋金融服务＋金融产业"的绿色金融示范体系，实现绿色金融与绿色产业融合发展，打造中国绿色金融山区发展示范样本。

6. 整合金融资源，发挥金融集聚效应

一是推动金融业务集聚。以武夷新区为重点，大力吸引公、私募基金，信托基金，特殊资产管理计划，券商资管，保险资管，银行子公司等机构及产品集聚。探索吸引银行、证券、保险、金融租赁、金融中介以及 App 开发等各类金融区域总部和分支机构等集聚。积极吸引数据、票据、呼叫和清算等金融后台业务集聚发展。

二是推动金融活动集聚。充分利用山青水美的生态显著比较优势，以金融活动集聚为突破口，着力发展金融论坛、高端峰会、榜单发布，促进会议、商务旅居、论坛、培训学习、远程办公等金融关联活动，打响中国资产管理武夷峰会等金融活动系列品牌。

三是建设省级绿色金融改革创新试验区。以南平市入选绿色金融改革创新试验区为契机，以现代金融集聚为重要抓手，扎实推进绿色金融基础设施体系建设，创新完善绿色金融配套支撑，丰富绿色金融产品体系及服务供给。

四是激活多元主体投资。利用政府的有效有益投资，发挥政府投资的撬动作用，通过引导私人部门的投资，形成市场主导的投资内生增长机制。完善政银企合作机制和政策性担保机制，规范发展政府与社会资本合作（PPP）模式，发挥政府资金、专项债的引导作用。加快推进各级政府投融资平台转型升级。积极争取国际金融组织贷款项目支持。鼓励和支持银行、金融机构开展无形资产质押贷款，鼓励民间资本参股区域性金融机构，大力发展村镇银行。

7. 健全金融支农制度，鼓励金融机构网点向农村延伸，提供普惠金融服务

一是完善政策性农业信贷担保体系，加大"三农"信贷投放力度，推动发放农业生产设施产权抵押贷款和生产订单、农业保单融资，深化快农贷、福林贷、福田贷等特色贷款产品。

二是完善农业保险政策体系。①加强金融机构之间的融合协调，加快农村基础设施建设，集中资金优势打通地方特色产业及产、供、销链条。推动保险公司探索开展低保率农业生产项目担保业务，降低自然灾害对农业生产造成的损失，保障农户生产积极性。②发挥担保补偿机制的支持功能。引导金融机构与政府部门、担保公司加强合作对接，探索针对性农户担保机制，设立担保基金或推出贴息政策，增强银行涉农信贷业务风险防控能力，降低农户融资成本。③发挥保险业服务实体经济的保障功能。进一步扩大农业保险覆盖面，形成"传统＋特色"的农险链条闭环，探索成立特色农险共保体，建立联商会商、联合查勘、分片包保、科技共享、创新激励等机制，积极发挥共保体各方优势，形成工作合力，服务农业保险高质量发展。④引进多层次金融人才，保障实现金融发展的人才储备。制定引进金融人才的长效机制。拓宽金融人才引进渠道，统筹建立金融人才库，优化金融人才的流动和管理机制，努力营造尊重支持金融人才发展创新的良好环境，发挥金融人才的创造力。

参考文献

［1］ SHAW E S. Financial deepening in economic development ［M］. Oxford：Oxford University Press，1973.

［2］ PATRICK H T. Financial development and economic growth in underdeveloped countries ［J］. Economic development and cultural change，1966，14（2）.

［3］ GOLDSMITH R W. Financial structure and development ［M］. New Haven：Yale University Press，1969.

［4］ GURLEY J G，SHAW E S. Financial aspects of economic development ［J］. American economic review，1955（45）：515 – 538.

［5］ GURLEY J G，SHAW E S. Financial structure and economic development ［J］. Economic development and cultural change，1967，15（3）：257 – 268.

［6］ FRY M J. Money and capital or financial deepening in economic development ［M］//COATS W L，KHATKHATE D R. Money and monetary policy in less developed countries：a survey of issues and evidence. Oxford：Pergamon，1980.

［7］ 白钦先，王伟. 我国早期的政策性金融及其启示 ［J］. 银行与企业，1997（5）：11 – 12.

［8］ 习近平. 深化金融改革　促进经济和金融良性循环健康发展. 全国金融工作会议讲话，2017.

［9］ 谈儒勇. 中国金融发展和经济增长关系的实证研究 ［J］. 经济研究，1999（10）：53 – 61.

［10］ 赖明勇，包群，阳小晓. 外商直接投资的吸收能力：理论与中国的实证研究 ［J］. 上海经济研究，2002（6）：9 – 17.

［11］ 韩雨琴，王宏瑞，黄萍. 金融集聚对长三角地区经济增长的影响效应分析 ［J］. 对外经贸，2021（10）：31 – 34.

［12］ 周天芸. 金融支持粤港澳大湾区经济发展的实证研究 ［J］. 南方金融，2020（5）：22 – 30.

［13］ 徐夕湘，何宜庆，陈林心. 基于 VAR 模型的福建省新型城镇化的财政金融支持研究 ［J］. 发展研究，2017（6）：55 – 61.

［14］ 熊湘辉，徐璋勇. 中国新型城镇化进程中的金融支持影响研究 ［J］. 数量经济技术经济研究，2015，32（6）：73 – 89.

［15］ 邹薇，樊增增. 金融支持粤港澳大湾区建设的实证研究：基于城际面板数

据 [J]. 国际经贸探索, 2018, 34 (5): 55 – 67.

[16] 王树华, 方先明. 金融支持与区域经济发展: 基于江苏数据的实证研究 [J]. 统计与决策, 2006 (18): 81 – 84.

[17] 刘姣华, 李长健. 湖北省农村金融支持与农村经济增长的实证研究 [J]. 农业经济, 2011 (9): 50 – 52.

[18] 刘降斌, 徐鑫迪, 张洪建. 黑龙江省农村金融支持与农村经济增长的实证研究 [J]. 牡丹江大学学报, 2017, 26 (10): 3 – 5.

[19] 郭刚, 王雄. 中部区域农村金融对农村经济发展的支持: 基于2002—2011年面板数据实证分析 [J]. 系统工程, 2012, 30 (10): 86 – 91.